"二战"后日本非政府组织研究：
国际规范影响下的国家与市民社会

王梦雪 著

A Study about
the Japanese Non-Governmental Organizations
after World War II:
The State and Civil Society under
the Influence of International Norms

上海社会科学院出版社
SHANGHAI ACADEMY OF SOCIAL SCIENCES PRESS

编审委员会

主　　编　张道根　于信汇
副 主 编　王玉梅　朱国宏　王　振　张兆安
　　　　　　干春晖　王玉峰
委　　员（按姓氏笔画顺序）
　　　　　　王　健　方松华　朱建江　刘　杰
　　　　　　刘　亮　杜文俊　李宏利　李　骏
　　　　　　沈开艳　沈桂龙　周冯琦　赵蓓文
　　　　　　姚建龙　晏可佳　徐清泉　徐锦江
　　　　　　郭长刚　黄凯锋

总　序

当代世界是飞速发展和变化的世界，全球性的新技术革命迅速而深刻地改变着人类的观念形态、行为模式和社会生活，同时推动着人类知识系统的高度互渗，新领域、新学科不断被开拓。面对新时代新情况，年轻人更具有特殊的优越性，他们的思想可能更解放、更勇于探索，他们的研究可能更具生命力、更富创造性。美国人类学家玛格丽特·米德(Margaret Mead)在《文化与承诺——一项有关代沟问题的研究》一书中提出，向年轻人学习，将成为当代世界独特的文化传递方式。我们应当为年轻人建构更大的平台，倾听和学习他们的研究成果。

上海社会科学院自1958年建院以来，倾力为青年学者的成长提供清新空气和肥沃土壤。在此环境下，青年学者奋然崛起，以犀利的锐气、独到的见识和严谨的学风，向社会贡献了一批批令人振奋的研究成果。面对学术理论新人辈出的形势，上海社会科学院每年向全院40岁以下年轻科研人员组织征集高质量书稿，组织资助出版"上海社会科学院青年学者丛书"，把他们有价值的研究成果推向社会，希冀对我国学术的发展和青年学者的成长有所助益。

本套丛书精选本院青年科研人员最新代表作，内容涵盖经济、社会、生态环境、文学、国际贸易、城市治理等方面，反映了上海社会科学院新一代学人创新的能力和不俗的见地。年轻人是上海社会科学院最宝贵的财富之一，是上海社会科学院面向未来的根基。

上海社会科学院科研处

2020年3月

目 录

导 论 1
  第一节　问题提出与基本概念界定 3
    一、问题缘起 3
    二、基本概念界定 6
  第二节　研究现状与文献述评 31
    一、日本国内 NGO 研究状况 31
    二、中国的日本 NGO 研究状况 34
    三、欧美等国的日本 NGO 研究状况 35
  第三节　研究思路与创新之处 37
    一、研究思路 37
    二、研究意义与创新之处 39
  第四节　章节安排 42

第一章　理论框架 46
  第一节　NGO 研究的三种理论范式 51
    一、多元主义 52
    二、全球主义 54
    三、现实主义 56
  第二节　解释 NGO 兴起的有效理论 58

一、国际规范的内化	58
二、市民社会与 NGO 的兴起	63
三、国家与 NGO 的兴起	74
第三节　现有理论不足之处	80
一、现代化理论与 NGO 的兴起	80
二、全球化理论、相互依存理论与 NGO 的兴起	88
第四节　理论框架	94
一、NGO 兴起的外因：国际规范的传播与内化	94
二、NGO 兴起的内因：市民社会发展与国内政治	99
第五节　小结	120

第二章　日本 NGO 发展的初始期（"二战"后—1960 年代）　123

第一节　发展初始期的外因："二战"后复兴与新国际规范的形成	133
第二节　发展初始期的内因	138
一、市民社会因素：市民运动的兴起	138
二、国家政治因素：NGO 的活动空间	142
第三节　发展初始期的代表性日本 NGO	148
第四节　小结	152

第三章　日本 NGO 发展的成长期（1970—1980 年代前期）　155

第一节　NGO 成长期的外因：国际规范主题的多样化	156
第二节　NGO 成长期的内因	161
一、市民社会因素：市民社会运动的发展	161
二、国家政治因素：依旧受限的 NGO 活动空间	164
第三节　成长期的代表性日本 NGO	177
第四节　小结	180

第四章 日本NGO发展的高潮期(1980年代后期—1990年代)	182
第一节 NGO发展高潮期的外因：国际规范的传播与内化	183
第二节 NGO发展高潮期的内因	195
一、市民社会因素：全球化时代的来临	195
二、国家政治因素：国际规范影响下的政策转变	201
第三节 发展高潮期的代表性日本NGO	223
第四节 小结	238

第五章 结 语	243
第一节 NGO的发展：国际规范影响下的国家与市民社会	244
一、国家政治因素对NGO发展的影响	245
二、国际规范对NGO发展的影响	246
三、国际规范影响下的日本NGO发展	248
第二节 日本NGO的发展趋势与展望	251

后 记	256

导　论

随着全球化的发展,以及世界各国间交往的日益频繁,任何国家的生存与发展都越来越离不开国际交流与跨国贸易往来。此外,除了国家之外,国际社会中的各种非国家行为体,无论是在数量规模、网络密度,还是在活动范围方面,较之冷战时期,都实现了较大的发展。国际组织、国际制度、非政府组织(NGO)、国际运动甚至个人,对国际政治的影响力日益增长,国家已被"嵌入"在稠密的跨国和国际社会关系网络之中。[①]

尽管从国际政治的分析角度,可以把 NGO 视为与国家、跨国公司等行为体相类似的国际利益集团,但是 NGO 除了具有自身的利益之外,还追求公共利益的实现及公共问题的解决。因此,NGO 本身所具备的"公益"属性,使其无法被化约为国家、跨国公司等以特定利益为目标的行为体。相较于主权国家,NGO 仍然是国际社会中的次要行为体,但是不可否认的是,NGO 作为国际社会成员之一,其本身的兴起与发展,及其与其他国际社会行为体之间的互动,对国际社会的稳定与发展都有着不可忽视的作用。

长期以来,日本 NGO 的整体发展水平,落后于美、英等西方发达国家的同行。冷战结束以后,受到国际社会中一系列"支持 NGO 发展"的国际规范的影响,国内层次上的日本政府和市民社会,转而开始重视本国 NGO

[①] [美]玛莎·芬尼莫尔:《国际社会中的国家利益》,袁正清译,上海人民出版社 2012 年版,第 2 页。

组织的发展。目前来看,一方面,日本NGO等市民社会组织,在日本外交决策过程中的影响力并不大,但是另一方面,我们应该重视民间力量在中日关系发展进程中的重要性。不管是在第二次世界大战(简称"二战")后两国恢复邦交时期,还是在近些年来的靖国神社、历史教科书、慰安妇问题、细菌战受害者索赔、战争遗留武器处理等一系列引起中日摩擦的事件中,以对华友好团体为代表的诸多日本NGO,发挥了民间外交的优势,在两国政府之间充当了信息沟通渠道的角色,为中日两国关系转暖作出了一定的贡献。

受到中日间结构性矛盾的影响,两国关系在未来相当长一段时间内,仍有可能继续受到历史问题、领土争端、贸易摩擦等问题的困扰,在处理两国外交问题时,除了依靠国家间正式的外交沟通之外,有必要重视NGO等民间外交渠道的作用。

另外,随着中国近年来在国际政治与经济领域影响力的显著提高,国际社会中关于"中国威胁论"的渲染不绝于耳。安倍内阁近年来推行"积极的和平主义"外交政策,通过推行新安保法案、推行印太战略等一系列国内外政策手段,与中国保持着既竞争又合作的关系。[①] 日本的媒体与之遥相呼应,不时推出一些渲染中国军事威胁、环境污染、民族矛盾等负面形象的片面性报道。日本政府的上述行为在很大程度上,影响了日本民众对中国的观感,导致了日本国内舆论对中国好感度的大幅降低。一些日本右翼政客,经常借中日两国出现外交摩擦之际,发表歪曲历史、伤害中国人民感情的言论,严重影响了两国人民建立友好互信关系。而NGO不论是对国际社会的稳定与发展,还是对中日两国关系的发展都有着重要的作用。而且,研究日本NGO的兴起与发展,能够使我们更加全面地了解日本这个国家,有助于正确把握、预判日本的对外行为。

---

① 2018年11月6日,日本首相安倍晋三与马来西亚总理马哈蒂尔会谈时,以及11月12日其在政府与执政党联络会议上,将"印太战略"改为"印太构想"。

第一节　问题提出与基本概念界定

2015年以来,中日两国关系总体趋向稳定,并在2017年之后出现了改善回暖的积极迹象,但是中日双边关系改善的势头并不稳固。中日两国关于历史问题的摩擦、钓鱼岛问题的争议等一系列影响两国关系的负面事件,并没有得到彻底解决。再加上日本政府通过新安保法案,不时抛出所谓的"中国威胁论",质疑中国在南海等区域正当合法的海洋活动和国防建设,严重影响了两国关系的良性发展与双边互信的建立。而中日两国作为东亚地区最有影响力的国家,两国关系的发展状况直接影响着地区的稳定,甚至国际社会的稳定。

一个国家的外交行为不仅受到国际层次因素的影响,还受到政治、社会以及文化等国内层次因素的影响。要正确处理中日两国的双边关系,进而促进中日关系的良性发展,有必要做到"知己知彼"。这就要求我们在研究中日关系时,不仅要重视日本在国际层次上的行为,还要关注日本国内层次上的政治社会动态。胡汉民在为戴季陶《日本论》所作的序中认为,"批评一国家的政治得失易,了解一民族特性难。政治有许多明显的迹象,就是它因果联络关系,也容易探求而得其比较。至于一个民族的本真,纵的是历史,横的是社会,既要有充分研究古籍的力量,还要切实钻到它社会里面去,用过体察的工夫"[①]。因此,本书选取日本NGO作为考察的切入点,通过考察日本NGO兴起与发展的过程,探索国际层次上的规范是如何影响国内层次上的国家与市民社会的,从而为了解日本的对外行为提供另一种可能。

一、问题缘起

尽管从"二战"结束以后,NGO等非国家行为体就逐渐开始发展,并活

[①] 戴季陶:《日本论》,九州出版社2005年版,第6页。

跃于国际政治领域，但是国际关系学界却是在冷战终结之后，才真正开始关注这些非国家行为体的。例如，马丁和斯金克（Martin and Sikkink）等学者将 NGO 视为影响国家或国际层次政治的跨国行为体；[1]罗西瑙（Rosenau）、坂本义和、布朗（Brown）等学者则将 NGO 归结为全球化的动因或结果；[2]还有的学者把 NGO 定义为新兴国际规范与理念的载体或促进剂、[3]国际组织政治或政策过程的参与者，[4]甚至是全球市民社会的先驱。[5] 总体而言，这些研究关注的主要问题是，NGO 作为国际政治行为体之一，在国际社会中充当了怎样的角色？具有怎样的影响力？但是，关于"为什么 NGO 会出现""有哪些因素促成或影响了 NGO 的发展""这些影响因素之间存在怎

---

[1] Lisa L. Martin and Kathryn Sikkink, "U. S. Policy and Human Rights in Argentina and Guatemala," in Peter Evans, Harold K. Jacobson and Robert D. Putnam (eds.), *Double-Edged Diplomacy, International Bargaining and Domestic Politics*, Berkely, LA, London: University of California Press, 1993, pp.1973-1980. Thomas Risse-Kappen (ed.), *Bringing Transnational Relations Back in: Non-State Actors, Domestic Structures and International Relations*, Cambridge: Cambridge University Press, 1995. Margaret M. Keck and Kathryn Sikkink, *Activists Beyond Borders*, Ithaca and London: Cornell University Press, 1998.

[2] James N. Rosenau, *Turbulence in World Politics, A Theory of Change and Continuity*, Princeton: Princeton University Press, 1990. James N. Rosenau, *Along the Domestic-International Frontier, Exploring Governance in a Turbulent World*, Cambridge: Cambridge University Press, 1997. Sakamoto Yoshikazu (ed.), *Global Transformation: Challenges to the State System*, Tokyo, New York and Paris: UN University Press, 1994. Seyom Brown, *New Forces, Old Forces and the Future of World Politics*, New York: HarperCollins College Publishers, 1995.

[3] Kathryn Sikkink, "Human Rights, Principled Issue-Networks, and Sovereignty in Latin America," *International Organization*, Vol. 47, No. 3, 1993. Audie Klotz, "Norms Reconstituting Interests: Global Racial Equality and US Sanctions against South Africa," *International Organization*, Vol.49, No.3, 1995. [美] 玛莎·芬尼莫尔：《国际社会中的国家利益》，袁正清译，上海人民出版社 2012 年版。

[4] P. J. Simmons, "Learning to Live with NGOs," Foreign Policy, Vol.112 (Fall), 1998. Thomas Princen and Matthias Finger (eds.), *Environmental NGOs in World Politics*, London and New York: Routledge, 1994. Gareth Porter and Janet Welsh Brown, *Global Environmental Politics*, Boulder: Westview Press, 1991. Peter M. Haas, Robert O. Keohane, and Marc A. Levy (eds.), *Institutions for the Earth: Sources of Effective International Environmental Protection*, Cambridge, Mass: MIT Press, 1993. Robert O. Keohane, "International Institutions: Can Interdependence Work?," *Foreign Policy*, 1998 (Spring).

[5] Elise Boulding, "The Old and New Transnationalism: An Evolutionary Perspective," *Human Relations*, Vol.44, No.8, 1991. Ronnie D. Lipschutz, "Reconstructing World Politics: The Emergence of Global Civil Society," *Millennium: Journal of International Studies*, Vol.21, No.2, 1992. Jessica Mathews, "Power Shift," *Foreign Affairs*, Vol.76, No.1, 1997.

样的互动机制"的问题却较少得到关注。

一直以来,NGO都被视为西方发达国家的产物。事实上,世界上绝大多数NGO的总部或发源地,也确实都在北美或欧洲各国。① 在联合国体系当中,无论是在数量还是在影响力上,这些欧美国家的NGO组织都占据着绝对的优势。② 进入21世纪以来,NGO的发展已经成为一种全球性现象,北美及欧洲以外国家与地区的NGO数量,也开始出现大规模的增长。但是,各国NGO的具体发展情况却各不相同。那么,究竟是什么因素导致了各国在NGO发展方面的差异性?

国际关系理论相关文献,通常将民主化的扩展、社会经济发展和全球化,作为推动NGO兴起的推动性因素。如果按照这一标准,科技及教育水平较高且拥有较高社会与经济发展水平的西方发达国家,应该普遍拥有较发达的NGO部门。并且,这些国家的NGO部门,应该是在社会经济性因素促进下,从市民社会当中自然生长出来的。从南北关系的角度来看,北方发达国家的NGO部门的整体发展水平,确实高于南方发展中国家,并且NGO本身也确实属于市民社会当中的一部分,上述逻辑并没有错。但是,一旦具体到不同的国家,我们会发现,同样属于实行民主制度的发达国家,为什么日本NGO的发展水平,落后于北美及欧洲一些国家?这是否说明,现有理论在分析特定国家NGO兴起问题时,存在解释力不足的状况?

与北美及欧洲部分国家相比,日本NGO的规模及其所具有的国际政治影响力都相对较弱。并且,日本NGO的发展状况,还有着两个值得注意的特点:其一,尽管早在1970年代末,日本已经成为世界最大的经济体之一,但是"二战"后日本从事国际活动的NGO数量一直较少,其国际影响力也十分微弱,日本NGO部门的总体发展水平较低;其二,1980年代中后期

---

① Kjell Skjelsbaek, "The Growth of International Nongovernmental Organization in the Twentieth Century," *International Organization*, Vol.25, No.3, 1971.
② Pei-heng Chiang, *Non-Governmental Organizations at the United Nations — Identity, Role and Function*, New York: Praeger, 1981.

至1990年代,日本NGO突然出现了爆发式的增长。并且,这种爆发式增长现象的出现,并非单纯地由于日本国内的市民社会活动发展壮大后外溢到了国外,还得益于国际规范的扩展,推动了国内政府基于政治性因素作出的政策改变。

日本NGO的发展历程,不同于西方NGO的传统发展模式。本书对于日本NGO的研究,可以为检验NGO兴起发展的诱因提供另一种有价值的非西方案例。因此,本书关注的重点在于"二战"后日本NGO兴起与发展的诱因。通过研究,笔者认为,除了上述社会经济因素,以及全球化的影响之外,日本NGO的兴起与发展,还受到了国际规范影响下的市民社会发展以及国家政策转变这两个国内因素的影响。

二、基本概念界定

(一) 国际上关于NGO概念的界定

NGO是英语"Non-Governmental Organization"首字母的缩略语。一般翻译为"非政府组织",日语中一般称之为"hiseifusoshiki"(非政府組織)或者"minkandantai"(民間団体)。[①] NGO这一说法首次正式登上国际舞台,是1945年10月24日生效的《联合国宪章》第71条,[②] 其规定:"经济及社会理事会得采取适当办法,俾与各种非政府组织会商有关于本理事会职权范围内之事件。"[③] 事实上,早在19世纪,国际政治中就已经出现了非国家行为体的身影。例如,国际反奴隶协会和红十字国际委员会(ICRC)均是成立于19世纪的民间团体。早在1920年代,以国际商会(ICC)为代表的非国家行为体,就已经开始与政府以及劳工组织的代表,一同参与联合国附属机

[①] 馬橋憲男:『国連とNGO——市民参加の歴史と課題[中部大学学術叢書]』,有信堂高文社1999年版,第5頁。
[②] 川野祐二:「NGOの誕生—その歴史的概観—」,『神奈川大学研究年報』1997年第1号,第2頁。
[③] 联合国:联合国宪章第71条,载联合国网站 http://www.un.org/chinese/aboutun/charter/chapter10.htm,2015年10月16日。

构——国际劳工组织(ILO)的协商会议了。①

然而,目前世界上还没有一个关于NGO定义的统一界定,关于NGO的文献中,对其定义有着繁多的阐释。② 之所以难以形成一个统一的概念,主要因为在现实情况下,有大量的组织可以被描述为"非政府的";并且,"非政府的"这一说法,其本身带有一定的负面含义,使得NGO看起来似乎是一种与政府,或者与政府设立的组织相对立的存在。

联合国文件曾经对NGO概念进行过界定,其说法也经常被作为权威说法引用。其中,1950年联合国经社理事会(ECOSOC)第288(X)号决议指出:"任何国际组织,凡不是经由政府间协议而创立的,都被认为是为此种安排而成立的非政府组织。"③1968年ECOSOC第1296(XLIV)号决议,将这类组织的范围进一步扩大为,包括那些"接受由政府当局指定成员的组织,如果这种成员资格不干预该组织观点的自由表达的话"。④ 但是,这两个权威性的文件,仅仅界定了NGO的非政府性和独立自治性两个基本特征,如果只是比照上述两条标准的话,政府组织以外的所有组织和行为体,都可以被看作NGO。

实际情况也确实如此。起先,NGO这一名词被广泛地应用于各种组织范畴,具体涵盖自愿社团、非营利性组织、国际组织、非政府组织、新社会运动组织、人民组织、要求具有会员资格的组织、基层支持组织等。后来,这一名词所指代的组织进一步复杂化,甚至有极端者认为,国际犯罪网络、恐怖

---

① 毛利聪子:『NGOから見る国際関係——グローバル市民社会への視座——』,法律文化社2011年版,第3页。
② Michael Bratton, "The Politics of Government-NGO Relation in Africa," *World Development*, Vol.17, No.4, 1989.
③ 联合国经济及社会理事会:第288(X)号决议,载联合国网站 http://unbisnet.un.org：8080/ipac20/ipac.jsp? session＝1444N8750T715.18147&profile＝bib&uri＝full＝3100001～!388070～!4&ri＝1&aspect＝subtab124&menu＝search&source＝～! horizon,2015年10月16日。
④ 联合国经济及社会理事会:第1296(XLIV)号决议,载联合国网站 http://unbisnet.un.org：8080/ipac20/ipac.jsp?session＝1444988Y972DV.18169&profile＝bib&uri＝full＝3100001～!389981～!47&ri＝1&aspect＝subtab124&menu＝search&source＝～! horizon,2015年10月16日。

主义和分裂主义者组织也应该被列入NGO之中。①

有些国际机构将NGO当作市民社会组织(CSO)的一种类型,还有的甚至直接将NGO等同于CSO。这里需要澄清的是,"市民社会"经常被视为区别于国家与市场领域的社会领域。而日益增加的关于市民社会组织概念的共识是：CSO是非国家的、非营利的、由社会领域中的市民社会成员组成的自愿性组织。这一概念包括广泛的组织利益与形式,涵盖了从政府当局登记在册的正式组织,到围绕某一共同事业而开展的非正式社会运动等一系列组织,包括宗教组织、劳工运动、地方社区组织、原住民组织、慈善基金会、研究机构、智库等。并且,CSO并不包括政党、次国家政权组织、商业媒体和营利性团体。NGO通常也被形容为非国家的、非营利的志愿组织。但是与大多数CSO相异之处在于,NGO通常有着正式的组织架构,并且在大多数情况下需要在所在国当局进行注册。

一个国家的国内市民社会当中,活跃着多种不同种类的市民组织。② 具体到日本的市民社会,从功能上来看主要包含：(1) 经济协会(生产性与商业性组织、网络);(2) 以提高集体权利、价值观、信仰与信赖感的文化团体(宗教、民族与群众组织);(3) 以促进信息与知识传播为目的的信息、教育组织;(4) 以增进成员间相互利益为目标的利益团体(例如工人、退休老人或专业性组织);(5) 整合个人资源以提高社会生活水平与质量的发展性组织;(6) 特定问题领域的市民运动(例如环保团体、妇女权益组织);(7) 以人权监督与选民教育方式改善国家政治系统的无党派市民团体;(8) 推动自治、文化与知识活动发展的组织与公共机构(包括独立的大众媒体与出版机构、大学与智库以及电影与戏剧制作团体等艺术社团)。本书认为,绝大多

---

① 刘世洪、曹茂：《NGO视野下的中国行业协会》,载范丽珠主编：《全球化下的社会变迁与非政府组织(NGO)》,上海人民出版社2003年版,第317页。
② Larry J. Diamond, "Rethinking Civil Society: Toward Democratic Consolidation," *Journal of Democracy*, Vol.5, No.3, 1994. Mary Kaldor, *Global Civil Society: An Answer to War*, Cambridge: Polity Press, 2003.

数日本 NGO 属于其中的(3)(5)(6)类市民社会组织。

萨拉蒙(Salamon)与安海尔(Anheier)认为,NGO 应具备以下特征:①(1)非政府性(non-governmental):NGO 是独立于政府之外的,且并非由政府设立的组织;(2)非营利性(non-profit-making):NGO 的活动不以追求利润为目的,即使在获得利润的情况下也不会向成员分配所得利润;(3)自愿性(voluntary):NGO 的建立及运营均基于个人的非强制自愿参加行为;(4)组织性(of a solid and continuing form):NGO 通常具有长期的正规的组织机构;(5)利他性(altruistic):NGO 的活动主要不是为本组织成员服务,而是致力于非特定的大多数人的利益;(6)慈善性(philanthropic):NGO 提供服务时并不期待获得经济上的等价回报,接受 NGO 的服务者主要是经济及社会上的弱者。

布朗(L. David Brown)和科顿(David C. Korten)认为,NGO 同时包含非政府组织和非营利组织两种含义,组织范畴包含从小规模到大规模、从世俗团体到宗教团体、从捐赠者到收益团体等各种组织。并且,从仅依赖会员活动的团体,到只在国内或地区活动的团体,再到在国际层面活动的团体,都可以被划归为 NGO。② 科顿在另一篇研究论文中,还将 NGO 分为四类。③ 克拉克(Clarke)将 NGO 定义为具有特殊法律特征的、关心公共福利目标的、私人的、非营利的、专业性组织。④

---

① [美]レスター・M.サラモン、H.K.アンハイアー:『台頭する非営利セクター——１２ヶ国の規模・構成・制度・資金源の現状』,今田忠監訳,ダイヤモンド社 1996 年版。
② L. David Brown and David C. Korten, *Understanding Voluntary Organizations: Guidelines of Donors*, Washington DC: World bank, 1989. http://www-wds.worldbank.org/servlet/WDSContentServer/WDSP/IB/1989/09/01/000009265_3960928075717/Rendered/PDF/multi_page.pdf, 2015-10-17.
③ 分别是政府非政府组织(GONGO)、公共事务承包组织(PSC: Public Service Contractor)、志愿者组织(VO: Voluntary Organization)和人民团体(PO: People's Organization)。具体内容可参见: David C. Korten, "Step toward People-centered Development," in Noeleen Heyzer, James V. Riker, Antonio B. Quizon (eds.), *Government-NGO Relations in Asia: Prospects and Challenges for People-centred Development*, London: Palgrave Macmillan, 1995, p.184。
④ Gerard Clarke, "Non-Governmental Organizations (NGOs) and Politics in the Developing World," *Political Studies*, Vol.46, No.1, 1998.

威利茨(Willetts)认为,NGO并没有一个被普遍接受的定义,但是可以通过三项被普遍接受的特征,将NGO与其他组织区分开。第一,NGO不应该是政党或者政府机构。这些组织不应该直接隶属于任何政府组织。而且这些组织的行动不以获得任何政治权力为目标。第二,这些组织不应营利。营利性质的公司不是NGO。第三,所有的犯罪组织都应该被排除在NGO范畴之外,尽管这些犯罪组织既不属于政府也不属于私人公司。NGO应该具有慈善性意图。[1]

尽管学界并没有形成一个普遍承认的NGO定义,并且NGO这个名词在不同的环境下往往意味着不同的内涵。[2]但是,文献中对NGO主要特征的描述可以归纳为如下几点:

第一,NGO不是由国家创办的,而是由私人(包括自然人与法人)自发、志愿组成的。因此,NGO是市民社会的组成部分之一。

第二,NGO通常独立于政府的影响之外。[3]

第三,本质上,NGO的目标通常具有公共性,例如扶贫或者环保。

第四,NGO不追求营利性目标。这一特征将NGO与公司,也就是利润指向的经济实体区分开来。同时,NGO可以通过自营收入筹措资金来开展主要活动。[4]

---

[1] Peter Willetts, "What is a Non-Governmental Organization? UNESCO Encyclopaedia of Life Support Systems," *Section 1 Institutional and Infrastructure Resource Issues*, Article 1.44.3.7., 2001.
[2] Peter Willetts, What is a Non-Governmental Organization?, http://www.staff.city.ac.uk/p.willetts/CS-NTWKS/NGO-ART.HTM#Summary, 2015-10-16.
[3] Stephan Hobe, "Global Challenges to Statehood: The Increasingly Important Role of Nongovernmental Organizations," *Indiana Journal of Global Legal Studies*, fall, Vol. 5, No.1, 1997.
[4] 传统上来说,会费收入应该是NGO资金的主要来源。但是现在NGO可以通过其他多种资源来获得资金收入。主要包括从政府或者国际机构获得的拨款和合同、服务费收入、售卖商品的盈利,以及私人、公司或者富人提供的基金。1970年时公共财政补贴仅占NGO收入的1.5%,1988年这一比例激增至35%,并且还有继续增大的趋势。有学者认为这种趋势必定会使NGO承受更多的政府压力与限制,影响到NGO的自主独立性。相关内容可见:James A. Paul, NGOs and Global Policy-Making (June 2000), https://www.globalpolicy.org/component/content/article/177/31611.html, 2015-10-16。

第五,NGO不能组成政党,因为他们不像政党一样追求政治权力。

第六,通常情况下,NGO必须是合法组织。以区别于恐怖主义者或有组织的犯罪团体。[1]

虽然以上关于NGO特征的概括仍然是不全面的,也并非NGO所呈现的最终形态,但是为了更好地理解本书的研究对象,界定NGO的普遍特征是有必要的。此外,以上特征在一定程度上,与联合国经济及社会理事会所规定的NGO认证条件相吻合,[2]这也反映出,文献中关于NGO基本特征的界定,是具有实际操作意义的。同时,其他的一些国际组织,对于NGO的构成要素也有着近似但又各不相同的界定。[3]

(二) 日本关于NGO概念的界定

一般来说,国际上通常将民间的非营利团体统称为NGO。但是在日本,NGO与NPO的适用范围却有所区别。NGO这一说法,最早出现在日本的大众媒体上是在1980年代。当时的新闻在报道关于印度支那地区难民救济活动时,最早开始使用这一词语。与此相对,NPO这一说法在日本的普及,主要是在《特定非营利活动促进法》(NPO法)颁布前后。从具体使用情况上来看,日本国内主要将从事国内福利、教育、环境、振兴农村等活动的非营利活动团体称为NPO,将主要从事海外开发与紧急援助等活动的非营利活动团体称为NGO。[4]

由于日本国内对NGO这一概念的理解,与国际上的普遍定义存在一

---

[1] 具体论述可见 Karsten Nowrot, "Legal Consequences of Globalization: The Status of Non-Governmental Organizations under International Law," *Indiana Journal of Global Legal Studies*, Spring, Vol.6, No.2, 1999。

[2] 详细内容参见联合国经济及社会理事会: 1996/31号决议,载联合国网站 http://www.un.org/chinese/documents/ecosoc/1996/r1996 - 31.pdf,2015年10月17日。

[3] 关于各个国际机构对NGO不同定义的概括性总结可见 Ecologic and FIELD, Participation of Non-Governmental Organisations in International Environmental Governance: Legal Basis and Practical Experience (2002), http://www.ecologic.de/download/projekte/1850 - 1899/1890/report_ngos_en.pdf, 2015 - 10 - 17。

[4] 杉下恒夫:『NPO・NGOガイド: 21世紀のボランティア』,自由国民社2001年版,第4頁。

定差别,笔者认为有必要对 NGO 这一词组在日本的定义进行进一步澄清,以区别于日本其他的市民社会组织。

按照卡尔多(Kaldor)的论述,全球市民社会行为体可以细化为以下 6 类:旧的社会运动(传统的工人运动、民族/反殖民地解放斗争)、新的社会运动(人权、和平、女性、环境、与第三世界有关的连带运动)、NGO、跨国市民网络、新的民族主义/原教旨主义运动、新的反资本主义运动。[①] 笔者认为,在具体讨论参与全球市民社会活动的日本行为体时,应该把卡尔多所提出的六大全球市民社会行为体中的 NGO,进一步划分为 NGO、NPO 两类更为合适(见表 0-1)。

表 0-1 全球市民社会各行为体特征

	社会运动		NGO		跨国市民网络	新的民族主义/原教旨主义运动	新的反资本主义运动
	旧的社会运动	新的社会运动	NGO	NPO			
处理问题	再分配、雇用与福利、民族自决、反殖民地主义	人权、和平、女性、环境、第三世界连带问题	人权、消除贫困与开发、人道救援、解决纷争	地方的人权、消除贫困与开发、地区建设与振兴、地区福利	女性、大坝、地雷、国际刑事法庭、气候变动	认同政治	全球化受害者与连带者、国际组织的废止与改革
人员构成	劳动者、知识分子	学生、新的信息阶层、社会福利职业相关者	专门从业者、专家	地区居民	专门从业者、专家、活动家	劳工、小规模企业家、农民、非正式部门	学生、劳工、小型农户
组织形态	垂直的、阶层的	松散的、水平的协作	从官僚式的、企业式的到小规模无正式组织的各种形态	小规模的非正式组织(也有垂直型的)	INGO、社会运动、草根组织网络	垂直型、水平型或魅力领袖型	NGO、社会运动、草根组织网络

① Mary Kaldor, *Global Civil Society: An Answer to War*, Cambridge: Polity Press, 2003, pp.80-81.

续　表

	社会运动		NGO		跨国市民网络	新的民族主义/原教旨主义运动	新的反资本主义运动
	旧的社会运动	新的社会运动	NGO	NPO			
行动方式	请愿、示威行动、罢工、院外游说	利用媒体、直接行动	提供服务、倡议、专业知识、利用媒体	提供服务、倡议、利用当地固有知识	平行峰会、利用媒体、利用地方性的或者专业知识、倡议	利用媒体、大众示威、暴力	平行峰会、直接行动、利用媒体、因特网动员
资金来源	会费	个人支持者、活动募集	政府、国际机构、民间财团、其他INGO	个人支持者、地方政府、INGO	个人支持者、INGO、民间财团	海外流散者、犯罪活动	个人支持者、协会、民间财团
与政府关系	夺取国家权力	国家与社会关系的变革	影响市民社会、国家、国际制度。协助国家或国际组织项目实施	影响地方政府、国家。协助地方政府项目实施	向国家、国际制度施加压力	夺取国家权力	与国家、国际制度、跨国公司交锋

资料来源：笔者自制表格（参考 Mary Kaldor, *Global Civil Society: An Answer to War* 第 80、81 页内容修改）。

1. NGO 与 NPO

根据日本《现代用语基础知识》（2009 年）所述，NGO 在日本通常被翻译为"非政府团体"（非政府団体）、"民间援助团体"（民間援助団体）等，意指"市民海外协力团体"（市民の海外協力団体）。[①] 此外，日本最大的 NGO 网络化组织——国际协力 NGO 中心（国際協力 NGO センター，JANIC），将 NGO 定义为，"在发展中国家从事国际协力活动的专业性民间团体"。[②]

[①] 金子胜，森永卓郎：『現代用語の基礎知識二〇〇九年版』，自由国民社 2009 年版，第 188、507 頁。
[②] JANIC：国際協力 NGO ダイレクトリー，JANIC ホームページ http://www.janic.org/directory, 2015 年 11 月 22 日。

也就是说,NGO 在日本的定义,比国际上对 NGO 的一般认识更加狭义化,通常是指那些以解决发展中国家面临的各种问题为目标,进行协力活动(例如,发展援助与紧急援助等各种海外援助项目)的国际性非营利组织。这些参与国际事务的组织,具有自愿性、非营利性、自治性、非政治性(例如,主要目标不是培养政治选举候选人)的特点,且不以改变当地宗教信仰为目的。

随着1998年日本《特定非营利活动促进法》(NPO 法)的颁布,冠名 NPO 法人的相关团体开始迅速增多。在日本,有时人们把 NPO 一词作为涵盖性术语使用,同时指代国内非营利性团体和从事国际活动的 NGO。也有人将主要从事国内或地区性问题解决的非营利组织称为 NPO,将从事国际性问题解决的非营利组织称为 NGO。还有人认为,NGO 强调的是组织的非政府性;而 NPO 强调的是组织的非营利性。总体上看,NPO 在日本通常是指以公益性为前提,主要解决国内或限定区域福利或其他各种问题的,坚持非政府、非营利立场的自发性组织。

按照规范的政治学分类,日本的 NGO 定义,实际上与国际 NGO (INGO)的定义最为接近。考虑到日本的具体情况,本书将沿用 NGO 这一说法,并将发源于日本,或者总部设在日本的 NGO 称为日本 NGO。除了明确 NGO 与 NPO 在日本的区别以外,我们还要将 NGO 与以下几种组织区别开来。

2. NGO/NPO 与志愿者活动(ボランティア活動)

随着日本昭和二十二年至二十四年(1947—1949 年)婴儿潮时期出生的一代人,也就是所谓"团块世代"(団塊の世代)的退休,他们中的许多人开始从事志愿者活动,或者 NGO/NPO 活动,以充实退休后的晚年生活,日本社会对志愿者活动的关注度也随之有所提高。在日本,一方面,提到志愿者(ボランティア)一词,通常的是指那些自愿从事无偿义务服务且并非这个领域专业人士的业余人员;另一方面,被称为 NGO/NPO 的组织通常指的是一群有着"希望世界或身边的社会更美好"的自发愿望的人所组成的专业组织。因此,可以将创设、参与NGO/NPO运营及活动的人员,界定为志愿者。许多日本NGO、NPO,都面临着资金与人才不足的困境。这些组织所雇用的带薪员工数量非常有限,然而,为了顺利地开展活动,他们又非依赖于大量的无偿义务志愿者的帮助不可(见图0-1、图0-2、图0-3)。

此外,上述无偿志愿者所活跃的场所并不仅限于NGO或NPO。日本各地区、学校、社会福利设施、医院、旅游景点、自然公园、博物馆等地,也有大量志愿者长期提供无偿服务。日本红十字会还以地区或学校等为单位,组织了大量的志愿者小组,开展丰富多样的活动。其中一些志愿者小组,甚至还具有相关的专业技能与知识。还有大量隶属于政治或宗教团体的志愿者,也在日本社会的各个领域,进行着无偿的志愿服务工作。因此,日本的NGO/NPO与志愿者活动的关系,可以概括为:志愿者是基于自发意愿,进行无偿奉献活动的个人,

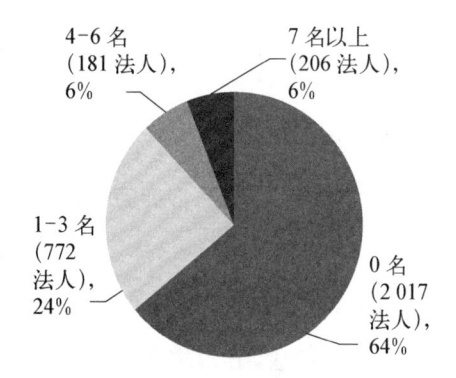

图0-1 日本NPO法人带薪负责人数

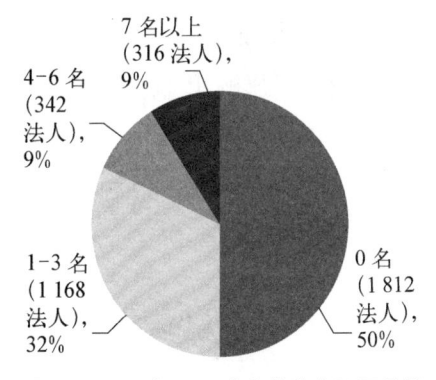

图0-2 日本NPO法人带薪专职职员数

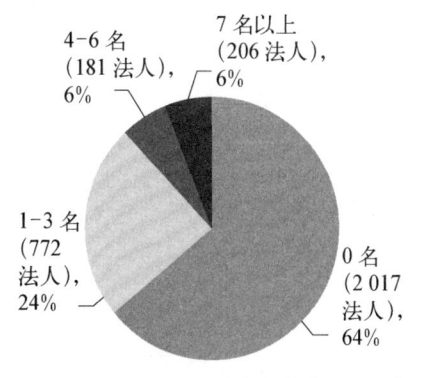

图0-3 日本NPO法人无薪兼职职员数

注:1. 数据来源于日本NPOセンター「NPOヒロバ」;2. 统计时间截至2014年3月末;3. 网址:http://www.npo-hiroba.or.jp/know/analysis.html,2015年11月22日访问。

而NGO/NPO则是具有这种自发奉献意愿的,并进一步组织化的共同体。

3. NGO、NPO法人与公益法人

从法律角度来说,日本NGO包含两类组织,即法人(houjin)与非法人团体("任意团体",通常称为"市民团体",即英语中的civic groups)(参见图0-4、表0-2)。在1998年NPO法颁布以前,大部分从事国际协力活动的日本NGO,都是未经国家认可的、不具备法人资格的非法人团体(任意团体)。根据日本《民法》第34条规定,想要获得公益法人(分为社团法人与财团法人两类)资格的团体,必须在资金规模上满足相当高的标准,并且获得主管官厅的认可。而大多数日本NGO都无法满足这些要求,因此无法获得法人资格。受到上述问题影响,因缺少法律的保护与相关税收优惠,这些不具备法人资格的日本NGO的发展受到了严重限制。同时,上述NGO又因并未在相关政府部门登记注册,从而在一定程度上避免了日本政府的过度干预与监管。

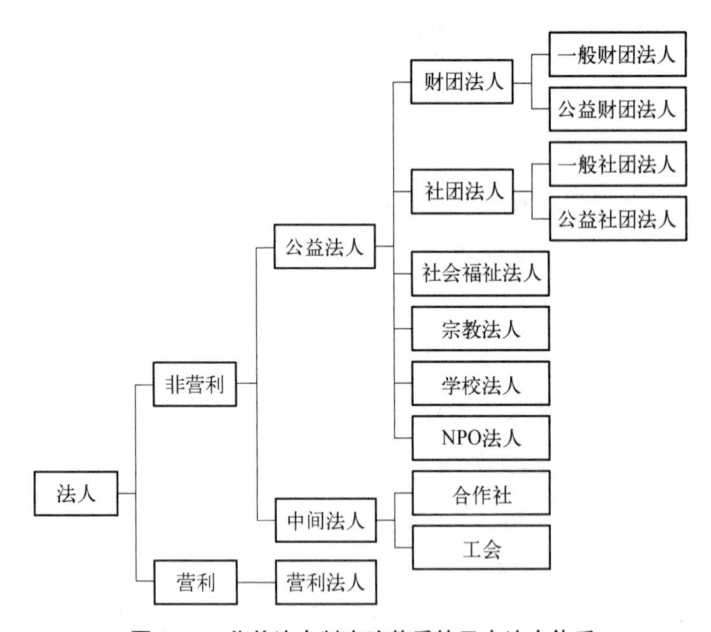

图0-4 公益法人制度改革后的日本法人体系

资料来源:笔者自制图表。依据维基百科(日语版)"日本の法人法"栏目相关内容,https://ja.wikipedia.org/wiki/Category:%E6%97%A5%E6%9C%AC%E3%81%AE%E6%B3%95%E4%BA%BA%E6%B3%95,2015年11月23日访问。

表 0-2 日本公益法人制度与 NPO 法人制度对比

	公益法人制度		NPO 法人制度	
	一般社团/财团法人	公益社团/财团法人	特定非营利活动法人（NPO 法人）	认定特定非营利活动法人（认定 NPO 法人）
定义	不论所从事事业是否具有公益性，只要不以分配事业盈余为目的，且公证人认证其章程满足法律规定的要件，不经政府机关审查即可登记获得一般社团/财团法人资格	经过法律、会计、公益法人活动方面有识之士组成的第三方公益认定委员会审查（认定其主要以开展公益目的事业为目的等），接受行政机关（内阁府或都道府县）公益性认定的一般社团/财团法人	在保健/福利、城市建设、文化、环境保护、国际协力等 NPO 法规定的 17 个特定领域，以增进不特定多数人利益而非营利/非政治/非宗教为目的进行活动，具有 10 人以上成员且向所辖行政机关（都道府县或政令指定城市）提交法律规定相关手续，获得成立认证完成登记的法人	为振兴教育或科学、提高文化水准和社会福利作出贡献，以及为增进其他公益事业作出显著贡献，满足一定条件，获得所辖行政机关（都道府县或政令指定城市）认定的，获得税收优惠的 NPO 法人

资料来源：日本内阁府，"公益法人制度と NPO 法人制度の比較について"。网址：http://www.cao.go.jp/others/koeki_npo/koeki_npo_seido.html，2015 年 11 月 23 日访问。

以 1995 年日本阪神大地震为契机，大批活跃于灾后救援与重建领域的志愿者，为日本市民社会的发展提供了新的动力，而 NPO 法就是在这样的背景下应运而生的。日本现行 NPO 法规定，具有明确的名称与办公地点，以及 10 名以上社员（会员）的，从事以下 17 种特定非营利活动（见表 0-3），且完成法律附带其他条款要求手续的团体，在完成认证手续之后 4 个月内，即可自动获得法人资格。

表 0-3 NPO 法规定的特定非营利活动领域

(1) 保健、医疗及福利	(2) 社会教育
(3) 城市建设	(4) 学术、文化、艺术及体育促进
(5) 环境保护	(6) 灾害救援
(7) 地区安全活动	(8) 维护人权及推进和平
(9) 国际协力活动	(10) 男女共同参与社会

续　表

（11）培育孩子健全成长	（12）促进信息化社会发展
（13）科学技术振兴	（14）活化经济活动
（15）职业能力开发及帮助增加就业机会	（16）消费者保护
（17）从事前项活动团体的运营及提供活动相关联络、建议及协助的活动	

资料来源：笔者自制表格。根据日本内閣府NPOホームページ『特定非営利活動促進法（平成十年法律第七号）』内容整理，https://www.npo-homepage.go.jp/uploads/20140520-hou-1.pdf，2015年11月23日访问。

以下17个非营利活动领域中，与日本NGO有关的主要有：(1) 保健、医疗及福利，(2) 社会教育，(3) 城市建设，(5) 环境保护，(6) 灾害救援，(7) 地区安全活动，(9) 国际协力活动。

随着NPO法的颁布，日本非营利团体申请法人资格的门槛有所降低，截至2015年9月30日，日本获得NPO法人资格认定的团体数量已达50 411个。[①] 而且，日本自2008年开始，以《一般社团法人及一般财团法人相关法律》《一般社团法人及一般财团法人相关法律及公益社团法人认定等相关法律施行伴随关系法律的调整等相关法律》为基础而展开的公益法人制度改革，废止了之前基于日本《民法》第34条而进行的社团法人·财团法人认定程序。一般社团法人及一般财团法人资格取得程序，在新公益法人制度下得以简化。2008年12月新公益法人制度实施时，日本共有24 317个公益法人。在此之后，约有9 000个团体符合新的法人认定条款，从而成为公益法人。并且，剩余的法人团体当中，约有11 500个团体经转移认定为一般法人，约3 500个法人团体解散或合并。截至2014年4月，日本共有9 153个团体获得公益财团·社团法人资格，其中822个团体获得了认定NPO法人资格，同时，一般财团·社团法人数量增至31 900个。（见表0-4）

[①] 日本内閣府：内閣府NPOホームページhttps://www.npo-homepage.go.jp/，2015年11月23日。

表 0-4　公益法人及 NPO 法人数

公益法人及 NPO 法人	法人数	调 查 日 期
(新制度下)公益财团/社团法人	9 153	2014 年 4 月
(新制度下)一般财团/社团法人	31 900	2014 年 4 月
国税厅旧认定财团/社团法人(特例民法法人)	105	2015 年 9 月 18 日
NPO 法人	50 411	2015 年 9 月 30 日
认定 NPO 法人	822	2015 年 11 月 20 日
合　　　计	82 311	

注：1. 一般财团/社团法人、公益财团/社团法人数据来源：日本公益法人协会 NOPODAS ホームページ，网址：http://www.nopodas.com/contents.asp?code=10001009&idx=101131，2015 年 11 月 23 日访问；2. 国税厅旧认定财团・社团法人、NPO 法人、认定 NPO 法人数据来源：日本内阁府 NPO ホームページ，网址：https://www.npo-homepage.go.jp/，2015 年 11 月 23 日访问。

综上分析，可将日本的 NGO、NPO、NPO 法人、社团法人、财团法人的位置关系归纳如图 0-5 所示。从概念上来说，广义上的日本 NGO 可以被视作 NPO 的一种；狭义上的日本 NGO 是有别于主要从事国内活动的 NPO 而主要从事海外援助活动的非营利组织。从法律地位上来说，日本 NGO 包括：NPO 法人、认定 NPO 法人、公益社团/财团法人、一般社团/财团法人，其他剩余部分 NGO 为任意团体。

(三) NGO 的种类划分

NGO 数量繁多种类庞杂，根据不同的标准可以划分为不同的种类。除了那些人权、环保和人道主义救援领域的著名 NGO 之外，也有一些诸如推广世界语或者太空移居等不为人熟知的 NGO。同时，有的 NGO 秉持绝对独立的运营立场，也有的 NGO 与政府、企业有各种利益牵涉；有的 NGO 分支机构遍布全球，会员数以千计，也有的 NGO 仅有几个人组成；有的 NGO 在组织架构上拥有庞大的中央秘书处，也有的 NGO 采取分散管理的松散运营形式。总的来说，想要将如此多样化，且数量巨大的 NGO 分类并非易事。

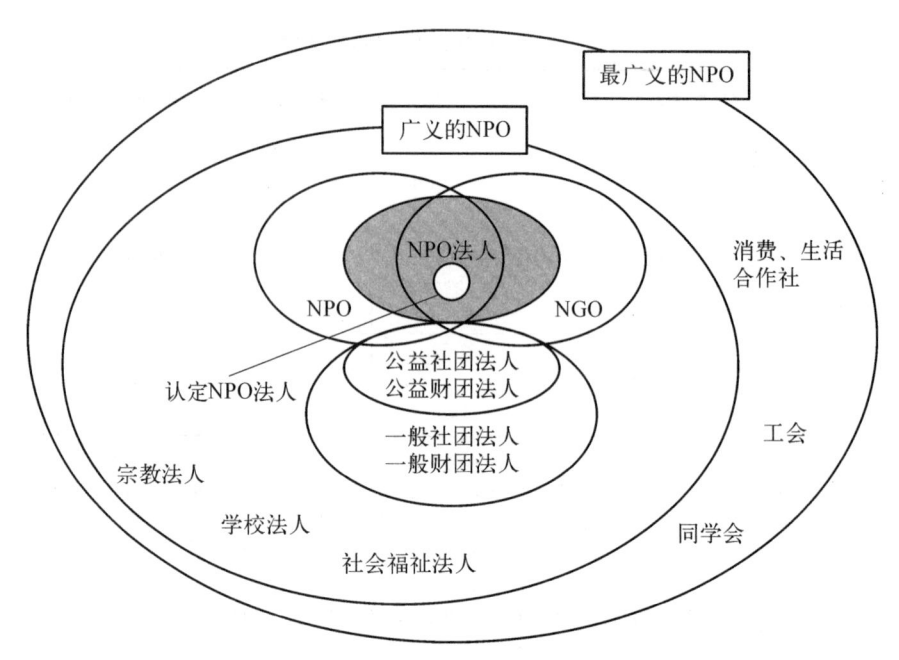

图 0-5 NGO、NPO、NPO 法人的位置关系

资料来源：笔者自制。

1. 根据活动层次划分

威利茨依据运营项目所覆盖的区域，将 NGO 划分为本地层次的（local）、地方层次的（provincial）、国家层次的（national）、区域层次的（regional）和全球层次的（global）。[①] 本地层次和地方层次的 NGO，包括那些主要从事社区项目，以及关注较小地区问题的 NGO。同时，这两个层次的 NGO 也被称为草根或者社区 NGO。国家层次的 NGO 项目则一般覆盖全国。上述三个层次的 NGO 合起来又可以统称为国内 NGO。区域及全球层级的 NGO 运营范围通常不止一个国家，因此他们也被称为国际 NGO（INGO）。

直到 1990 年代早期，世界上绝大多数 NGO 的业务运营范围，还只停留

---

① Peter Willetts, What is a Non-Governmental Organization?, http://www.staff.city.ac.uk/p.willetts/CS-NTWKS/NGO-ART.HTM#Summary, 2015-10-16.

在国家层次。国际NGO的数量并不多。而此后一段时期,国际NGO开始大量涌现。有的国际NGO的业务所及范围,甚至超过100个国家。依据NGO所从事业务的层次不同,他们与政府的关系也随之变化。国际NGO所运营项目的数量和领域通常更加广泛,它们比本地与地方层次的NGO拥有更多的资源,并且经常与多国政府进行业务往来。另外,国际组织在业务上主要接洽的NGO,一般也是国际NGO。通常,如果一个NGO,在一个以上的国家拥有其成员单位或者分支机构,又或者其业务目标不仅局限于一国时,就可以被认为是国际NGO。

2. 根据地理位置划分

马斯柳科夫斯卡(Maslyukivska)指出,生活在不同地域的人们,对于NGO的认知也是不同的。[①] 生活在发达国家的人通常会向NGO捐钱,因为他们认为,NGO与非营利性组织相类似。而生活在发展中国家的人们,通常会认为可以从NGO获得某些益处。例如,在美国,NGO也经常被称为私人志愿组织(PVO,Private Voluntary Organizations),大部分美国人也愿意通过资金捐助的方式,来帮助发展中国家的民众。而在许多非洲国家,一提起NGO,人们通常会联想到那些致力于提高社会经济发展水平的志愿发展组织(VDO,Voluntary Development Organizations)。从全球层面来看,NGO可以分为北方NGO(NNGO,Northern NGO)和南方NGO(SNGO,Southern NGO),两者在各方面都存在着巨大差距。北方NGO通常是指那些在南方,也就是在发展中国家开展国际活动的NGO;南方NGO则指那些在发展中国家活动的当地NGO。

北方NGO与南方NGO,经常会在发展中国家或地区,开展协作性工作,或者共享资源。但是,两者对于改善当地人民生活方式这一问题,往往

[①] Olena Maslyukivska, Role of Nongovernmental Organizations in Development Cooperation, UNDP/Yale Collaborative Programme, http://www.undp.org/ppp/library/files/maslyu01.html,1999,2015 - 12 - 20.

有着不同的见解。赫达克(Hudock)通过对在冈比亚和塞拉利昂两国国内活动的 NGO 进行案例研究分析后指出：通常情况下，南方 NGO 在资源和资金方面，更依赖于北方 NGO。而这种依赖，又使南方 NGO 的发展具有不确定性。[①] 一方面，北方 NGO 有可能因其所在受援国发生的突然性变故（例如，内战、货币贬值）或者与受援国政府关系恶化等，而停止对南方 NGO 的资金支持；另一方面，南方 NGO 却由于本身力量不足，且无法预知外部资金何时会被撤回，而导致其对北方 NGO 的依赖性和脆弱性进一步加强。

3. 根据主要用途划分

世界银行将 NGO 分为操作型 NGO(Operational NGO)和倡议型 NGO(Advocacy NGO)。

操作型 NGO 主要从事紧急救援、初级卫生保健、非正规教育、住房供应、法律援助和小额贷款等工作，有的也为其他 NGO 或服务性组织提供人员培训服务。操作型 NGO 主要负责计划或实施与发展有关的项目，并为欠发达地区的人们，或者社会弱者提供援助性服务。例如，世界上最早、最大的 NGO 之一——拯救儿童基金会(Save the Children)就是一个操作型 NGO，这一 NGO 主要发展援助性项目，遍布全球 120 多个国家，致力于提高发展中国家当地的社会经济发展水平。

倡议型 NGO 主要通过倡导、启发或者提议等方式来推动或保护某一特定事件或政策。它们经常会对各国政府及国际机构的政策及活动提出批判性意见。有些具有专门知识的倡议型 NGO，还会依靠专业人员展开独立调查，通过要求信息公开来监督大型企业的不正当经营行为；甚至进行游说、公众动员等活动，从而影响相关国际会议议题的制定。例如，国际特赦组织(Amnesty International)，就是一个致力于改变国家人权状况的倡议型

---

① Ann Hudock, "Sustaining Southern NGOs in Resource-dependent Environments," *Journal of International Development*, Vol.7, No.4, 1995.

NGO。还有一些关注贫困国家债务削减和环境保护工作的倡议型NGO，也长期活跃在国际政治舞台上。[1]

从另一个角度来看，操作型NGO主要通过项目运营，以实现直观但小范围的变革；而倡议型NGO则主要通过影响政治过程，来实现间接的、大范围的长期变革。现实情况下，NGO通常兼具这两种特点，既从事短期的、直接性的发展援助项目，又开展旨在影响政治进程、间接的倡议活动，难以明确区分其种类。

4. 根据主要活动领域划分

按照NGO主要活动领域划分，可以将NGO具体分为人权、环境、妇女、人道主义救援NGO等，这也是国际上关于NGO的最为常见的分类方式。例如萨拉蒙（Salamon）和安海尔（Anheier），根据对13国进行跨国研究而发展出的"非营利组织国际分类"（ICNPO），就是以此为依据，将非营利组织归为12个类型，并进一步细分成27个次级系统（参见表0-5）。[2] 其中，除了第7类"团体法律、倡议与政治（Law, Advocacy and Politics）"中的第22次级"政党组织（Political Organizations）"不能被视为NGO之外，其他各类当中都有相对应的NGO存在。[3]

表0-5　ICNPO分类标准所涉及的非营利活动领域

团　　体	次　级　团　体
1. 文化与娱乐 （Culture & Recreation）	1. 文化及艺术（Culture & Arts）
	2. 娱乐（Recreation）
	3. 服务俱乐部（Service）

---

[1] Mary Kaldor, "Civil Society and Accountability," *Journal of Human Development*, Vol.4, No.1, 2003.

[2] Lester M. Salamon and Helumt K. Anheier, *Defining the Nonprofit Sector: A cross-national analysis*, Manchester and New York: Manchester University Press, 1997, pp.56－81.

[3] 江明修、郑胜分：《全球性公民社会组织发展之析探》，载范丽珠主编：《全球化下的社会变迁与非政府组织（NGO）》，上海人民出版社2003年版，第45—51页。

续 表

团　　体	次　级　团　体
2. 教育与研究 （Education Research）	4. 初等及中等教育（Primary and Secondary Education）
	5. 高等教育（Higher Education）
	6. 其他教育（Other Education）
	7. 研究（Research）
3. 健康 （Health）	8. 医院及复健（Hospitals and Rehabilitation）
	9. 护理之家（Nursing Homes）
	10. 心理健康与危机预防（Mental Health and Crisis Intervention）
	11. 其他健康服务（Other Health Services）
4. 社会服务 （Social Services）	12. 社会服务（Social Services）
	13. 紧急事件与援助（Emergency and Relief）
	14. 收入支持与维持（Income Support and Maintenance）
5. 环境 （Environment）	15. 环境保护（Environment Protection）
	16. 动物保护（Animals Protection）
6. 发展与住宅 （Development and Housing）	17. 经济、社会与社区发展（Economic, Social and Community Development）
	18. 住宅供给（Housing）
	19. 职业训练（Employment and Training）
7. 法律、倡议与政治 （Law, Advocacy and Politics）	20. 公民及倡议组织（Civic and Advocacy Organizations）
	21. 法律服务（Law and Legal Services）
	22. 政党组织（Political Organizations）
8. 慈善与促进志愿服务 （Philanthropic intermediaries and Voluntarism Promotion）	23. 慈善组织（Philanthropic）
9. 国际活动 （International Activities）	24. 国际活动（International Activities）
10. 宗教 （Religion）	25. 宗教组织（Religious Congregations and Associations）

续 表

团 体	次 级 团 体
11. 企业与专业学会、协会 (Business and Professional Associations, Unions)	26. 企业与专业学会、协会(Business and Professional Associations, Unions)
12. 其他方面 (Not Elsewhere Classified)	27. 其他组织(N.E.C.)

资料来源：根据"Defining the Nonprofit Sector: A cross-national analysis" pp.56－81 制表。

(四) NGO 在国际政治中的作用

NGO 在国际政治与全球治理领域中，扮演了各种角色。它们发起和动员 NGO 网络，搜集所活动地区当地的信息，并且时常对国家及跨国关系施加影响；它们为某些特定国际事件提供信息源或者专业性意见、加强公众参与度、动员个人和团体参与政治活动或监督政府活动；它们还影响政治对话，为国家及国际政治议程提供议题、参与国际规范的制定或决策过程、监督政策实施情况、解决国际争端。

长期以来，关于相关国际议题的谈判，或新的国际规范的制定，主要是在相关国际组织的框架内，由国家行为体通过双边或多边的政治博弈来决定。而博弈的最终结果，通常由国际条约文本来体现。如果 NGO 想要更好地发挥其在国际规范制定过程中的影响力，就必须获得进入这些国际组织的机会。而 NGO 在这些国际组织内，主要通过以下几种方式来体现其影响作用：

一是通过主张 NGO 的利益关切、提供专业知识及意见的方式参与国际组织的政策协商和决策过程。（包括在国际协商过程中塑造议题）

二是参与国际组织实行或资助项目的规划、实施与监督。（政策实施）

三是监督国家履行国际承诺的情况。（执行监督）

四是在国际组织框架下参与争端解决过程。

2002 年，Ecologic 与 FIELD 两个机构联合发布《国际环境治理中的非政府组织参与》报告,全面总结了环保 NGO 在国际组织中发挥影响力所运用的各种手段及流程(参见表0-6)。[①] 环保 NGO 作为较早开始活跃于国际政治舞台的 NGO 类型,在影响国家政治决策和塑造国际规范方面,有着较为成熟的经验。因此,这份报告能够较全面地反映出倡议型 NGO 的行动模式。从表0-6可以发现,NGO 在环境治理方面所起到的作用,以及在国际组织中获得的机会,实际上已经远远超过了国际组织相关文件中所规定的那些。[②]

表0-6 NGO 在国际环境合作中的功能、活动及影响渠道

功　能	影响渠道及活动
强化知识基础(科学知识、政策与法律知识)	收集、汇编与传播信息
	撰写出版研究报告
	传播信息与组织周边会议
倡议与游说	与政府代表非正式接触(周边会议、工作小组、碰头会、走廊外交、通信联络)
	正式参加政府间谈判(正式书面意见书、非正式书面立场文件、会议陈述)
	向"友好"代表团提供建议
	谈判会场外活动壮大声势(媒体、公共信息、游行)
国家代表团成员	政府间谈判信息的接收
	向政府提供建议
	代表政府谈判
承诺及执行情况合规性复核、参与争端解决	提交"法庭之友"摘要
	就代表团及机构执行或违约行为提供信息或警示

[①] Ecologic and FIELD, Participation of Non-Governmental Organisations in International Environmental Governance: Legal Basis and Practical Experience (2002), http://www.ecologic.de/download/projekte/1850-1899/1890/report_ngos_en.pdf, 2015-10-17.

[②] Bas Arts, "The Impact of Environmental NGOs on International Conventions," in Bas Arts, Math Noortmann, Bob Reinalda (eds.), *Non-State Actors in International Relations*, Aldershot: Aldershot, 2001, p.51.

续 表

功　能	影响渠道及活动
保证透明度	谈判情况报告
	公开谴责"落后国家"
	公关（媒体）
	执行效果报告
支持国际秘书处	承担秘书处功能
	为秘书处提供建议与经验
NGO在国际环境治理中更广泛的作用	塑造个人及团体的看法（活动或训练）
	推动环保组织与商业、工业部门协作
	网络协作，包括整合各层次治理
	全球化的价值观及偏好

资料来源：Ecologic and FIELD, Participation of Non-Governmental Organisations in International Environmental Governance: Legal Basis and Practical Experience(2002)。

NGO工作的目标和动机几乎涵盖了各个领域，主要包括援助、社会经济发展与政治角色。在紧急救援方面，NGO通常表现活跃。例如，2010年1月海地大地震时，NGO就成为当时首批向受灾地区提供帮助的国际行为体之一。它们为那些由于地震而一无所有的受灾群众，提供了大量的食物和衣物。而与之相对应的是，当时的海地政府却无力提供充分的灾后救援服务。事实上，与各国政府所提供给海地灾区的有限的救援相比，国际NGO则提供了更加有效且迅速的紧急援助。

在灾后恢复方面，NGO的作用也十分令人瞩目。2004年印度洋海啸发生后，各国NGO向印度、印度尼西亚、泰国和斯里兰卡受灾国当地，输送了大量救援专家。这些NGO救援专家，为灾区群众提供了急救护理、食品和避难所服务。NGO在受灾地区的参与，被认为是最有效的人道主义救援方式之一。①

---

① Milton Cerny, Michael Durham, "NGO Response to Tsunami: Now and the Future," *International Journal of Civil Society Law*, Vol.10, 2005.

除了一次性的紧急救援之外，NGO 还提供长期性的人道主义救济及发展项目。NGO 的社会及经济发展目标，与其在发展中国家开展的长期性项目的关联更加密切。为提高或改变发展中国家的社会经济状况，NGO 开展了许多涉及经济发展、教育、公共卫生服务、社区发展、水质净化等的可持续发展项目。以美国最大的 NGO 之一——天主教救济会（Catholic Relief Services）为例，其运营项目主要包括公共政策服务、农业、教育、应急响应、食品安全、卫生、HIV 病毒与艾滋病、小额信贷、和平建设、社会安全网络和水质净化等，其中许多长期项目的运营时间都超过了 20 年。

还有一些 NGO 试图在政治方面，影响国家或其他国际政治行为体。这些 NGO 主要是前面提到过的倡议型 NGO 或者游说团体。它们的主要目标是改变政府决策。在人权倡议型 NGO 活动早期，它们时常面临着许多来自国家的强大阻力。这主要是因为，当时的国际社会对人权问题标准，并没有形成一个清晰的概念表达。[1] 近年来，随着国际社会对人权问题的普遍关注，以及一些已达成共识的国际规范的出现，许多国家开始与人权 NGO 合作。人权 NGO 主要在教育、规范设定、监督国际规范履行情况、规范执行四个领域开展相关活动。[2]

NGO 在环境议题上的活动，与人权领域的活动有着相似的模式。环境 NGO 认为，政府应该增加对企业的立法，提高环保标准。有的 NGO 试图在环境问题上监督政府和政府间组织（IGOs, Intergovernmental Organizations）。还有的 NGO 与世界银行紧密合作，不仅参与世界银行相关项目的实施，还起到了监督项目是否恰当实施的作用。印度的那尔马达

---

[1] Ann Marie Clark, Elisabeth J. Friedman, Kathryn Hochstetler, "The Sovereign Limits of Global Civil Society: A Comparison of NGO Participation in UN World Conferences on the Environment, Human Rights, and Women," *World Politics*, Vol.51, No.1, 1998.

[2] Jackie Smith, Ron Pagnucco, George A. Lopez, "Globalizing Human Rights: The Work of Transnational Human Rights NGOs in the 1990s," *Human Rights Quarterly*, Vol.20, No.2, 1998.

大坝项目,就是一个 NGO 监督世界银行项目实施的具体案例。[①] 当时,印度政府接受世界银行提供的资金,进行那尔马达大坝的建设。而当地的 NGO 则因为大坝建设有可能会对当地生态环境、居民日常生活带来严重的负面影响,选择联合国际 NGO 进行激烈抗议活动,从而阻止了此项目的实施。在 NGO 与当地民众的大规模抗议活动影响下,世界银行最终退出了那尔马达大坝项目。

(五) NGO 的筹款方式

NGO 在以上目标领域的活动,与跨国公司有着重合之处。并且,尽管 NGO 活动并不创造任何利润,但是它们在组织架构上与营利性组织也非常相似。NGO 与营利性组织之间的主要区别,在于收入来源不同。

NGO 的主要收入,大部分来源于它们的会员、政府、私营企业、基金会与境外资源。为了筹措资金,NGO 的领导者们需要维持组织架构以进行资金募集并开展市场营销、战略管理、监控与评价体系、会计等经营管理工作。除了不生产切实的产品这点之外,NGO 的组织架构与那些以营利为目的的组织,确实有着许多相似之处。随着过去几十年间 NGO 数量的大量增长,它们也开始面临更多的竞争性压力。林登贝格(Lindenberg)将这种压力的来源描述为,NGO 的捐赠者们开始要求实行更加严格的财务问责,并希望看到更多的关于项目实施效果的切实证据。[②] 这种趋势使得小型 NGO,越来越难以与那些更加高效的大型 NGO 相匹敌。因为与小型 NGO 相比,大型 NGO 往往在财政规模、市场营销、运营与服务等方面有着更大的优势。

虽然 NGO 主要将筹得的资金用于项目操作,但是机构运营仍然需要一定的资金支持,而捐助者却不愿意 NGO 将他们的钱用在这方面。维持

[①] William Fisher, *Toward sustainable development?: struggling over India's Narmada River*, New York: M.E. Sharpe, 1995.
[②] Marc Lindenberg, "Are We at the Cutting Edge or the Blunt Edge? Improving NGO Organizational Performance with Private and Public Sector Strategic Management Frameworks," *Nonprofit Management and Leadership*, Vol.11, No.3, 2003.

NGO日常运营的花费主要体现在人员工资、办公费用、营销成本三个方面。一般来说，NGO的规模越庞大，就越容易筹集到更多的资金。而小型NGO却常常面临没有充足资金支付其自身运营成本的困境。例如，美国著名的大型NGO——天主教救济会（Catholic Relief Services）一直被认为是最高效的NGO组织之一。CRS发布的2014年年报显示，天主教救济会当年总收入为683798万美元，所花费的支援服务类费用仅占总收入的7.99%，剩余92.01%的收入都直接用在了救助发展中国家民众以及促进当地发展的各个项目上。[①] CRS之所以能够如此高效的利用资金，除了每年能获得大量的资金支持外，还得益于自身规范合理的运营制度。

（六）本书所涉及的NGO

依据上述内容，可以将NGO归纳如表0-7所示。

首先，本书按照NGO的普遍特性将其界定为非营利的、非政府创立的、由市民自愿发起的慈善性组织。这一标准将跨国公司、营利性组织、政府下属组织以及利益集团排除在外。

表0-7 定义NGO

标　准	分　　类	本书所涉及NGO
普遍特性	非营利、非政府、市民自愿发起、慈善性	全部包括
活动层次	本地、地方、国家、区域、全球	国际（全球）
地理位置	北方、南方	日本（北方）
主要用途	操作型、倡议型	操作型、倡议型
活动领域	救援、社会与经济发展、政治角色	社会与经济发展

资料来源：笔者自制。

其次，在活动层次方面，本书主要关注国际NGO。因为大部分国内NGO关注的是当地或者小范围区域内的公共事件，而国际NGO则更能影

---

① 天主教救济会：天主教救济会2014年年报，载天主教救济会网站 http://www.crs.org/sites/default/files/CRS_2014_AR.pdf，2015年10月23日。

响国家的外交决策和国际规范的制定实施。

再次,在地理位置方面,本书主要关注北方 NGO,特别是发源于日本的国际 NGO,希望以此验证西方 NGO 理论在解释非西方国家 NGO 形成发展模式上,是否具有同等适用性。

最后,在主要用途和活动领域方面,结合日本 NGO 的特点,本书的研究对象主要是发展援助领域的 NGO,尤其是那些与日本 ODA 政策相关联的 NGO 组织。这些 NGO 多数是操作型 NGO,但是同时也从事一些倡议性工作,且它们对日本政府的影响力,主要通过倡议性活动来实现。因此,本书的主要研究对象是从事发展援助工作的日本国际 NGO。

第二节　研究现状与文献述评

一、日本国内 NGO 研究状况

日本的 NGO 部门,自 1990 年代开始呈现繁荣发展的形势。经过 10 年左右的实践积累,从 21 世纪初开始,日本学界出版了一批研究日本 NGO 状况的著作。例如,2004 年出版的《成年人的国际协力入门——为了地球和孩子的未来》(『シニアのための国際協力入門—地球と子どもの未来のために—』)指出,日本社会的连带意识正在变弱,普通日本人尤其是成年人有从事国际协力的必要性。作者倡导人们从"国际社会"的视角来看待国际协力,并鼓励日本民众向着实现"理想的地球社会"的方向来充实个人。此外,这本书还对日本的志愿者活动、NPO、NGO 发展情况进行了基础性解说,并涉及日本 NGO 与 ODA,以及日本政府之间的关系问题。[①]

2006 年出版的《亚洲·市民·授权　深化国际协力 NPO》(『アジア·

[①] イキイキフォーラム2010 編:『シニアのための国際協力入門—地球と子どもの未来のために—』,明石書店 2004 年版。

市民・エンパワーメント　深化する国際協力 NPO』）一书，从实践的角度，记述了 2001 年取得日本 NPO 法人资格的 NGO 组织 Shaplaneer（シャプラニール），34 年来的国际协力活动。其中，谈到了 Shaplaneer 不同时期的理念变化，也就是从组织建立初期的"援助"理念，发展到 1980 年代的"协力"理念，再到 21 世纪的"共生"理念。① 这一理念变化，实际上也代表了日本 NGO 部门整体性的理念发展过程。

尽管从 1990 年代开始，日本 NGO 的数量及影响力都显著增大，但是日本学者们并没有盲目地无条件称赞 NGO 活动，而是站在相对客观的立场上去审视这一过程。西川润与佐藤幸男编著的《NPO/NGO 与国际协力》（『NPO/NGOと国際協力』）一书，首先阐释了 NGO 与地球市民这两个话题兴起的时代背景，并结合世界政治与联合国的动向，从多个视角客观地评价了当前的 NGO 发展热潮。本书所涉及的 NGO 的具体议题包括女性、难民、民主化、联合国等，研究对象包括日本、拉丁美洲及非洲地区的 NGO。②

然而，日本 NGO 研究者们在此后的著作中，并没有将上述这种多视角研究方式继续下去，而是多转而从"日本 NGO 本身所面临的具体问题"这一角度切入进行研究。例如，2007 年《国际协力 NGO 的边界——为了次世代的研究与实践》（『国際協力 NGOのフロンティア—次世代の研究と実践のために—』）一书，主要由日本年轻一代的国际协力实践者与研究者协作完成，他们结合 NGO 及其合作机构的新动向，在论述上做到了现实与理念/理论的相平衡。③ 此书分为三部分。第一部分探讨了 NGO 作为国际政治行为体本身所面临的困境。例如，NGO 为何在政治性与非政治性间来回摇摆？NGO 实务者在 NGO 的组织运营过程中，是否会变身为企业战士？

---

① シャプラニール（市民による海外協力の会）編：『アジア・市民・エンパワーメント　深化する国際協力 NPO』，明石書店 2006 年版。
② 西川潤、佐藤幸男编著：『NPO/NGOと国際協力』，ミネルヴァ書房 2002 年版。
③ 金敬黙、福武慎太郎、多田透、山田裕史编著：『国際協力 NGOのフロンティア—次世代の研究と実践のために—』，明石書店 2007 年版。

国际协力 NGO 的受益者/捐助者与 NGO 组织困境（如何同时满足当地受益者与日本捐助者双方，对于国际协力 NGO 活动的不同要求）。第二部分对日本 NGO 在国际协力活动当地的实际情况进行了相关研究。例如，探讨了为什么在发展中国家开展国际协力活动的发达国家 NGO 看起来与一般的企业并无区别。第三部分主要研究了全球治理时代 NGO 的相位。

2006 年《国际 NGO 改变世界——地球市民社会的黎明》（『国際 NGO が世界を変える—地球市民社会の黎明—』）一书，将 NGO 置于近年来的国际关系当中进行考察，通过对各种 NGO 现场活动的研究，展望了日本 NGO 未来的发展情况，并认为在不远的将来，可以真正实现"地球市民社会"。①

此外，日本从事国际协力活动的 NGO，大多将总部设在首都东京。这在很大程度上导致了关于日本 NGO 的研究性著作大部分都选取东京地区的 NGO 作为研究案例。介绍日本地方性 NGO 从事国际协力活动的代表性著作较少，2008 年《地方出发国际 NGO 的挑战——面向全球化的市民社会》一书，就是为数不多的以地方 NGO 为研究对象的著作。这本书主要介绍了诞生于日本新潟市的国际 NGO "新潟国际志愿中心"（NVC）20 余年来的活动。②

从上述研究著作中可以发现，日本的 NGO 研究，主要关注从事国际协力方面活动的 NGO，而大多数从事这方面活动的 NGO 又都是操作型 NGO。这一特点也与日本 NGO 发展的状况相吻合。尽管自 1990 年代以来，日本的 NGO，尤其是国际 NGO 发展迅速，但是其中的大多数是操作型 NGO，倡议型 NGO 的数量与影响力都比较小。之所以会出现这种情况，一

---

① 功刀達郎、毛利勝彦編：『国際 NGO が世界を変える—地球市民社会の黎明—』，東信堂 2006 年版。
② 新潟国際ボランティアセンター編：『地方発国際 NGO の挑戦—グローがルナ市民社会に向けて—』，明石書店 2008 年版。

方面是由于日本的NGO尚处于发展阶段，它们整体上力量较弱，在资金筹措与组织运营方面更多地采取与政府合作的策略，因此很难站在独立的立场，对政府的行为进行监督和批评；另一方面则因为不论是从政治文化还是传统上来说，日本都相对缺乏院外游说政府的传统。再加上ODA对日本政府外交活动的巨大影响力，进一步使得以国际协力为目的的操作型NGO比那些以影响政府决策或监督批评政府为目的的倡议型NGO更容易成长起来。关于日本NGO的这一特点，在后文中将有进一步分析。

二、中国的日本NGO研究状况

目前，国内关于日本NGO的研究，还主要停留在对环保、教育、养老福利等功能性领域活动的个别NGO组织的介绍，结合国际政治学科进行的理论及实证研究鲜有出现。与日本NGO研究有关的著作主要有：王名等主编的《日本非营利组织》、翟新的《近代以来日本民间涉外活动研究》（中国社会科学出版社，2006）。但是，上述两本著作当中，仅有极少的章节涉及日本NGO的国际活动。[①] 其中，《日本非营利组织》一书主要对日本NPO法、日本政府对NPO政策等相关信息进行了归纳整理。从内容上来看，这本书更像是一本关于日本NPO（包括少量NGO）整体情况的介绍性报告，并非关于日本NGO的学术研究。

《近代以来日本民间涉外活动研究》一书主要考察了日本近代以来，民间组织及特定社会群体，在社会变迁与对外关系中的作用。该书的第三部分"战后日本民间多元化的对外认识和国际事业"，以笹川和平财团、日本国际论坛为例，介绍了日本NGO在国际协作、对外政策研究两方面的相关活动。但是，上述这两个组织，在日本都属于公益财团法人。而从日本NGO

---

① 《日本非营利组织》中的第十章，《近代以来日本民间涉外活动研究》中的第十章、第十一章内容涉及日本非政府组织的国际活动。具体参见王名、李勇、廖鸿、黄浩明编著：《日本非营利组织》，北京大学出版社2007年版；翟新：《近代以来日本民间涉外活动研究》，中国社会科学出版社2006年版。

的整体状况来说,公益财团法人在数量上所占比例并不大(参见图0-5),因此,仅通过对这两个组织的考察很难了解日本NGO的全貌。

与日本NGO有关的学术论文主要有:胡澎的《日本NGO的发展及其在外交中的作用》(《日本学刊》2011年第4期)、李冬的《日本环境NGO》(《东北亚论坛》2002年第3期)、张文彬的《日本NGO的发展及其对我国的启示》(《外国问题研究》2012年第1期)。[①]

胡澎的论文对日本NGO的历史、发展现状及其在日本外交当中的作用进行了介绍,较全面地描述了日本NGO的整体发展状况,但是并没有进一步从国际政治理论的角度,对日本NGO进行分析。李冬的论文对日本环境NGO的大致活动内容及特点进行了概括性总结,并没有对日本环境NGO进行具体分析,也未提供相应的实证案例。张文彬的论文则介绍了日本政府对NGO发展所提供的支持性措施,并为中国发展NGO提供了具体的改进方案。然而,尽管这篇论文提及了日本政府促进本国NGO发展的一些具体原因,但并未深入揭示这些因素是怎样改变日本政府决策的。

另外,截至2016年,国内尚没有从国际政治理论视角对日本NGO进行研究的论著。

三、欧美等国的日本NGO研究状况

NGO概念本身来源于西方,大部分历史悠久且影响力巨大的大型NGO,也都发源于欧美国家。从NGO研究本身来看,不管是理论渊源还是分析范式,大多数相关研究都是基于西方视角展开的,欧美学者的相关研究成果不仅在数量占据绝对优势,在内容上也更具代表性。然而值得注意的

[①] 具体内容参见胡澎:《日本NGO的发展及其在外交中的作用》,《日本学刊》2011年第4期;李冬:《日本的环境NGO》,《东北亚论坛》2002年第3期;张文彬:《日本NGO的发展及其对我国的启示》,《外国问题研究》2012年第1期。

是,欧美学者大多是从国际层次来考察 NGO 的发展及影响,[①]或者关注西方国家 NGO 在国际社会中的行为,[②]还有一些学者则选择考察 NGO 在发展中国家的状况。[③] 在西方语境下,几乎没有关于日本 NGO 的兴起与发展或日本 NGO 国际政治影响力的较为系统的学术研究。

欧美等国学者主要在以下几种情况下,涉及关于日本 NGO 部门的研究。

一是将 NGO 研究置于"日本市民社会研究"这一大的分析框架之内。这类研究主要的关注点在于日本的市民社会,包括 NGO 在内的市民社会组织,则是作为观察市民社会状况的重要变量之一而被提及。例如,柯蒂斯(Curtis)、格拉布(Grabb)与贝尔(Baer)三人,通过对 15 个国家的(包括 NGO 在内的)志愿者组织会员状况进行跨国比较,认为日本的市民社会发展状况落后于其他发达资本主义国家。[④] 也有学者持相反意见,认为日本的市民社会实际上是十分活跃的。哈达德(Haddad)在《日本的政治与志愿活动》(*Politics and Volunteering in Japan: A Global Perspective*)一书中,通过对各国不同市民社会组织的跨国实证比较研究,得出了"日本拥有充满活力的市民社会"这样的结论。[⑤]

二是将 NGO 与日本 ODA 研究相结合。自 1990 年代以来,日本政府开始将 NGO 纳入 ODA 政策实施与改革的框架当中。随着这一趋势的发展,关于日本 NGO 在 ODA 项目实施过程中的作用的研究开始出现。例

[①] 例如 James N. Rosenau, *Along the Domestic-frontier: Exploring Governance in a Turbulent World*, Cambridge: Cambridge University Press, 1997。

[②] 例如 Paul Wapner, *Environmental Activism and World Civic Politics*, Albany, NY: State University of New York Press, 1996。

[③] 例如 David Potter (ed.), *NGOs and Environmental Policies: Asia and Africa*, London and New York: Routledge, 1996。

[④] James E. Curtis, Edward G. Grabb and Douglas E. Baer, "Voluntary Association Membership in Fifteen Countries: A Comparative Analysis," *American Sociological Review*, Vol.57, 1992.

[⑤] Mary Alice Haddad, *Politics and Volunteering in Japan: A Global Perspective*, New York: Cambridge University Press, 2007.

如,金(Kim)与波特(Potter)认为,在日本政府支持联合国千年发展目标过程中,NGO为日本ODA项目实施起到了补充性作用,成为日本对外发展援助工作的有效实施。①

第三节　研究思路与创新之处

一、研究思路

近年来,学界对活跃于世界政治领域中的NGO的关注度大幅度提高,但是,关于这些社会组织兴起的系统性研究仍然不多。目前来看,国际关系理论相关文献中关于NGO兴起的解释,大多集中于现代化和全球化理论之中。上述两种理论都强调,社会经济因素是推动NGO发展的首要因素。

现代化与全球化理论所提出的核心假设,实际上已经为国际事务中NGO的形成与发展提供了隐含性的理论依据。具体来说就是,在全球与国内双重层次下,社会经济发展和科技因素促进了NGO的兴起。首先,在国内层面上,由于国家民主化所带来的政治空间增大,以及社会经济发展的刺激性效应,人们开始结成各种组织。其次,得益于新科技的发展,跨国交往的花费随之降低。再次,经济全球化的促进效应,促使这些组织开始跨越国界,并日益结成跨国性的合作网络。在这一发展模式当中,NGO被认为是在现代化与全球化进程中,有组织地出现的、独立的社会性因素。

与上述现代化、全球化理论不同,本书认为,同时对国内与国际两个层次上的社会与政治因素进行分析,能够更加有效地解释NGO兴起的原因。现代化理论以及大部分全球化理论提出,NGO在国际政治领域普遍兴起的

---

① Hyo-sook Kim and David M. Potter, "Complementarity of ODA and NGO Roles: A Case Study of Japanese Support of the Millennium Development Goals," 関西外国語大学研究論集, No.99, 2014.

现实,反映了在我们所生活的边界日益模糊的世界当中社会性因素的崛起。而本书则强调,国际规范的内化才是刺激 NGO 在全球范围内兴起的外部动因;在国际规范内化过程的影响之下,变化着的国内政府与市民社会关系,则是诱发 NGO 兴起的内部动因。并且,外部动因是导致 NGO 兴起的间接作用力,内部动因才是直接作用力。

本书关于 NGO 兴起与发展动因的研究,具体分为两个层次:一是国内层次的分析。这一层次的分析主要关注国家政策变动(包括政治、经济两个方面)与国内市民社会发展,对日本 NGO 兴起与发展的直接影响。二是国际层次的分析。这一层次的分析则主要关注国际规范的扩散与内化,对日本 NGO 兴起与发展的间接影响。

研究重点主要集中在对国内层次的分析上。一方面,本书通过分析日本国内市民社会与 NGO 部门的发展状况,证明市民社会是促进 NGO 兴起的社会基础诱因。另一方面,本书通过引入"NGO 的活动空间"概念,分析日本国内政治、经济政策从 1980 年代末开始所出现的变化,及其对 NGO 发展高潮的到来所造成的直接刺激性影响。国际规范的扩散与内化,对日本 NGO 兴起具有间接性影响,这一外部动因将作为贯穿全文始终的重要因素加以阐述。

本书关于 NGO 兴起与发展动因的研究,在理论范式上属于多元主义的范畴。本书还将使用建构主义关于国际规范的研究观点,分析与 NGO 发展有关的,日本国内政治社会因素变动的原因。建构主义一般将规范定义为,"行为共同体持有的适当行为的共同预期"。[①] 在现实情况下,有的国际规范发展成为具有明确文本的国际条约或国际法。除了刚刚提到的这些公开的、正式的国际法规之外,还有许多国际规范,通过隐含的或非正式的国际规则、约定俗成的国际行为模式,来影响国家和非国家行为体在国际政

[①] [美]玛莎·费丽莫:《国际社会中的国家利益》,袁正清译,浙江人民出版社 2001 年版,第 29 页。

治领域中的活动。这些国际规范,为国际社会中各种行为体解决纷繁复杂的国际问题、推动社会性互动行为提供了具象的依据。另外,国际规范并不是固定不变的,而是随着时代的发展不断变化,甚至形成未曾出现过的新国际规范。推动新国际规范形成的规范倡导者,可以是国家、国际机构、观念共同体,甚至是个人。1990年代以来,NGO作为国际规范倡导者之一,在国际政治领域的活动越来越引人注目。而本书将从与之相对的方向出发,不去探讨NGO在国际规范建设方面的作用,而是重点关注国际规范对NGO兴起与发展的影响。

二、研究意义与创新之处

过去几十年来,NGO已经成为国际政治领域当中具有重要影响力的行为体之一。据国际组织联盟(the Union of International Associations)统计,目前世界上已经有25 000多个NGO组织处于运营状态之中。[①] 这些NGO组织不仅自身活跃于国际政治领域之中,还对国家行为体的外交政策行为有着显著的影响力。诸如大赦国际组织、地球之友等欧美大型NGO,不仅能够在国际人权、全球环境等领域,与传统的国家行为体一起参与全球治理、制定新的国际规范,还对特定国家的外交决策或国内政策有着不可忽视的影响作用。

从现实意义上来说,ODA政策作为日本的重要国策之一,其变化可以直接影响日本对外行为。而近年来日本NGO与政府之间的互动,多通过参与国家ODA政策修订或具体项目实施来实现。因此,研究与ODA政策密切相关的日本NGO的发展状况以及日本政府对NGO本身的具体政策,不仅有助于更加深入地了解日本ODA政策,还可以更加全面的理解日本外交决策与政治意图。

---

① Union of International Association, *Year book of International Organizations*, The Homepage of UIA, http://www.uia.org, 2016－2－29.

经过1980年代中后期至1990年代的NGO发展高潮之后，日本NGO的发展，开始从数量上的增长转变为质量上的提高（例如，重视建构网络化NGO组织、更多地参与国际机制实施与建设等），这些NGO不仅在国际开发援助、生态环境保护等领域逐渐增强自身影响力，还与日本政府建立了良性互动的"伙伴式"合作关系。虽然日本NGO的整体发展水平落后于美英等国，但是它们已经开始越来越多地参与到了政府外交决策的过程当中。政府与NGO两者之间的不同互动关系模式，也会对日本的外交决策造成影响。考察国际规范内化过程是如何影响日本的市民社会活动以及政府决策行为，从而刺激日本NGO发展的现实案例，有助于更全面地理解日本国内社会、政治生态的变化，进而能够对日本的外交行为，作出更加合理且全面的分析。

从理论意义上来说，面对NGO在全球范围内普遍兴起的现实状况，学界对于NGO在国际社会中充当了怎样的角色、具有怎样的影响力等问题已经作出了许多有价值的研究。但是纵观这些研究成果，可以发现很少有人关注"NGO究竟是怎样形成的？"这一本源性问题。然而，如果无法明确认识这一问题，就很难全面理解这个重要行为体在国际政治活动中的具体行为。并且，只有理解了NGO形成的原因，才可以了解促进NGO发展的因素有哪些，这些促进因素之间存在怎样的互动机制，从而对NGO的行为结果作出合理的预期。

此外，本书所提到的"市民社会""非政府组织"等概念都源自西方，国际关系理论学者也通常基于欧美社会发展的经验来建构NGO的发展模式。虽然日本作为资本主义发达国家早已融入了世界政治经济体系，但是无论从地理位置还是从文化上来看，日本并不是传统意义上的"西方"的一部分。日本NGO的发展及其与国家、市民社会之间的互动过程，能够为我们提供一种"非西方"的经验。

本书的创新之处主要体现在以下三个方面：

第一，现有文献在描述近几十年来 NGO 普遍兴起这一现象时，往往将 NGO 视为一个均质化的整体。但是现实当中 NGO 的发展水平各不相同，这种差异不仅体现在北方 NGO 与南方 NGO 之间，即使是以欧美等发达国家 NGO 为代表的北方 NGO 内部，各国 NGO 部门之间也存在着显著的差异性。例如，本书所关注的日本 NGO，不论是在形成模式，还是在发展状况方面，与欧美国家的 NGO 之间都有所差异。作者认为应该关注 NGO 发展差异化的原因，考察 NGO 形成发展的诱因有哪些，这些诱因之间存在怎样的联系。

第二，笔者在对日本 NGO 形成发展动因进行实际研究时，是从国内与国际两个层次展开的。在国际层次分析上引入了国际规范内化的概念；在进行国内层次分析时，认为国际规范内化直接作用于国家与国内市民社会两个方面，两者分别从上下两条路径影响了日本 NGO 的形成发展。并且，笔者在国内层次的分析中，还引入了"NGO 的活动空间"概念，假设"NGO 的活动空间"具备政治与经济两个维度，通过对这两个维度上不同变量的分析，可以更好地呈现国家政治性因素在日本 NGO 兴起与发展过程中的重要刺激性作用。

第三，现有理论在解释 NGO 兴起与发展问题时，通常将社会经济性因素视作主要动因。笔者认为，东西方国家的政治社会形态存在着显著的差异，而这一点同样反映在特定国家 NGO 部门的发展问题上。从美英等西方国家内部所孕育出的 NGO 来看，它们确实是在市民社会、经济发展等因素的推动下，自下而上地由社会中发展而来。而且，这些国内 NGO 组织最终还突破了国家的边界，逐渐形成了跨国 NGO 网络。但是对日本等东亚国家来说，国家与社会之间并没有形成彼此相互独立的关系，"大政府"或"强政府"更加偏好对其国内社会部门施加控制。在这样的国内政治环境下，大部分东方国家的市民社会组织（以 NGO 为代表）在相当程度上受到了国家意志的左右，其发展历程深受国内外政治性因素的影响。

第四节 章节安排

全书整体上分为两大部分。第一部分包括导论和第一章,讨论的是理论命题与具体研究思路。

导论部分：首先,提出了整部著作所要探求的问题。NGO是如何兴起与发展的？是什么因素导致了各国在NGO发展方面的差异性？同样属于实行民主制度的发达资本主义国家,为什么日本NGO的发展水平落后于美英等国？其次,界定本书所涉及NGO的概念范畴。学界对NGO有着各种不同的定义,而且日本国内对NGO概念的认识,也与国际上的一般界定存在差异。NGO在日本的定义,比国际上的一般认识更加狭义化,与操作型国际NGO（INGO）的定义最为接近,通常是指以解决发展中国家面临的各种问题为目标,进行协力活动（例如,发展援助与紧急援助等各种海外援助项目）的国际性非营利组织。因此,为了明确研究对象,导论部分将本书所涉及NGO的概念限定为非营利的、非政府创立的、由市民自愿发起的慈善性组织。再次,明确了本书的主要研究对象。即从事发展援助工作的日本国际NGO。导论第二节将分别评析国内外的日本NGO研究状况。日本与国内学者更侧重于研究具体领域NGO的活动；欧美学者则是在进行日本市民社会、ODA问题研究时,将NGO作为变量之一来考察。最后,简要概述了整部著作的研究路径。

第一章理论框架部分：首先,指出西方国家关系学界是从1990年代初才开始真正关注NGO问题研究的,他们的研究焦点多集中于NGO在国际政治中的作用与地位。总体而言,现有研究并不关注"NGO兴起原因"这一本源性问题。NGO研究的理论范式主要有多元主义、全球主义与现实主义三种,本书属于多元主义范畴。其次,提出整部著作所使用的理论框架。笔者认为现代化、全球化与相互依赖理论虽然能够描述 NGO 全球性兴起这一普遍事实,但在解释特定国家 NGO 兴起与发展问题时,却难以提供有力的解释性变量。应该从国际规范生命周期理论,也就是国际规范的"诞生—扩散—内化"过程,考察国际规范对国内层次市民社会与国家所产生的影响作用,进而分析国内市民社会与国家之间关系的变化会对 NGO 兴起与发展所产生的影响。最后,提出本书的分析框架。具体来说,特定国家 NGO 的兴起与发展,受到了国际与国内两个层次因素的影响。国际层次上,由西方资本主义国家与国际组织推动的,一系列支持 NGO 发展的国际规范,通过扩散与内化过程,对国内层次因素产生了自上而下的作用力。国内层次上,国家与市民社会两种行为体,受到了新国际规范作用力的影响。国家行为的变化,可以通过国家的法律法规、国家政治系统向社会行为体开放的程度、国家对非营利部门的财政税收政策三种变量来考察。国内市民社会的具体变化情况,则通过国家对 NGO 所提供的活动空间大小来体现。

本书第二部分包括第二至第四章,将使用作者所建立的分析模型,对日本 NGO 发展的前三个时期分别进行考察。

第二章主要对日本 NGO 发展的整体状况进行简单概述,具体分析将通过战前与战后两个阶段来体现。本书重点关注"二战"后日本 NGO 的发展,具体可分为四期,分别是"二战"后至 1960 年代的发展初始期、1970 年代至 1980 年代前期的成长期、1980 年代后期至 1990 年代的高潮期,以及进入 21 世纪以来的调整期。其中,1980 年代末是日本 NGO 整个发展历程当中的分界点。因此,日本 NGO 战后发展的高潮期将是本书重点讨论的部分。而进入 21 世纪以来的调整期,主要是在前一时期发展延长线上的进一步深化调整,同时代表了日本 NGO 发展的当前状况,这一时期日本 NGO 的发展状况将不作为本书讨论的重点部分。之后,将分析"二战"后至 1960 年代日本 NGO 发展初始期的状况。本章认为这一时期日本 NGO 的兴起与发展,在国际层面上,主要受到了人道主义与和平主义两种国际规范传播所带来的外因影响;在国内层面上,主要受到了社会运动兴起所导致的市民社会发展这一基础性内因的影响。国内层面上的另一个内因——国家政治因素,对这一时期NGO兴起与发展并没有产生促进作用,NGO的活动空间在政治与经济两个维度上,都呈现出被极度压缩的状态,对NGO的发展形成了实际性的阻碍效应。

第三章主要分析了1970年代至1980年代前期日本NGO发展期的状况。笔者认为这一阶段日本NGO的兴起与发展,在国际层面上,主要受到了关于难民援助的人道主义国际规范的影响;在国内层面上,这一时期的日本国际协力NGO依然缺乏国内社会基础。那些从事难民救援活动的NGO,并不是在国内工人运动、妇女解放运动、民权运动等国内社会运动的基础上进一步国际化的结果。另外,尽管关于难民人道主义援助的规范,在国家层面出现了一定程度的扩散与内化,但是并没有直接导致日本政府改变对本国NGO的政策,促使国家转而支持这些NGO的海外救援活动。日本政府基本延续了前一时期对于NGO的政策与态度,NGO的活动空间依然处于被压缩的状态。

第四章分析了1980年代后期至1990年代日本NGO发展高潮期的状况。笔者认为这一阶段国际规范的内化,对日本国内市民社会与国家都产生了明显影响。在国际层面上,西方NGO发达国家与国际组织,开始推行支持NGO发展的国际规范;在国内层面上,市民社会与国家都积极接受了国际规范的内化效应,共同促成了日本NGO发展的高潮。与前两个时期不同,从这一时期开始,国家开始实施支持NGO发展的法律法规,向社会部门开放国家政治系统,改善对非营利部门的财政税收政策,推行各种针对NGO的政府补助金项目,同时从政治与经济两个维度,扩大了日本NGO的活动空间。本章认为日本NGO在这一时期的发展状况,印证了本书的理论假设。

最后的结论部分将结合第二至第四章的分析内容,总结陈述整部著作的观点。结论指出,NGO所运行的环境,受到了国际规范内化这一自上而下作用力的影响。国际规范不仅能够影响国家的行为,促使其改变国内政治制度与结构转而支持NGO的发展,还可以通过社会行为体的国际化活动,从国际层次扩散至国内层次,并最终实现规范的内化。日本NGO的成长模式与西方发达国家NGO的成长模式并不相同。它们是在国际规范扩散与国内政治、社会环境变化的双重作用下成长起来的。在日本NGO发展的高潮期,较之市民社会发展所提供的基础性推动力,国家政治因素甚至起到了更为重要的作用。西方国家与国际政府间组织所推行的上述一系列新国际规范,本质上反映的是西方国家的意识形态。并且,这种西方意识形态企图改造的是国家的社会结构,而不是其经济或政治结构。

第一章
理论框架

  1990年代,在全球范围内出现了一轮NGO快速激增的热潮。[①] 从目前情况来看,这轮NGO增长具有以下三个特征:第一,人权、草根阶层发展、人道主义援助、环境保护、女权运动、人口控制、冲突解决与预防,以及政治民主化等领域的NGO数量增长较多。[②] 在此之前,已经有一定数量的NGO活跃于上述国际政治议题领域。第二,NGO数量增长成为一种全球性的现象。除了西方国家之外,在一些亚洲及中东地区国家,也出现了NGO

[①] 关于NGO增长历史的一般性描述可参见 Akira Iriye, "A Century of NGOs," *Diplomatic History*, Vol.23, No.3, 1999. Steve Charnovitz, "Two Centuries of Participation: NGOs and International Governance," *Michigan Journal of International Law*, Vol.18, 1997。

[②] 关于这些议题领域的介绍可参见 Thomas Risse, Stephen C. Ropp and Kathryn Sikkink (eds.), *The Power of Human Rights: International Norms and Domestic Change*, Cambridge: Cambridge University Press, 1999; Brian H. Smith, *More Than Altruism: The Politics of Private Foreign Aid*, Princeton, NJ: Princeton University Press, 1990; Larry Minear and Thomas G. Weiss, *Mercy under Fire: War and the Global Humanitarian Community*, Boulder, CO: Westview Press, 1990; Thomas Princen and Matthias Finger, *Environmental NGOs in World Politics: Linking the Local and the Global*, New York: Routledge, 1994; Amrita Basu (ed.), *The Challenge of Local Feminisms: Women's Movements in Global Perspective*, Boulder, CO: Westview, 1995; Jason L. Finkle and C. Alison Mcintosh (eds.), *The New Politics of Population: Conflict and Consensus in Family Planning*, New York: Oxford University Press, 1994; Chester A. Crocker, Fen Osler Hampson, and Pamela Aall (eds.), *Managing Global Chaos: Sources of and Responses to International Conflict*, Washington DC: United States Institute of Peace Press, 1996; Larry Diamond, *Promoting Democracy in the 1990s: Actors and Instruments, Issues and Imperatives*, New York: Carnegie Commission of New York, 1995。

数量快速增长的现象。[1] 一般观点认为,上述非西方国家长期对国内市民社会采取严厉控制措施,因此难以拥有发达的 NGO 部门。但是从 1990 年代开始,NGO 逐渐扩散至包括这些非西方国家在内的世界各国。第三,NGO 的增长除了体现在数量方面,还体现在影响力方面。它们开始主动涉足军控及反全球化等"高级"政治领域,主动发起动议并试图影响国家的行为。

面对 NGO 在全球范围内的数量增长,以及影响力提升,各个国家的决策者也开始正视或者转变对这一国际政治行为体的看法,纷纷试图在新的国际环境下,重新调适国家与 NGO 的互动关系。从事国际政治理论研究的学者,也开始更多地关注 NGO 的全球性增长现象。

国际政治中的 NGO 在政治意识形态谱系之上,有着广泛且多样化的分布格局。处于右端的新保守主义称赞 NGO 代替日益收缩的政府行政部门,承担了许多本该由国家行政部门负责履行的社会功能;位于中间偏左位置的政治自由主义,赞美 NGO 的民主化力量,认为 NGO 能够代表社会的利益并实现社会对政府的监督;而在最左端的一些激进主义则认为,NGO 的发展正在酝酿着一场反霸权运动,这种运动最终将会为国际政治的发展带来革命性的变化。[2] 对于世界范围内 NGO 增长——这一客观现象,学者们给出了不同的解释。这一方面是由于 NGO 本身还处在成长阶段,并未形成固定的最终状态;另一方面也反映出,关于 NGO 的研究,目前仍然处在发展阶段,学界对此还存在着各种分歧与困惑,现有理论的解释力仍有不足之处。

---

[1] Tadashi Yamamoto (ed.), *Emerging Civil Society in the Asia Pacific Community*, 2nd edn, Seattle, WA: University of Washington Press, 1996. Augustus Richard Norton (ed.), *Civil Society in the Middle East*, Vols.1 and 2, Leiden: E.J. Brill, 1995, 1996.
[2] Lester M. Salamon, "The Rise of the Nonprofit Sector," *Foreign Affairs*, Vol.73, No.4, 1994. Ronnie D. Lipschutz, "Reconstructing World Politics: The Emergence of Global Civil Society," *Millennium: Journal of International Studies*, Vol.21: 389–420, 1992. Ronnie D. Lipschutz, "Globalising Civil Society: Interpreting International NGOs in Central America," Millennium: Journal of International Studies, Vol.23, 1994.

国际事件与学术潮流的变化,对研究 NGO 在国际关系学科内的兴起,具有重要影响作用。曾被称为"美国社会科学"的国际关系学科,诞生于1940 年代。美国恰好也是从那个时代开始致力于长期的全球性介入。① 当时,在国际关系学科中,NGO 研究的地位尚属外围。少数的 NGO 拥护者,还只是在专门性研究刊物上,发表阐述自己政策观点的文章。

1990 年代以前,NGO 仅在国际关系理论第三次论战②中,得到过比较广泛的学术关注(见图 1-1)。③ 1970 年代,在安全方面,随着美国从越南撤军,以及冷战进入缓和阶段,国家在国际安全领域所面临的威胁有所下降;在经济方面,全球经济发展受到了 1971 年布雷顿森林体系崩溃,以及 1973年石油危机的负面影响;在社会文化方面,紧随 1968 年世界跨国学生运动的发展,发源于美国的反文化运动开始向世界各地扩散,全球性的人权及环保运动也开始广泛开展起来。上述这些影响国际关系发展的重大事件,也影响了当时的国际关系学科发展。跨国主义理论范式开始在国际关系专业的研究生以及青年学者中得到普及。然而,随着 1980 年代安全威胁重新回归国际事务领域,跨国主义研究也随之进入了收缩期。④

跨国主义研究的出现,使得人们开始质疑国家在国际关系中的垄断地

---

① Stanley Hoffmann, "An American Social Science: International Relations," Daedalus, Vol.106, 1977.
② 关于国际关系理论第三次论战的介绍可参见倪世雄:《当代西方国际关系理论》,复旦大学出版社 2004 年版,第 119—172 页。
③ 关于跨国主义研究的重要著作包括 Robert O. Keohane and Joseph S. Nye, Jr (eds.), *Transnational Relations and World Politics*, Cambridge, MA: Harvard University Press, 1972; John W. Burton, *World Society*, Cambridge, MA: Harvard University Press, 1972; Richard W. Mansbach, Yale H. Ferguson and Donald E. Lampert, *The Web of World Politics: Non-State Actors in the Global System*, New York: Knopf, 1979; Peter Willets (ed.), *Pressure Groups in the Global System: The Transnational Relations of Issue-Oriented Non-Governmental Organizations*, London: Pinter, 1982。
④ 20 世纪 80 年代出版的两个著名的关于国际关系理论的调查并没有关于 NGO 的内容。James E. Dougherty and Robert L. Pfaltzgraff, Jr., *Contending Theories of International Relations: A Comprehensive Survey*, 2nd edn, New York: Harper & Row, 1981. Paul R. Viotti and Mark V. Kauppi, *International Relations Theory*, New York: Macmillan, 1987.

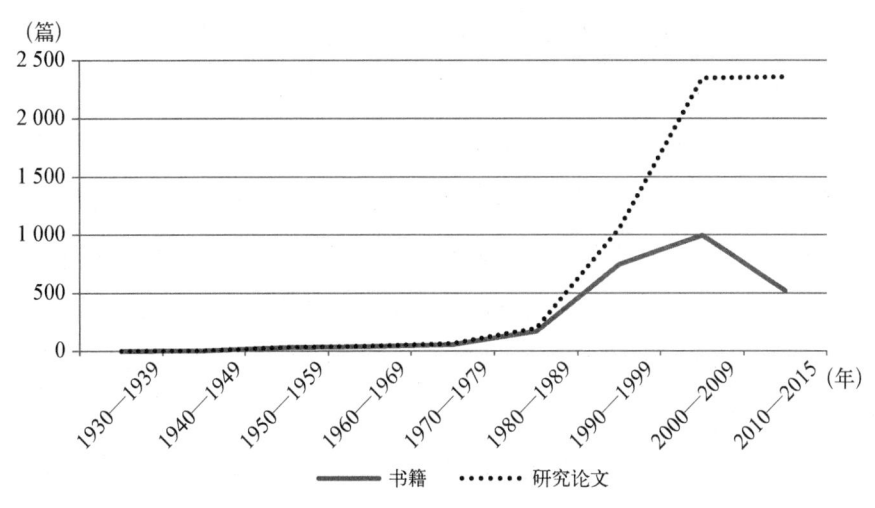

图 1-1　1930—2015 年 NGO 相关文献数量

注：1. 统计数据以 NGO 作为主题词搜索得出；2. 以 NGO 为主题的已出版书籍数量来源于美国国会图书馆搜索数据；3. 以 NGO 为主题的已发表研究论文数量来源于 Web of Science 搜索数据。

位,同时大家也注意到了跨国界非政府或次政府层面交往的重要性。[①] 同时,这也就引出了多元国际行为体的概念。[②] 1977 年,基欧汉和奈(Robert Keohane and Joseph Nye)在《权力与相互依赖》一书中明确提出,国家之间的交往不仅局限于国家机器这一个渠道,国家也不仅只有安全利益这一个中心。[③] 然而,在跨国主义研究中,关于 NGO 的研究仍然十分有限。约翰·伯顿(John Borton)的"世界社会"(World Society)研究路径,关注的是跨国过程与跨国事务,他特别重视跨国交往联系的研究,但是并不重点研究 NGO 这样的跨国行为体。汉劳德·雅各布森(Harold Jacobson)认为,NGO 从属于联合国或者欧盟这样的政府组织。罗伯特·基欧汉(Robert Keohane)和约瑟夫·奈(Joseph Nye)也像理查德·曼斯巴赫(Richard

---

[①] 秦亚青主编：《理性与国际合作：自由主义国际关系理论研究》，世界知识出版社 2008 年版，第 10 页。

[②] Robert O. Keohane and Joseph Nye, Jr. (eds.), *Transnational Relations and World Politics*, Cambridge, MA: Harvard University Press, 1972.

[③] Robert O. Keohane and Joseph Nye, Jr., *Power and Interdependence: World Politics in Transition*, Boston: Little, Brown and Company, 1977.

Mansbach)及其合作者们一样,他们所关注的跨国行为体包含了跨国公司、宗教团体和跨国革命运动,但是对于NGO本身的关注却相对较少。彼得·威利茨于1982年发表了《全球系统中的压力集团》一文,反对基欧汉和奈将非经济团体排除在跨国行为体研究之外。[①] 基欧汉和奈随后将跨国关系研究纳入他们的相互依存理论框架中,但是相互依存理论更多地体现为一种国家中心主义的理论。通过对以上文献资料的梳理可以发现,1970年代兴起的跨国主义研究,并没有为国际政治领域中的NGO研究提供持续性的理论依据。

尽管从事国际关系学科研究的学者已经开始关注NGO,但是NGO研究在这一学科领域内,一直处于相对边缘的位置。直到1990年代初,随着NGO数量的显著增长以及全球性安全威胁的降低,学界对NGO研究的关注度才开始真正上升。冷战结束后,席卷东欧及拉丁美洲地区的民主化浪潮,催生了研究者对于包括NGO元素在内的"市民社会"概念的研究兴趣。NGO本身也正在成为国际政治领域中,最活跃的行为体之一。例如,人权NGO推动了国际社会对波斯尼亚和索马里的人道主义军事干预;数以千计的NGO通过与联合国等国际机构合作,试图改变世界政治,并在一系列国际会议上开展网络化协作,或者以撰写报告等方式,进行建议或游说活动。

本章主要阐述全书所使用的理论框架。第一节指出当前国际政治领域中关于NGO的研究,主要存在三种理论范式,即多元主义、全球主义与现实主义。随后提示本研究同意多元主义关于NGO的基本理论假设,同时强调应该引入国际与国内两个层次的分析。

整部著作关注的主要问题是NGO如何兴起与发展。因此,第二节将会验证国际规范的内化、市民社会与国家因素在解释NGO兴起问题时的

[①] Peter Willetts, "Transnational Actors and International Organizations in Global Politics," in John Baylis and Steve Smith (eds.), *The Globalization of World Politics*, 2nd edn., Oxford: Oxford University Press, 2001, p.382.

有效性。研究认为应该从国际规范生命周期理论,也就是国际规范的"诞生—扩散—内化"过程,考察国际规范对国内层次市民社会与国家所产生的影响作用,进而分析国内市民社会与国家关系变化对 NGO 兴起与发展所产生的影响。

第三节将会证明现代化、全球化与相互依存理论,虽然能够描述 NGO 全球性兴起这一普遍事实,但在解释特定国家 NGO 兴起与发展问题时,却难以提供有力的解释性变量。

第四节将介绍本书所使用的分析框架。具体来说,本书认为特定国家 NGO 的兴起与发展,受到国际与国内两个层次因素的影响。国际层次上,由西方资本主义国家与国际组织推动的一系列支持 NGO 发展的国际规范,通过扩散与内化过程,对国内层次因素产生自上而下的作用力。国内层次上,国家与市民社会两种政治行为体,受到新国际规范作用力的影响。国家行为的变化,可以通过国家的法律法规、国家政治系统向社会行为体开放的程度、国家对非营利部门的财政税收政策三种变量来考察。市民社会行为变化的结果,则通过国家对 NGO 所提供的活动空间大小来体现。

第一节　NGO 研究的三种理论范式

随着 1990 年代 NGO 发展热潮的高涨,关于 NGO 的影响力以及国际政治中非国家行为体研究的文献也迅速增加。大致看来,可以将这些文献划归到多元主义、全球主义和现实主义三种理论范式之内。尽管在现实情况下,大多数研究所应用的理论范式可能是其中一种、两种甚至是三种的混合体,但是为了能够清晰地阐释每种范式,笔者将对三种范式作出相对独立的划分(见表 1-1)。

表1-1 多元主义、全球主义与现实主义比较

	多元主义	全球主义	现实主义
分析单位	国家与非国家行为体都很重要	阶级、国家、社会与非国家行为体都在世界资本主义体系中运行	国家是主要行为体
行为体观	国家可分解为不同的构成要素,其中某些要素可跨国运动,起到脱国家化的作用	从历史的观点看国际关系,特别是从世界资本主义持续发展的角度来考虑	国家是单一行为体
行为动态	外交决策与跨国过程包含了冲突、交易、结盟与妥协,但并不必然导致最理想的结果	焦点放在所有社会中的支配模式	国家是在外交政策中寻求自身利益、目标最大化的理性行为体
议题	多重议题。社会经济或福利等多元议题与国家安全同等重要	经济因素最为重要	国家安全议题最重要

资料来源:Mark V. Kauppi and Paul R. Viotti, *International Relations Theory: Realism, Pluralism, Globalism*, New York: Macmillan, 1998, p.10.

一、多元主义

在多元主义范式下,NGO被认为是市民社会的重要组成部分,并且在很大程度上独立运行于政府之外。[①]多元主义通过提供一系列的变量,将NGO描述为,在草根发展事业中为穷人服务的,在游说政府的院外活动时替弱者发声的,反对压迫性统治并致力于解放事业的,拥护联合国或者跨国交往的自律组织。有趣的是,这些关于NGO的世俗印象大多起源于旧约圣经故事,特别是《出埃及记》和先知以赛亚、阿摩司的故事。这些带有神圣宗教色彩的故事,经过各种变化之后逐渐融入世俗世界的叙事,在西方文化中持续引起共鸣,并扩散至世界性的全球文化之中。然而这并不是巧合,十

[①] 许多早期的跨国主义研究都可以归类为多元主义范式。包括伯顿的《世界社会》、曼斯巴赫的《世界政治的网络》以及威利兹的《全球系统中的压力集团》。基欧汉和奈在《跨国关系与世界政治》一书中,就跨国关系对政府政策的影响(尤其是对美国外交政策)这一问题表现出了无处不在的兴趣,这也使得他们的研究稍异于其他多元主义者。

八九世纪兴起的反奴隶制运动组织——也就是现在 NGO 的前身,正是由那些曾经从犹太圣约中汲取灵感的新教徒发起的。

实际上,许多研究者将 NGO 作为其研究主题之后,在个人立场方面也越来越倾向于赞同这一组织所体现出的规范和目标。他们对 NGO 这一研究主题,作出了符合多元主义观念的解释。或者说,上述研究者们是用多元主义理论的抽象学术语言,重申了 NGO 组织自己所声称的主张。对于 NGO 研究来说,这种做法兼具利弊:利的一面是,多元主义的解释范式承认跨国 NGO 关系,以及 NGO 自治策略的重要性;弊的一面是,多元主义在叙述 NGO 兴起的因果关系时,只强调国家与社会间存在政治冲突的一面,并没有完整地考察 NGO 兴起的整个政治过程。

对于多元主义来说,近几十年 NGO 兴起的累积效应就是,NGO 代表市民社会,通过与国家等传统的权力行为体对话,推进了国际政治的民主化进程。市民社会在非洲、亚洲以及中东地区,那些看似落后于世界民主化进程的国家中的发展,为市民社会挑战国家行为体权威的实证研究提供了丰富的资料。[①] 这些研究在进行国家与社会角色互动关系设定时,通常将单一国家中的,或者几个国家间跨国市民社会中的,又或者全球市民社会中的 NGO 设定为"社会"的角色,并让某个国家政府,或者联合国这样的国际机构充当"国家"的角色。[②]

[①] 代表性的研究包括 Goren Hyden and Michael Bratton, *Governance and Politics in Africa*, Boulder, CO: Lynne Rienner, 1992; Tadashi Yamamoto (ed.), *Emerging Civil Society in the Asia Pacific Community*, 2nd edn, Seattle, WA: University of Washington Press, 1996; Augustus Richard Norton (ed.), *Civil Society in the Middle East*, Vols. 1 and 2, Leiden: E.J. Brill, 1995, 1996.

[②] 关于多元主义范式的 NGO 研究可参见 Lester M. Salamon and Helumt K. Anheier, *The Emerging Sector: The Nonprofit Sector in Comparative Perspective — An Overview*, Baltmore, MD: Johns Hopkins University Institute for Policy Studies, 1994; Thomas Risse-Kappen (ed.), *Bringing Transnational Relations Back In: Non-State Actors, Domestic Structures and International Institutions*, Cambridge: Cambridge University Press, 1995; Laura MacDonald, *Supporting Civil Society: The Political Role of Non-Governmental Organizations in Central America*, New York: St. Martin's Press, 1995; Seyom Brown, *New Forces, Old Forces, and the Future of World Politics*, Post-Cold War edn, New(转下页)

当 NGO 研究者谈到主权国家时,他们经常会论证说,NGO 正在征服、取代、反抗或者超越主权国家,或者争辩说主权国家本身正在走向衰弱。但上述说法其实还可以被置于更加广泛的政治事件中。例如阶级团结反抗世界资本主义、国际合作解决全球问题,以及人道主义军事介入从而反对第三世界的政治独裁者和军阀。① 不管是何种政治议题,"主权国家的镇压"这样的话语形式,反映出多元主义试图通过这种说法,把"社会"这一角色塑造成正在从压迫中争取自我解放的形象,就像《出埃及记》里出埃及的以色列人一样。

二、全球主义

NGO 研究所蕴含的"解放"主题,将政治左翼也吸引到了研究中。② 然

(接上页)York: HarperCollins, 1995; Paul Wapner, *Environmental Activism and World Civic Politics*, Albany, NY: State University of New York Press, 1996; Jackie Smith, Charles Chatfield, and Ron Pagnucco (eds.), *Transnational Social Movements and Global Politics: Solidarity Beyond the State*, Syracuse, NY: Syracuse University Press, 1997; Margaret E. Keck and Kathryn Sikkink, *Activists Beyond Borders: Advocacy Networks in International Politics*, Ithaca, NY: Cornell University Press, 1998; Julie Fisher, *Nongovernments: NGOs and the Political Development of the Third World*, West Hartford, CT: Kumarian, 1998; Ann M. Florini (ed.), *The Third Force: The Rise of Transnational Civil Society*, Washington, DC: Carnegie Endowment of International Peace, 2000。

① 诸如此类的论述可参见 Robert O'Brien, Anne Marie Goetz, Jan Aart Scholte, and Marc Williams, *Contesting Global Governance: Multilateral Economic Institutions and Global Social Movements*, Cambridge: Cambridge University Press, 2000; Maryann K. Cusimano, *Beyond Sovereignty: Issues for a Global Agenda*, Boston: Bedford and St. Martin's Press, 2000; Gene M. Lyons and Michael Mastanduno (eds.), *Beyond Wsetphalia? State Sovereignty and International Intervention*, Baltimore, MD: Johns Hopkins University Press, 1995。

② 具体内容可参见 1990 年代初温和左派论战中的相关文章,例如 Alan Fowler, "Non-governmental Organizations as Agents of Democratization: An African Perspective," *Journal of International Development*, Vol.5, No.3, 1993; Paul Ghils, "International Civil Society: International Non-governmental Organizations in the International System," *International Social Science Journal*, Vol.133, 1992; Martin Shaw, "Civil Society and Global Politics: Beyond a Social Movements Approach," *Millennium: Journal of International Studies*, Vol.23, No.3, 1994; Ronnie D. Lipschutz, "Reconstructing World Politics: The Emergence of Global Civil Society," *Millennium: Journal of International Studies*, Vol.21, 1992; Laura Macdonald, "Globalising Civil Society: Interpreting International NGOs in Central America," *Millennium: Journal of International Studies*, Vol.23, 1994。

而 NGO 协作网络，以及 NGO 学说在一定程度上，能够吸收或者缓和激进左派的观点，因此也有一部分左派学者对于 NGO 持批评意见。[1]

关于 NGO 的形成，如果说多元主义向我们描述了一种自下而上的发展路径的话，那么全球主义则描述了另一种自上而下的路径。全球主义认为，NGO 通过确认国家、跨国公司，以及其他国际政治行为体遵守规范的情况，来实现或推行全球性规范。[2] 在现实的国际政治环境下，如果想要判定国际行为体是否符合全球规范，首先需要存在一个凌驾于主权国家之上的世界政府，或者至少已经实现了全球治理。在全球主义者笔下，联合国似乎化身为一个统一的官僚行政机构，为了世界人民的利益而追求理性的政策目标。而 NGO 则成为联合国的外派机构或者巡视团，它们将权威和秩序散播到世界各个角落。可以说，全球主义所描述的 NGO，是在被动地实现或者执行联合国，还有其他多边协定所制定的全球规范。[3] 或者说，全球规范是各个国际政治行为体的最终目标，而 NGO 则是通向目标的被动性渠

---

[1] 关于这些批评，可参见 Rajni Kothari, "On the Non-Party Political Process: The NGOs, the State and World Capitalism," *Lokayan Bulletin*, Vol.4, No.5, 1986; Rajni Kothari, "The Yawning Vacuum: A World without Alternatives," *Alternatives*, Vol.18, 1993; James Petras, "NGOs: In Service of Imperialism," Journal of Contemporary Asia, Vol.29, No.4, 1999。

[2] 关于全球主义视角下的 NGO，可参见 Harold K. Jacobson, *Network of Interdependence: International Organizations and the International Political System*, New York: Knopf, 1979; Peter Willetts (ed.), *"The Conscience of the World": The Influence of Non-governmental Organizations in the U.N. System*, Washington, DC: Brookings, 1996; Larry Minear and Thomas G Weiss, *Mercy under Fire: War and the Global Humanitarian Community*, Boulder, CO: Westview Press, 1995; Thomas G. Weiss and Leon Gordenker (eds.), *NGOs, The UN, and Global Governance*, Boulder, CO: Lynne Rienner, 1996; Thomas G. Weiss (ed.), *Beyond UN Subcontracting: Task-Sharing with Regional Security Arrangements and Service-Providing NGOs*, London: Macmillan, 1998; Michael G. Schechter (ed.), *United Nations-Sponsored World Conferences: Focus on Impact and Follow-up*, Tokyo and New York: United Nations University Press, 2001; Chadwick F. Alger (ed.), *The Future of the United Nations: Potential for the Twenty-first Century*, Tokyo and New York: United Nations University Press, 1998; Ann Marie Clark, *Diplomacy of Conscience: Amnesty International and Changing Human Rights Norms*, Princeton, NJ: Princeton University Press, 2001。

[3] 1980 年代"国际机制"研究文献主要重视识别国际组织所创设出的规范的力量，但是国际机制研究仍然是国家中心主义的，并且对国际规范中 NGO 地位的理解相当滞后。早期国际机制研究基本上完全忽视了 NGO 这一国际政治行为体。例如 Stephen D. Krasner (ed.), *International Regimes*, Ithaca, NY: Cornell University Press, 1983; Jack Donnelly, "International Human Rights: a Regime Analysis," *International Associations*, Vol.3, 2000。

道。全球主义者将全球规范定义为国家政府之上的权威性道德,并通过抽象化的理论不断重申这一主张,他们甚至认为每个NGO也都是这样认知的。但事实上,不论是全球规范还是NGO,依然会具有特定的利益倾向性,并不像全球主义者所认为的那样"道德"。

当联合国召开某个关于全球性议题的国际会议时,在地位上与各个国家的政府代表相平行的NGO,通常也会同时举行相关议题的国际会议。[1] 参加这些国际会议的代表以及许多学者,经常将这种NGO代表所组成的平行国际会议比喻成国内政治中的"下议院",认为他们代表了全球市民社会,并与官方政府代表团所组成的"上议院"相互补充,有些人甚至认为国家政府代表与NGO代表联合组成了一个尚未成熟的早期世界议会。

全球主义透过联合国机构的利益来审视NGO,并强调联合国的多边主义立场。在全球主义的理论范式之下,NGO或许可以用来填补多边协定的制定与执行之间的鸿沟,从而进一步增加联合国自身的合法性,而NGO自身的行动也会被联合国所制定的规范所限制。全球主义首先关注的是多边主义机制下规范共识的建构,其次关注的是如何使那些反抗国际权威的行为体执行规范共识。全球主义者认为,NGO的兴起可以起到利用全球性规范使国际政治合理化的作用。尽管全球主义忽视了NGO本身作为国际政治行为体所具有的独立性,却唤起了我们对国家政府在国际组织中主张的国际规范与NGO所主张的权威性道德之间联系的关注。

三、现实主义

因为现实主义常常忽视NGO在国际政治中的影响力,多元主义和全

---

[1] Ann Marie Clark, Elisabeth J. Friedman, and Kathryn Hochstetler, "The Sovereign Limits of Global Civil Society: A Comparison of NGO Participation in UN World Conferences on the Environment, Human Rights, and Women," *World Politics*, Vol.51, No.1, 1998; Kerstin Martens, "NGO Participation at International Conferences: Assessing Theoretical Accounts," *Transnational Associations*, Vol.3, 2000.

球主义者都把现实主义视为他们在理论上的对立者。现实主义者认为NGO只在那些国家并不关注的议题领域活动,或者认为NGO只是一个代表国家利益的、次要的政治附属行为体。激进现实主义甚至认为,不管是NGO还是其他的国际机构,它们在国际政治中都不具备明显的影响力。[①] 现实主义对NGO的这种定位,使得现实主义著作中很少涉及NGO研究。现实主义关于"国家利益"概念的论述,进一步强调了"国家才是国际政治中最重要的行为体,而NGO的影响力是可以被忽略的"这样的观点。不过,现实主义与全球主义共同分享了"NGO是被动性渠道"这一假设——不管是国家利益还是全球规范都是凌驾于NGO之上的。

国际政治理论内部关于NGO的论述既丰富又复杂,单个理论范式很难概括出NGO研究的全部内容。但是,以上提到的每个理论范式,又都对NGO研究提出了非常有价值的见解。多元主义承认NGO作为国家的社会合作伙伴的重要性,并且肯定了NGO在国际政治中的相对独立性。全球主义指出了国际规范与机制在国际政治中的重要影响力,而现实主义则认识到了国际政治冲突的普遍性,以及国际政治行为体之间存在基于利益而进行合作的可能性。三种理论范式在讨论NGO的兴起这一问题时,都将其发展路径限制为单向的过程,忽视了NGO兴起这一问题内在的复杂性。现实主义预先断定,相较于国家权力,NGO在国际政治中的影响力无关紧要,因此现实主义者并未对NGO研究投入过多精力。多元主义认为,NGO的兴起是从市民社会上升到国家的过程;而全球主义则认为这一过程是从国际规范向下传导至国家的。总而言之,上述理论范式主要是从国际体系的层次来分析NGO的。

[①] 关于现实主义否认国际机制影响因素的研究可参见 John J. Mearsheimer, "The False Promise of International Institutions," *International Security*, Vol.19, No.3, Winter 1994/95. 关于现实主义认为跨国机制具有影响力的研究可参见 Samuel P. Huntington, "Transnational Organizations in World Politics," *World Politics*, Vol.25, No.3, 1973; Stephen D. Krasner, "Power Politics, Institutions, and Transnational Relations," in Thomas Risse-Kappen (ed.), *Bring Transnational Relations Back In*, Cambridge: Cambridge University Press, 2003.

笔者同意多元主义关于NGO的基本理论假设。但是，认为在研究特定国家NGO兴起与发展问题时，还应该同时引入国际、国内两个层次的分析。来自国际体系层次的规范性外压（例如，国际规范、全球化等），分别作用于国家及其国内市民社会。随着这种规范性外压的扩散，国内层次的各行为体开始学习或接受新的国际规范。在国际规范内化的过程中，国内各行为体产生互动（例如政府与市民社会组织之间的互动），最终刺激了国内NGO的形成发展。

第二节　解释NGO兴起的有效理论

一、国际规范的内化

冷战结束以来，国际政治理论中关于"规范"的研究日益增多，研究内容涉及当前世界政治的各个方面。例如，重新定义"人道主义介入"这样的传统国际规范，制定宇宙或海洋等新兴国际政治领域的行为规则，追究全球化背景下跨国企业与NGO所应担负的社会责任等，还有的研究把规范作为导致国际关系变动的诱因，重新审视当前全球政治环境的变迁。

学界对于"规范"概念的重视具有一定的必然性。首先，规范本身就是国际政治当中普遍存在的要素之一。不管是国际条约还是国际交往活动中的各种约定俗成的惯例，都是某种国际规范的具体表现形式。包括当今得到普遍认可的国家主权等概念，也是在共识的基础上所形成的最原始的国际规范。其次，国际关系中国家之间的关系，本质上还是一种由人类行为演化而来的社会现象。因此，在国际政治研究中不可能忽视人的理念、认识、行为规范等意识层面的要素。亚当·斯密在《道德情操论》中提出的"同情"观点，休谟在《人性论》当中提出的"协议"概念，涂尔干在《社会学方法的规则》中提出"社会事实"概念，马克斯·韦伯的解释社会学等经典哲学、社会学研究都涉及了这一方面。

如今的国际规范,对国际政治行为体的约束力不再局限于国家。除了影响国家间实际交往的规则与制度,国际规范还对国内市民社会以及国际社会之间的跨国连带社会运动提出了相应的要求。例如,面对发展中国家的国内政治状况难以形成国际共识的环保问题、新能源与新领域开发利用的共同规则、全球经济管理、国际组织援助或军事介入的合法性边界、NGO与跨国公司等非国家行为体的社会责任等一系列新兴国际社会问题,原有的国际规范也不得不随之进行相应的调整。尤其是冷战终结与全球化的发展所带来的世界政治、经济变革,使得原本围绕国家间权力博弈展开的国际关系发生了重要变化。全球性非传统安全问题的频发、非国家行为体的日益活跃诱发了新的国际规范的产生。新国际规范的倡导者也不再局限于以国家为主体的国际政府间机构,NGO、跨国公司甚至是个人也都成为新的国际规范倡导者。

然而,面对新的国际规范层出不穷、规范倡导者多元化的现状,关于国际规范的研究,也出现了多种不同的分析框架。其中,建构主义关于规范的研究最具代表性。建构主义者通常认为,规范是"对于某种特定身份所应该采取的适当行为的集体期望"。[①] 建构主义考察规范的目的,并不是建立一种规范理论,而是把规范作为实证分析的对象。因此,不论是国际条约、国际机构这样的正式的国际规范,还是那些非正式的、隐含的国际规范,都被纳入了建构主义关于规范的研究范畴之内。例如人道主义介入、妇女参政权、种族隔离等问题都是建构主义规范研究的主题。

总体来说,可以从两个方面来把握建构主义对国际规范与行为体之间的互动关系的论述:一是国际规范对行为体的作用;二是国际规范依据行为体的行动而形成、维持、变化的过程。两个方面是一种相辅相成的关系。

---

① [美]彼得·卡赞斯坦主编:《国家安全的文化:世界政治中的规范与认同》,宋军、刘铁娃译,北京大学出版社2009年版,第11页。

首先,规范向行为体展示其具体行动所能选择的范围,也就是直接设置行为体活动的限制性边界(限制作用);或者诱导行为体形成符合规范的自我认知,以控制行为体的行为方向(建构作用)。例如,关于主权的规范既规定国家间的基本关系,又定义什么才是国家。关于人权的规范既推崇个人自由并抑制国家的介入,又向行为体公开展示所谓文明国家的内涵。其次,行为体提出特定的理念,或者对某种理念提出修正,然后使这种理念发展为主观上广泛认同的共同理念;又或者使相关行为体共同肯定某种理念,并防止这种共同认同的理念发生变动。

国际规范与行为体互动之间的关键,在于行为体对规范的接受与建构。按照芬尼莫尔(Finnemore)与斯金克(Sikkink)的国际规范生命周期理论,上述行为是通过规范的诞生、规范的扩散与规范的内化三个阶段来完成的。[1] 挑战现有规范并倡导新规范的规范倡导者,是引发国际规范变化的行为主体,这一角色通常由 NGO 或国际组织充当。在规范诞生阶段,规范倡导者"制造"新的国际规范,并把新的国际规范当作"制成品"推向"观念的市场"(国际社会)。

在规范的扩散阶段,国际规范的"流通"主要通过规范倡导者、主导国与追随国三种行为主体完成。规范倡导者首先把制造出的规范推向国际社会,然后促使特定国家接受其所推行的规范。具体的战略可以分为社会影响与社会学习两种。[2] 社会影响战略主要通过规范倡导者发起抗议旧规范的运动,称赞符合新规范的行为,分析利益得失进行游说等方式,制造促使国家接受新规范的社会氛围。社会学习战略主要通过各种形式的讨论与观念普及,促使国家学习、模仿新的国际规范。这两种战略可以通过强制、报偿、诱导的方式,使国家主动或被动地接受新国际规范。随后,初期接受新

---

[1] Martha Finnemore and Kathryn Sikkink, "International Norm Dynamics and Political Change," *International Organization*, Vol.52, No.4, Autumn 1998.
[2] Alastair Iain Johnston, "Treating International Institutions as Social Environments," *International Studies Quarterly*, Vol.45, No.4, 2001.

国际规范的国家成为主导国,利用上述战略发展更多的追随国,从而实现新国际规范的扩散。

规范的内化阶段是国际规范生命周期的最终阶段,从第二阶段开始的社会化过程也在这一阶段最终完成。此时,新的规范在国际层次上已经被普遍接受。国家的社会化就是"源自国际体系的某种规范在国内层次内化的过程",规范内化的结果就是,国家承认新规范的合理性,且习惯性地遵守新规范。[①] 通常来说,新的国际规范在完成内化过程之后,国家会以制度化的方式向国内社会"传递"新的规范,因此新的国际规范会渗透至国内市民社会。随着现代化与全球化的发展,规范内化的路径除了经由国家"传递"之外,各国国内市民社会还可以绕过国家,直接参与到规范的扩散阶段之中。

因此,从国际规范生命周期的第二阶段开始,国家与国内市民社会可以同时接受新规范的影响。只要国家具有适宜国际规范内化的国内结构,新的规范就能够顺畅地完成整个生命周期活动。这里的国内结构指的是国家的政治制度、社会结构,以及两者之间的互动政策网络。[②] 这其中既包括国家的法律、决策规则与程序,也包括国内市民社会。

根据以上分析可以确定,国际规范的传播能够影响国家及其国内市民社会。假设国际社会推行"促进 NGO 发展"的国际规范,如果特定国家具备合适的国内结构,不论作为国际规范的先进国还是追随国,这一规范最终都能够渗透至该国国内及市民社会,继而从政治制度、社会结构方面形成"促进 NGO 发展"的动力,刺激其国内 NGO 部门的发展。

日本 NGO 主要是从 1980 年代开始兴起的,在 1980 年代中后期至 1990 年代末达到了发展的高峰期。如图 1-2 所示,1980 年代以后,日本新设立的

[①] Kai Alderson, "Making Sense of State Socialization," *Review of International Studies*, Vol. 27, No.3, 2001.
[②] Thomas Risse-Kappen ed., *Bringing Transnational Relations Back In*, Cambridge: Cambridge University Press, 1995, p.20.

NGO 的数量占比高达 90%。从 NGO 成立的契机来看，日本的 NGO 大多是为了应对国外紧急事件，或援助南方国家（发展中国家）而成立的。

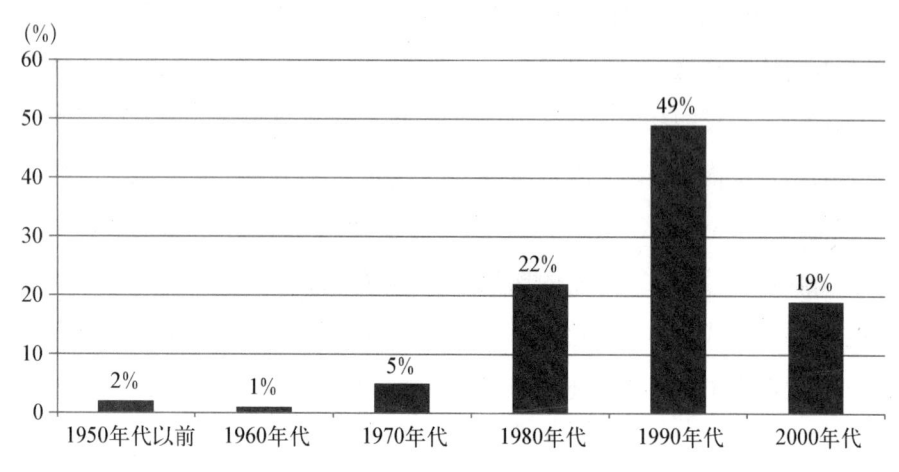

图 1-2　日本 NGO 成立年代（n=235）

资料来源：《NGO 手册（2011）》（NGOデータブック 2011）。①

国际规范的传播与内化效应，为日本 NGO 的创立提供了最初的信息源。市民社会成员，接受了关于人道主义救援等国际规范的影响，自发形成了创立 NGO 的意愿。图 1-3 证明了国际规范的传播与内化，是日本 NGO 成立的主要原因。其中，由于在国内接收到相关信息而开始支援活动的日本 NGO 占比最高，达到了 42%；②为了支援进行国际协力活动的人或组织而成立的 NGO 占 25%；③以访问当地为契机开始支援活动而成立的 NGO

---

① 日本外務省：『特定非営利活動法人国際協力 NGO センター．NGO データブック 2011：数字で見る日本の NGO』，国際協力 NGO センター（JANIC）2011 年版。
② 这一类别当中，因为在电视新闻等媒体上看到关于相关国际事件后，为了应对所引起的危机而成立的 NGO 占 24%，由关于南方国家问题的研讨会/讲座发展而来的 NGO 占 8%，以国际会议或国际主题年为契机成立的 NGO 占 3%，以应对国内的国际协力问题（例如在日外国人问题、国内的南方国家相关问题等）为契机成立的有 3%，为了把国内活动扩展至海外而成立的 NGO 有 3%。
③ 其中为了支援进行南方国家支援活动的个人而成立的占 9%，认为有必要建立网络化组织而成立有 8%，在进行针对在日外国人的国际协力活动（滞留在日本的南方国家人员主动发起或与这些人交流过程中）过程中形成的 NGO 有 4%，为了支援特定 NGO 活动而成立的占 4%，为了给进行国际协力活动的日本人提供技术支援而成立的有 0.4%。

占到了 20%，排第三位。由于国外 NGO 组织在日本设立分支机构，或者相应国际社会的支援要求而成立的 NGO 所占比例最低，有 13%。上述第一、三、四位的原因，都与国际规范的传播与内化有直接或间接关联，合计占日本 NGO 成立原因的 75%。

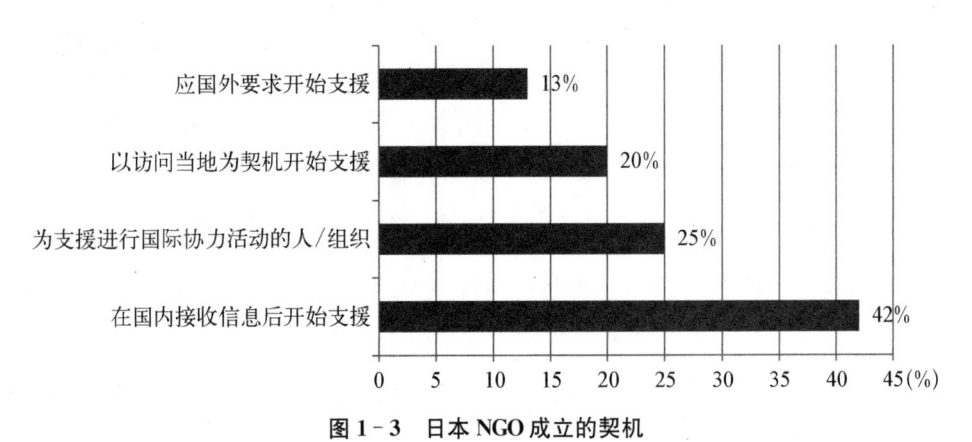

图 1-3　日本 NGO 成立的契机

成立契机	比例
应国外要求开始支援	13%
以访问当地为契机开始支援	20%
为支援进行国际协力活动的人/组织	25%
在国内接收信息后开始支援	42%

资料来源：《NGO 手册(2011)》(NGOデータブック2011)。

国际规范内化过程的作用对象包括国家与市民社会。下面两部分将分别讨论两者与 NGO 兴起之间的直接关系。从而描绘特定国家 NGO 借助国际规范内化的外部诱因，以及国内市民社会与国内政治所构成的内部诱因而兴起的分析框架。

二、市民社会与 NGO 的兴起

冷战结束以后，"市民社会"这一词汇开始频繁地出现在人们的视野中。而 NGO 则经常被当作市民社会的组成部分之一，被归为市民社会组织 (Civil Society Organizations, CSO)。随着 NGO 数量的增加以及活动领域的扩大，将 NGO 与市民社会联系在一起的研究也逐渐增多。

（一）"社会"往往被当作"国家"的相对应概念来界定的

亚里士多德(Aristotle)在《政治学》一书中写道："我们见到的每一个城

邦各是一种类的社会团体。"①柏拉图（Plato）认为社会是一个功能等级体系。在霍布斯（Hobbs）看来，社会是一个相对于国家而言的无秩序、无规则的战争状态。而洛克（Locke）则认为，社会是一种先于国家而存在的人类生活形式。潘恩（Paine）认为，社会产生于人的欲望，因为单独的个人无法满足生活的需要，于是人们就自然地结合成了社会，社会是个人天赋权利的集合载体，"公民权利就是人作为社会一份子所具有的权利"。②马克思主义理论当中的"社会"是一个以人为主体，同时蕴含着各种物质要素，由各种关系编织起来的，具有自我组织、调节、更新和自我意识功能的有机整体。它从实践中来，在实践中发展。物质生产、精神生产以及人自身的生产是社会有机体不断再生和更新的必备机制。在这三种生产相互制约、相互依存的过程中，社会成为"一切关系在其中同时存在而又相互依存的社会机体"。③西方学者大多认为，"社会"具有某种前于或外在于国家的性质，它有着独立于国家而存在的生命或身份。

近代以来，随着资本主义与市场经济的发展，"市场"逐渐被作为独立部门从"社会"当中分离出来，而市民社会则作为独立于国家之外的概念被进一步强调。在西方学术界，市民社会（Civil Society）是一个充满分歧和争议的概念。分歧的重点集中在"两分法"（国家—市民社会）和"三分法"（政府—市场—市民社会）之间的冲突上。也就是说，如果按照区分公私两个领域的原则，"市民社会"就相当于黑格尔所说的"市民社会"概念，或者说它指代的就是与国家相对的领域。而在一分为三的原则之下，市民社会指的是非政府、非营利的志愿性组织及其相关领域，这里的"市民社会"又变成了一个介于国家和家庭或者个人之间的社会领域。

高柳彰夫在谈到 NGO 及市民社会的功能时，认为应该将市民社会理

---

① ［古希腊］亚里士多德：《政治学》，吴寿彭译，商务印书馆1997年版，第3页。
② ［英］潘恩：《潘恩选集》，马清槐译，商务印书馆1981年版，第143页。
③ 中共中央马克思恩格斯列宁斯大林著作编译局编：《马克思恩格斯选集（第一卷）》，人民出版社1995年版，第143页。

解为包括 NGO/NPO、各种社会运动团体、工会、合作社、专家团体、学术团体、宗教团体等在内的，由市民组织而成的广泛的非政府、非营利目的的团体。① 戴蒙德(Diamond)认为，市民社会是自生、自立（在很大程度上）、自治于国家之外的，具有志愿性质的有组织的社会生活领域。并且，在戴蒙德看来，"市民社会"是与"社会"相区别的。市民在公共领域通过集体行动，表达他们的利益诉求、感情、偏好以及想法，并交换信息、达成共同目标，进而向国家提出自己的诉求，推动国家结构调整与国家运转，并监督国家官员。② 因此，"市民社会"位于私人领域与国家之间的中间地带，既不包括个人与家庭生活、娱乐消遣、宗教崇拜、个人营利活动等私人领域的社会活动，也不包括组织参与政党这样的与国家有关的政治活动。

沃尔泽(Walzer)认为市民社会是人们自愿联合而成的空间，其中充满着由家庭生活、信仰、利益与意识形态结成的各种网络。③ 然后，他基于西方历史性经验，评论了当时几个正在进行民主化运动的东欧国家。希内尔(Giner)在沃尔泽概念的基础上，进一步明确了市民社会的概念，他认为市民社会是一个有关个人权利、自由与志愿组织的逐步形成的历史性领域。人们在这个未受政治性干扰的领域中展开竞争，追求受公共机构——国家所保障的个人关切、利益、偏好与意愿。但是他还提到，"市民社会只会以不同的程度、持久度与成功度存在于特定的西方国家"。④

如上所述，关于市民社会的定义大多基于西方的价值观与历史经验，这些概念在上升到全球层次之后就显得缺乏普遍性。学者们开始尝试对市民社会概念进行再次系统阐述，并尝试超越传统的西方经验。《全球市民社会

---

① 馬橋憲男、高柳彰夫：『序章拡大するNGO・市民社会の役割』，載馬橋憲男、高柳彰夫編著：『グローバル問題とNGO・市民社会』，明石書店 2007 年版，第 14 頁。
② Larry Diamond, *Developing Democracy: Toward Consolidation*, Baltimore, MD: Johns Hopkins University Press, 1999, p.221.
③ Michael Walzer, "The Idea of Civil Society: A Path to Social Reconstruction," *Dissent*, Vol.38, 1991.
④ Salvador Giner, "Civil Society and Its Future," in John A. Hall(ed.), *Civil Society: Theory, History, Comparison*, Cambridge: Polity Press, 1995, p.302, p.304.

年鉴》将全球市民社会定义为,"位于家庭、国家、市场之间的,超越国家的社会、政体、经济边界的思想、价值、制度、组织、网络及个人领域"。①卡尔多认为全球市民社会行为体包括,旧的社会运动(传统的工人运动、民族·反殖民地解放斗争)、新的社会运动(人权、和平、女性、环境、与第三世界有关的连带运动)、NGO、跨国市民网络、新的民族主义·原教旨主义运动、新的反资本主义运动六大类。②她还把作为全球市民社会行为体之一的,NGO 概念进一步细化,阐述了北方 NGO 与南方 NGO、重视倡议活动的 NGO 与重视提供服务的 NGO、重视社会连带效应的 NGO 与重视相互扶助的 NGO 等不同类型的 NGO,在组织形态等方面存在的广泛差异。③

本书中的市民社会是指由市民自发组织形成的、相对独立于国家与市场之外的、具有非营利与志愿性质,且区别于个人及家庭等私人生活范畴的社会公共领域。NGO 是市民社会内部的主要行为体之一,可以影响市民社会的发展,同时 NGO 又是市民社会发展的产物,可以推动市民社会跨越国家边界,形成跨国社会网络,进而促进全球化的发展(参见图1-4)。

市民社会组织的发展状况,是测量一个国家市民社会发展情况的重要指标。而一个国家 NGO 部门的发展,需要国际与国内两个层次上的推动。NGO 是市民社会组织当中的一类,其本身所具有的非政府特征,决定了他的发展不可能只依靠国家的力量,或只凭借国际组织的推动。国内市民社会是一国 NGO 成长的"土壤",是影响 NGO 兴起与发展的重要内因。

"9·11"事件以后,反恐成为21世纪初国际政治领域的重要议题之一。除了恐怖主义威胁之外,全球性气候变暖、金融危机、严重传染性疾病传播、跨国走私犯罪、非法移民等非传统安全问题日益突出,仅凭单个国家的力量

---

① Helmut Anheier, Marlies Glausis and Mary Kaldor, "Introducing Global Civil Society," in Helmut Anheier, Marlies Glausis and Mary Kaldor (eds.), *Global Civil Society 2001*, 2001, p.17.
② Mary Kaldor, *Global Civil Society: An Answer to War*, Cambridge: Polity Press, 2003, pp.80-81.
③ Ibid., pp.90-92.

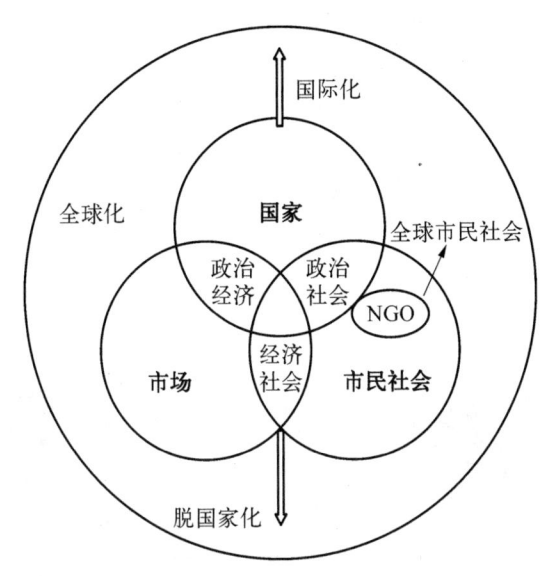

图 1-4　国家、市场、市民社会与 NGO 关系

资料来源：笔者自制。

很难应对这些威胁。在这样的国际政治背景下，关于全球治理、跨国市民社会网络以及全球市民社会的研究与实践大量增加。作为国际社会中的一员，日本自然也不能置身事外。

（二）日本市民社会

不管是从质量还是从数量方面来看，日本市民社会当中的各种组织，仍处于发展过程之中。许多从事教育、保健、老年人与残疾人看护、宗教、工业与商业协会、地方自治会等传统社会服务领域工作的市民社会组织，已经发展到了相当大的规模，并且雇用了大量高素质的全职工作人员。但是，从事环保、国际合作、紧急救援、和平建设、性别等领域活动的日本 NGO 规模依然较小，并且这些领域的 NGO 在专业化与制度化方面也较为落后。日本市民社会所处的法律环境，在 21 世纪头十年已经有了很大的改善。不过与其他西方发达国家相比，日本 NGO 的活动与发展仍受到了相对严格的国家控制。总体而言，日本市民社会为 NGO 的发展提供了一定的基础，但是由于其本身力量有限,日本 NGO 整体水平,仍落后于前面所述的那些西方国家。

首先,日本市民对志愿者活动的关注度比较高,有实际参与经验的人数占比却不高(见图1-5、图1-6、图1-7)。不过,有相当一部分未参与过志愿者活动的市民,有着潜在的参与意愿(见图1-8),这证明日本市民社会,仍处于发展过程当中,目前力量有限但具有进一步发展的可能。而通常情况下,市民社会基础的增强又可以孕育出更大规模的 NGO 部门。

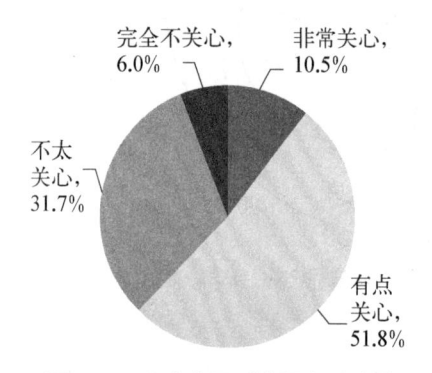

图1-5 日本市民对志愿者活动的关心程度(n=1 646)

完全不关心,6.0%
非常关心,10.5%
不太关心,31.7%
有点关心,51.8%

资料来源:《平成26年度关于特定非营利活动法人及市民社会贡献实态调查报告书》。

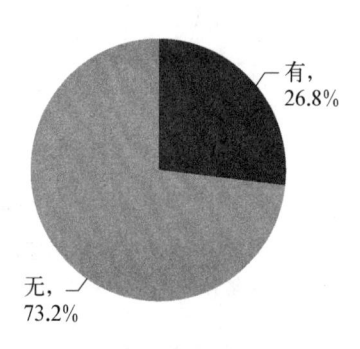

图1-6 有无志愿者活动经验(n=1 647)

有,26.8%
无,73.2%

(2013年调查结果)
资料来源:《平成26年度关于特定非营利活动法人及市民社会贡献实态调查报告书》。

其次,日本的市民社会组织大多在国内开展活动,较少进行海外活动。这说明,日本市民社会活动并没有充分外溢至国际社会,市民社会发展的国际化程度仍然较低。日本市民社会组织的这一特点,也在很大程度上导致了日本 NGO 所拥有的国内社会基础薄弱,难以形成具有国际影响力的大型 NGO。

图1-9显示,在日本,参与自身所处附近地区建设的志愿者比例最高,其次是儿童/青少年养育、自然环境保护。并且,从事上述这三个领域活动的志愿者数量,占到了调查总数的73.5%。这说明,日本市民志愿者多在自身所处地区附近参加活动,活动内容多涉及自身及地区福利、环境保护等,

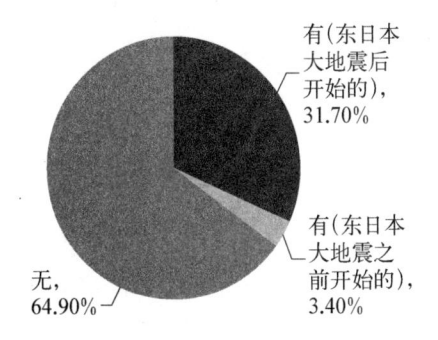

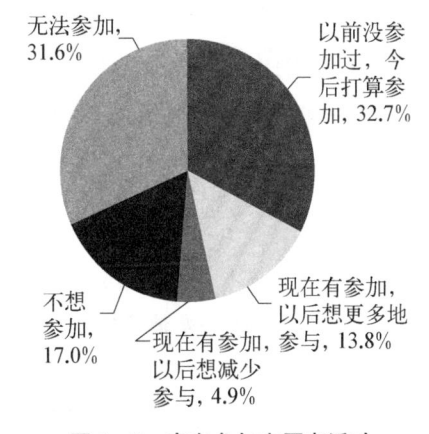

图 1-7　有无志愿者活动经验(n=1 647)
（2012 年调查结果）
资料来源：《平成 26 年度关于特定非营利活动法人及市民社会贡献实态调查报告书》①。

图 1-8　亲身参与志愿者活动的意愿(n=3 529)
资料来源：《志愿者活动年报(2011)》②。

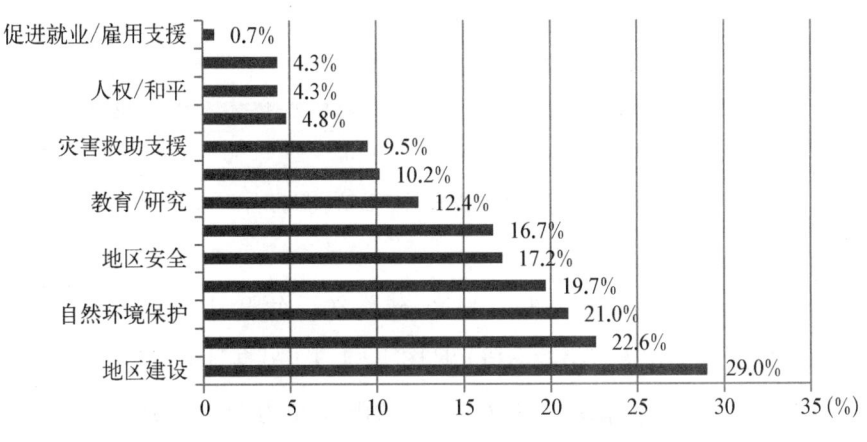

领域	比例
促进就业/雇用支援	0.7%
人权/和平	4.3%
（未标注）	4.3%
灾害救助支援	4.8%
（未标注）	9.5%
教育/研究	10.2%
（未标注）	12.4%
地区安全	16.7%
（未标注）	17.2%
（未标注）	19.7%
自然环境保护	21.0%
（未标注）	22.6%
地区建设	29.0%

图 1-9　日本志愿者活动参加领域(n=442※)

※对象：回答过去 3 年中参加过志愿者活动的人。
资料来源：《平成 26 年度关于特定非营利活动法人及市民社会贡献实态调查报告书》。

---

① 日本内閣府：『平成 26 年度市民の社会貢献に関する実態調査』，日本内閣府，https://www.npo-homepage.go.jp/toukei/shiminkouken-chousa/2014shiminkouken-chousa，2015 年 12 月 4 日。

② 日本全国社会福祉協議会：『地域福祉・ボランティア情報ネットワーク．ボランティア活動年報 2011 年度版』，日本全国社会福祉協議会地域福祉部/全国ボランティア・市民活動振興センターホームページhttp://www.zcwvc.net/，2015 年 12 月 4 日。

他们主要关注国内及身边问题,进行跨国或国际 NGO 活动的比例仍然较低。但是,据图 1-10 显示,比起亲身参与到 NGO 活动中来,日本市民更倾向于以资金资助的形式支持 NGO 的运营。

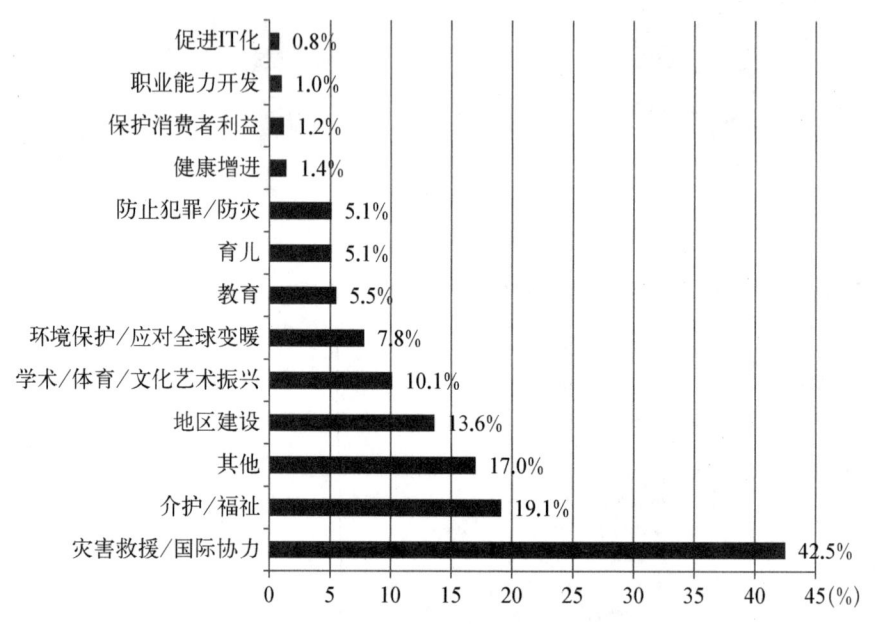

领域	百分比
促进IT化	0.8%
职业能力开发	1.0%
保护消费者利益	1.2%
健康增进	1.4%
防止犯罪/防灾	5.1%
育儿	5.1%
教育	5.5%
环境保护/应对全球变暖	7.8%
学术/体育/文化艺术振兴	10.1%
地区建设	13.6%
其他	17.0%
介护/福祉	19.1%
灾害救援/国际协力	42.5%

图 1-10 以捐赠形式支持志愿者活动(领域别,n =3 508)

资料来源:《志愿者活动年报(2011)》。

自 1998 年日本实施 NPO 法以来,截至 2015 年 9 月,日本国内已经拥有 50 441 个获得法人资格的 NPO(见图 1-11)。另据日本国际协力 NGO 中心发布的 NGO 名录统计,有八成以上的国际协力 NGO 都具有 NPO 法人资格。[①] 这些组织活跃在日本国内外市民社会的各个领域,但是他们中的大部分仍然主要以国内活动为主(见表 1-2)。

---

① NGO 名录(NGOダイレクトリー)是国际协力 NGO 中心(JANIC)从 1998 年开始隔年发行的关于从事国际协力活动的日本市民组织要览。2004 年版 NGO 名录是最后一次以图书形式发行的版本,其后的相关数据都在国际协力 NGO 中心的主页上以网络数据的形式进行更新,不再发行纸质版本。为了在时间上与本节主要应用数据源保持接近,以增加可对照性,这里引用的是 JANIC 在 2011 年公布的数据。

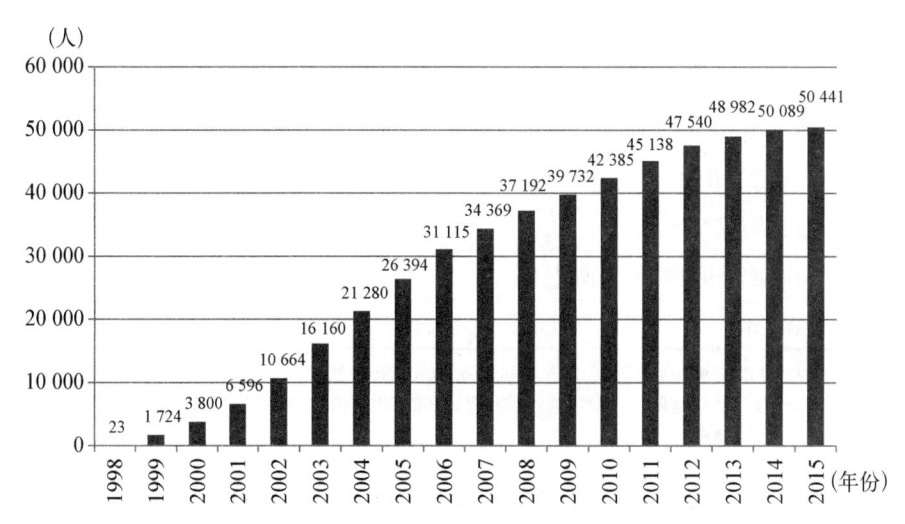

图 1-11　日本 NPO 法人资格认定数(1998 年至 2015 年 9 月)

资料来源：根据日本内阁府 NPO 主页数据整理。(2015 年 11 月 19 日访问)

年份与人数：
- 1998：23
- 1999：1 724
- 2000：3 800
- 2001：6 596
- 2002：10 664
- 2003：16 160
- 2004：21 280
- 2005：26 394
- 2006：31 115
- 2007：34 369
- 2008：37 192
- 2009：39 732
- 2010：42 385
- 2011：45 138
- 2012：47 540
- 2013：48 982
- 2014：50 089
- 2015：50 441

表 1-2　日本 NPO 的主要活动领域　　　　　单位：%

活动领域	国内 NPO	国际 NPO
保健/医疗/福祉	42.8	13.7
社会教育	3.9	4.6
地区建设	11.5	4.0
学术/文化/艺术/体育	9.5	17.3
环境保护	11.1	14.3
灾害救援	0.4	1.2
地区安全	1.3	0.0
人权拥护/和平推进	1.2	4.3
国际协力	0.9	27.1
男女共同参与计划	0.8	0.6
儿童全面培养	9.2	6.4
信息化社会发展	1.9	0.9
科学技术振兴	0.5	3.3

续表

活　动　领　域	国内 NPO	国际 NPO
活化经济活动	1.4	1.2
职业能力开发/雇用机会	1.4	0.3
消费者保护	0.8	0.6
团体运营相关联络、咨询、援助	1.4	0.3
数量(n)	4 739	329

注：1. 数据来源于《关于特定非营利活动法人（NPO 法人）全国调查》（简称 J‐JIGS2‐NPO）[1]；2. 国内 NPO 指的是主要以国内活动为目标的 NPO 法人，国际 NPO 指的是主要以国际活动为目标的 NPO 法人。

　　如表 1‐2 所示，主要以国际活动为目标的日本 NPO 法人，在进行国际协力活动以外，还从事其他国际性的活动。这一特征反映了当前全球化对各种社会问题的普遍影响。在所有的领域当中，基本上都有以国际活动为目标开展活动的 NPO 法人。例如，表 1‐2 中从事学术/文化/艺术/体育、环境保护领域活动的国际 NPO 法人占比较高。这主要因为，从事学术/文化/艺术/体育领域的活动通常需要进行较多的国际交流；而环保领域的活动仅靠国内活动往往难以达到目标，并且环境 NGO 是日本 NGO 中国际化参与程度较高的一类，因此这一领域的 NPO 法人也多以开展国际活动为目标。另外在保健/医疗/福祉领域活动的国内 NPO 占比最高，达到了 42.8%，这一领域内的国际 NPO 也有 13.7%。此外，还有一定数量的国际 NPO 在人权拥护/和平推进、科学技术振兴、灾害救援领域活跃，这主要因为人权拥护/和平推进问题多与其他国家相关。其他几个领域国际 NPO 较多则是因为日本在这些领域有着世界级的先进技术与经验，并且日本的 NGO/NPO 通常习惯利用自身经验开展海外援助活动。

　　与表 1‐2 相印证，日本 NGO 多基于本国的先进技术与发展经验，从事

---

[1] 辻中豊编：『特定非営利活動法人に関する全国調査 J‐JIGS2‐NPOコードブック』，筑波大学 2009 年版。

海外支援性的活动,较少涉及政治化程度较高的人权等领域(见图1-12)。这也反映出日本 NGO 中从事海外援助、环保等领域的操作型 NGO 发展得较为充分,而进行和平、政治、人权领域活动的政策倡议型 NGO 却呈现规模较小的现状。

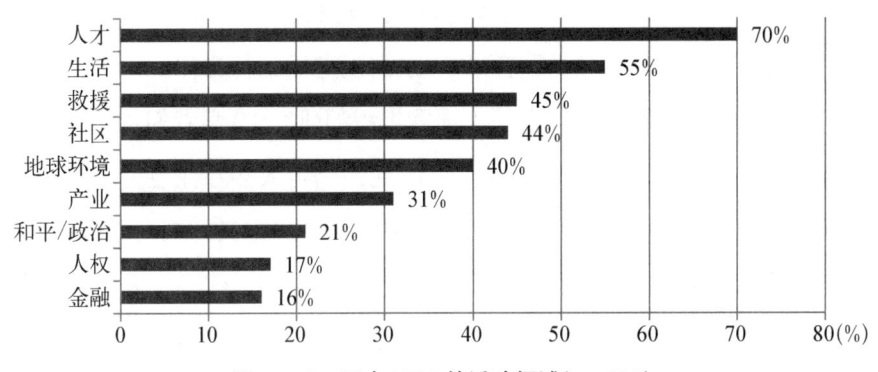

领域	百分比
人才	70%
生活	55%
救援	45%
社区	44%
地球环境	40%
产业	31%
和平/政治	21%
人权	17%
金融	16%

图 1-12 日本 NGO 的活动领域(n=223)

资料来源:《NGO 手册(2011)》(NGOデータブック2011)。①

综上所述,市民社会是 NGO 发展的根本性基础,可以作为内生性因素来解释日本 NGO 的兴起与发展状况。首先,日本国内市民社会力量仍然较为薄弱,这在相当大程度上导致了日本 NGO 整体发展水平的落后。其次,日本并没有普通市民广泛参与志愿者活动的基础。即使是从事无偿志愿活动的志愿者,关注的也多是国内,或者与切身利益相关的问题。这在相当大程度上导致了日本国内市民社会活动难以扩展至国外,且无法形成一批有国际影响力的大型 NGO 组织。再次,日本 NGO 部门在整体上与本国市民社会具有相似的特征。日本市民社会对国家政治的参与程度较低。同样的,绝大多数的日本 NGO 较少涉及人权、安全等改变国家政治、社会现状的活动领域(所谓的"高级"政治领域),而主要从事国际协力等"低级"政治领域活动。

---

① 日本外务省:『特定非営利活動法人国際協力 NGOセンター. NGOデータブック2011:数字で見る日本のNGO』,国際協力 NGOセンター (JANIC) 2011 年版。

三、国家与 NGO 的兴起

国际政治理论通常认为,国家才是国际政治活动中最重要的行为体,并且这些理论通常都习惯于将国家假定为单一的均质行为体。除了国家行为体之外,关于国际组织(IGO)的研究,在学科内也一度盛行。米尔斯海默(Mearsheimer)将国际组织界定为,"一系列规定国家行为体如何进行彼此之间合作与竞争的规则"。[①] 在关于国际组织的研究中,学者们依然将国家视为国际政治行为的主要决策者。因此,他们仍将大多数注意力集中在国际机制框架下的国家行为上。在上述这种国家中心主义的视角下,国际政治研究经常忽视非国家行为体的存在。然而,最近几十年来,例如,NGO、跨国网络及联盟、专家与知识社群、基金会、跨国公司、多方利益团体和社会运动等非国家行为体的影响力日益突出,学者们也开始重视这些非国家行为体对国际政治的影响作用。

同时,学者们还开始研究国家与 NGO 之间的互动关系。由于 NGO 必须在特定的国家之内存在或运营,因此,没有哪个 NGO 可以完全脱离所在国家执政当局的影响。冷战结束以后,随着世界范围内 NGO 数量的急剧增长,国际关系学者逐渐以更加严谨、系统的视角来分析 NGO 本身及其与国家之间的互动关系问题。他们认为,国家能够影响 NGO 的特征及存在方式。

里赛-卡彭(Risse-Kappen)认为,国家结构、社会结构和政策网络这三个国内结构性要素,能够决定不同国家对跨国行为体(例如,NGO)的政策,并且国内结构还可以影响 NGO 的特性。[②] 他强调,当跨国行为体想要影响

[①] John Mearsheimer, "The False Promise of Institutional Theory," *International Security*, Vol. 19, No.3, 1994. pp.5 - 49.
[②] Thomas Risse-Kappen, "Bringing Transnational Relations Back In: Introduction," in Thomas Risse-Kappen (ed.), *Bringing Transnational Relations Back In: Non-State Actors, Domestic Structures and International Institutions*, Cambridge: Cambridge University Press, 1995.

国家政策或国内政府时,必须面临两大阻碍:第一,他们必须获得进入国家行政机构政治系统的通道;第二,他们必须获得更多的公众支持。通过他的论述可以推论,国内政治结构决定了跨国行为体影响国内政府政策的难度,一国的社会越开放多元,这个国家的跨国行为体就越容易影响政府政策。克拉斯纳(Krasner)还指出,主权国家是决定 NGO 形成的制度环境中最重要的因素。① 因此,国家的国内政治结构,能够影响 NGO 甚至决定 NGO 本身的相关特征。

海因斯(Heins)用博弈论概念分析了国家与 NGO 的关系。② 他认为,国家与 NGO 关系受到 NGO 发展程度以及所处国家环境的影响。国家与 NGO 都是理性行为体,两者互动过程中经常发生混合动机博弈行为。双方博弈结果既有合作也有冲突。例如,美国的 NGO 部门在发展的早期阶段,倾向于按照美国政府的指令实施相关项目。而随着各类 NGO 组织的发展成熟,现在大多数美国 NGO 通常选择与美国政府在业务上保持一定的距离。这样一来,这些 NGO 在工作时,既不必妥协于美国的外交政策,又可以与美国政府在相关领域内共同协作。

杨(Young)试图对国家与 NGO 之间的关系进行更加全面地概念化描述。他通过对不同国家进行比较研究,总结出了三种不同的国家—NGO 关系模式,即补充性、互补性和对抗性关系。③ 在补充性关系中,NGO 可以作为政府的补充并独立运作,NGO 的行为不仅不受政府的影响,还可以在特定领域内对政府行为进行有益补充。例如,即使两个国家间并未建立正式的外交关系,一方国家的 NGO 也可以在对方国家进行项目运作活动。在

---

① Stephen Krasner, "Power Politics, Institutions, and Transnational Relations," in Thomas Risse-Kappen (ed.), *Bringing Transnational Relations Back In: Non-State Actors, Domestic Structures and International Institutions*, Cambridge: Cambridge University Press, 1995.
② Volker Heins, "Democratic States: Aid Agencies and World Society: What's the Name of the Game?," *Global Society*, Vol.19, 2005.
③ Dennis Young, "Alternative models of government-nonprofit sector relations: theoretical and international perspectives," *Nonprofit and Voluntary Sector Quarterly*, Vol.29, No.1, 2000.

互补性关系中,NGO 是政府的工作伙伴。在特定的合作性工作关系下,NGO 通常进行一些政府工作的补充性工作。杨在文章中举例说,犹太国际 NGO 通常与以色列政府密切合作,进行资金募集活动,甚至充当以色列政府的外交机构。此外,许多国家的政府还会把大部分发展援助项目外包给本国 NGO 进行具体运作。在对抗性关系中,NGO 通常监督政府的行为,并将批评、问责政府的情况向大众披露。即使是在对抗性关系中,NGO 仍然可以通过批评政府在特定问题上的行为偏好,从而影响国家决策。例如,1950—1960 年代,日本的和平与人权组织就与当时的日本政府保持着这样一种对抗性的关系。①

巴奈特(Barnett)就国家与 NGO 关系提出了两个定义性特征,即"人道主义目标政治化、人道主义组织组织化"。② 1980 年代以来,随着 NGO 规模、活动范围与影响力的不断扩大,NGO 的目标也变得越来越政治化。它们越来越倾向于与政府合作,甚至不惜改变它们的创办初衷,不再坚持中立性、独立性、公正性这样的基本原则。除了工作目标与原则之外,有的 NGO 在与政府的不断互动中,甚至将日常的工作议题也制定得越来越政治化。此外,巴奈特还强调了人道主义 NGO 的组织化现象。当 NGO 从各种国际捐赠者那里得到了更多的资金,它们就可以将自己的业务范围扩展到更大的领域。然而,随着 NGO 获得的资金增多,自身规模也开始变得越来越大,它们在组织运营方面也将面临更大的压力。例如,NGO 组织化程度的提高,使得 NGO 内部的财务审计与问责制度变得更加重要。因为捐赠者通常希望知道,自己的钱究竟花在了什么地方,这些钱具体起到了什么效果。尽管现在的 NGO 在与政府互动过程中面临着更多的挑战,并且不得不经常对自身进行相应的调整,但是 NGO 所经历的这些转变,对它们实现

---

① Larry Diamond, Developing Democracy: Toward Consolidation, Baltimore, MD: Johns Hopkins University Press, 1999, p.221。
② Michael Barnett, "Humanitarianism Transformed," *Perspectives on Politics*, Vol.3, 2005。

自身目标是有帮助的。

NGO在法律上并不具备自治资格,它们通常需要服从所在国政府的管理,因此,NGO的行为通常会受到国家的约束。尽管如此,NGO还是可以通过多种方式影响国家的行为。社会制度主义与建构主义都认为,规范与世界文化能够影响国家的行为。许多学者关注跨国行为体如何影响规范的形成与传播这一问题,NGO影响国家行为即是其中的具体表现之一。[1] 其中,波利(Boli)与托马斯(Thomas)把NGO看作世界文化的制造者与传播载体。他们认为NGO既体现了全球文化的五大原则(普遍主义、个人主义、理性自愿权威、合理化进步、世界公民身份),其自身又是传播这些文化原则的最主要行为体之一。NGO作为具有文化与象征性影响力的合法行为体,通过传播世界文化来改变国家的行为。与社会制度主义相类似,建构主义同样关注规范是如何改变国家行为的,以及NGO是怎样生成与传播规范的这两个问题。

本书关注的重点问题是,国际规范的内化是如何改变国家行为及其国内市民社会的。同时,笔者认为,NGO是在国际与国内两个层次的诱因推动下兴起与发展的。上节内容已经阐明,市民社会是促成日本NGO兴起与发展的内生性基础要素,接下来的部分将证明,除了市民社会之外,国家政治因素也是影响日本NGO兴起与发展的内生性要素之一。例如,国家可以通过立法措施鼓励或限制NGO的发展。

具体而言,1998年NPO法颁布以前,日本大部分的国际协力NGO都

---

[1] 社会制度主义相关论述可参见 George Thomas, John Meyer, Francisco Ramirez and John Boli, *Institutional Structure: Constituting State, Society, and the Individual*, Beverly Hills: Sage, 1987. John Boli and George Thomas, *Constructing World Culture: International Nongovernmental Organizations Since 1875*, Stanford, CA: Stanford University Press, 1999.建构主义相关论述可见,Peter Katzenstein, "Introduction: alternative perspectives on national security," in Peter Katzenstein (ed.), *The Culture of National Security: Norms and Identity in World Politics*, New York: Columbia University Press, 1996; Richard Price, *The Chemical Weapons Taboo*, Ithaca, NY: Cornell University Press, 1997; Martha Finnemore and Kathryn Sikkink, "International norm dynamics and political change," *International Organization*, Vol.52, 1998.

属于没有法人资格的"任意团体"。当时,从事公益事业的团体所能获得的法人资格,只有社团法人与财团法人两种。由于法人资格申请手续烦琐、认证复杂,且相关法规对于团体注册资金规模有着非常高的要求,大多数日本NGO很难获得法人认定,不具备国家承认的合法身份。NPO法颁布之后,这些从事NGO活动的团体,较之以前更容易获得法律认定,也就是获得特定非营利活动法人(NPO法人)身份(见图1-11)。但是,依据认定NPO法人制度规定,只有获得"认定NPO法人资格"的NPO法人,才能充分享受到日本政府提供的税收优惠等一系列有利政策。而获得认定NPO法人资格所需要满足的条件依然较高,因此认证通过率并不高。据日本内阁府截至2015年12月4日的数据显示,认证NPO法人有50 497个,而认定或暂时认定NPO法人仅有827个,仅占总数的1.6%。[①]

在NPO法颁布后10年左右,日本政府又相继出台了《一般社团法人及一般财团法人相关法律》(一般社団法人及び一般財団法人に関する法律、平成十八年法律第四十八号)、《公益社团法人及公益社团法人认定相关法律》(公益社団法人及び公益社団法人の認定に関する法律、平成十八年法律第四十九号)、《一般社团法人及一般财团法人相关法律及公益社团法人认定等相关法律施行伴随关系法律的调整等相关法律》(一般社団法人及び一般財団法人に関する法律及び公益社団法人の認定等に関する法律の施行に伴う関係法律の整備等に関する法律、平成十八年法律第五十号)三部与志愿者组织有关的法律。

这三部法律自2008年12月开始生效,标志着日本公益法人制度的新变革。公益法人制度改革,废除了原来的社团法人与财团法人,以"一般社团法人"与"一般财团法人"代替原先的两种法人资格(见图1-13)。上述这些法人当中,满足一定条件的可以获得相应税收优惠,并获得公益社团法人与公益财团法人身份。由于这两种法人身份的认定难度比1998年以前大

---

① 日本内閣府:NPO法人認定数,載内閣府NPOホームページhttps://www.npo-homepage.go.jp/about/toukei-info/ninshou-seni, 2015年11月19日。

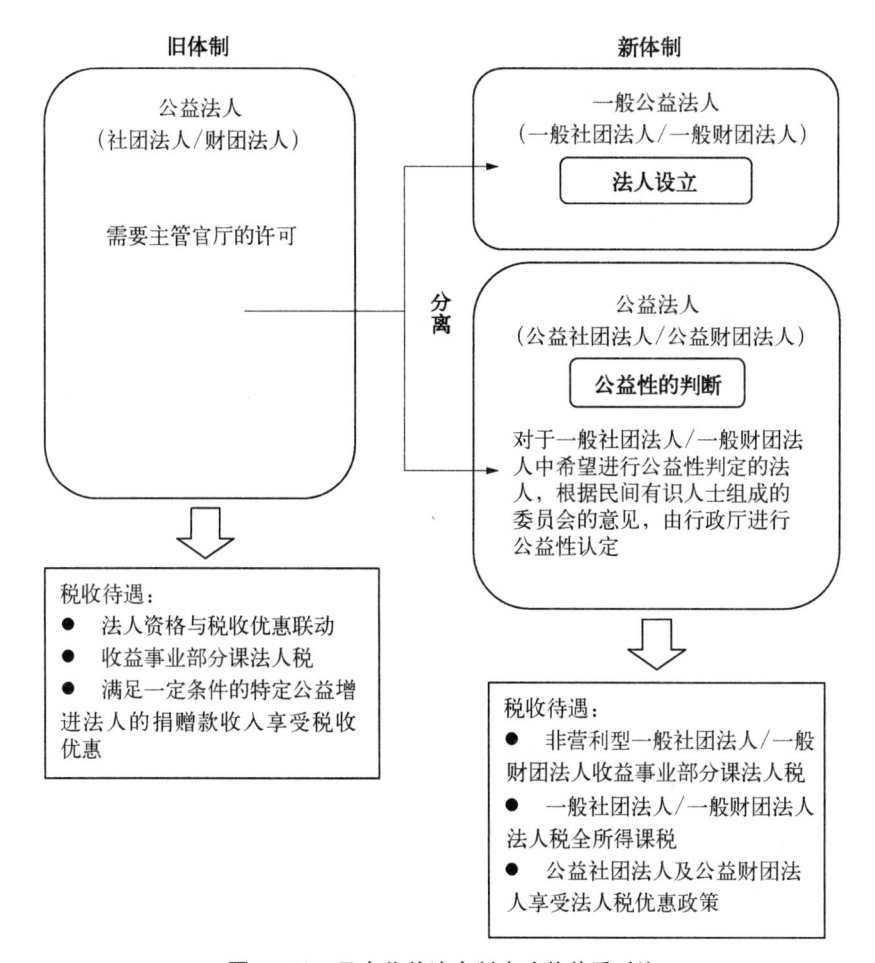

图 1-13　日本公益法人制度改革前后对比

资料来源：根据日本内阁官房行政改革推进室网页资料整理。参见网址：http://www.gyoukaku.go.jp/about/koueki.html，2015 年 11 月 20 日访问。

为降低，获得合法身份的日本 NGO 数量也显著增多（见图 1-14）。

以上分析表明，国家不仅能够约束 NGO 的行为，还可以通过立法等行政或政治手段影响 NGO 的发展。因此，在讨论 NGO 的发展诱因时，应该关注国家政治、市民社会这两个国内层次变量的作用。同时，还应该注意"规范"这一国际层次变量对国内层次变量所施加的影响。第三节将详细论述本书所采用的分析框架。

图 1-14　日本 NGO 的法人资格

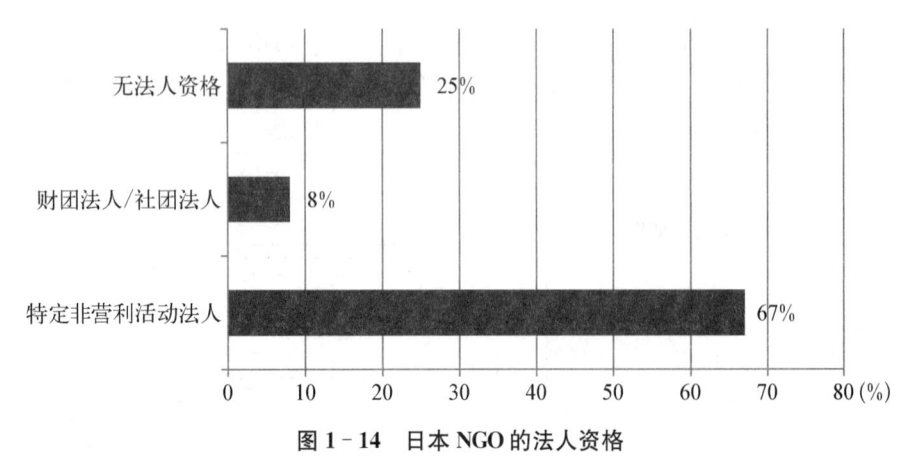

资料来源:《NGO 手册(2011)》(NGOデータブック 2011)。

第三节　现有理论不足之处

一、现代化理论与 NGO 的兴起

有学者认为,"国际市民社会"的概念实际上是以"国内层次上的自由民主资本主义中的制度多元主义"为模型发展而来的。[①] 依据相似的假设,1970 年代早期 NGO 研究,甚至近年来出现的关于 NGO 形成问题的研究,诸多都建立在现代化理论之上。这些研究强调国内社会经济条件和国家民主化对 NGO 形成发展所具有的促进性作用。[②] 依据上述理论,人们发现 NGO(尤其是国际 NGO)在拥有民主政体的发达市场经济社会中出现的机

[①] Stephen Gill, "Structural Change and the Global Political Economy: Globalizing Elites and the Emerging World Order," in Yoshikazu Sakamoto (ed.), *Global Transformation: Challenges to the State System*, Tokyo, New York and Paris: UN University Press, 1994, p.173.

[②] 相关研究可参见 Joseph S. Nye and Robert Keohane, "Transnational Relations and World Politics: An Introduction," in Robert O. Keohane and Joseph S. Nye (eds.), *Transnational Relations and World Politics*, Cambridge, MA: Harvard University Press, 1972; Kjell Skjelsbaek, "The Growth of International Nongovernmental Organization in the Twentieth Century," *International Organization*, Vol.25, No.3, Summer 1971.

会更多。

首先，NGO 通常被认为是民主国家的产物。① 在 1970 年代，也就是 NGO 问题研究的早期阶段，"NGO 是民主国家的产物"这一假设主要是建立在经验性观察之上。因为在当时的国际政治环境下，绝大多数活跃于国际领域的 NGO，都将总部设在西方民主国家，而非社会主义或共产主义阵营国家。这些早期的 NGO 研究成果认为，意识形态和民主政权的制度设计，为社会团体的形成提供了更大的合法性及公共空间。之后，一些关于 NGO 全球性扩展问题的研究进一步指出，冷战的结束与随之而来的全球民主化浪潮，是新的国际政治环境下 NGO 产生的又一原因。② 以此进一步推论，世界范围内越来越多的民主政体，开始为更多的 NGO 创造了成长的空间。

其次，NGO 还被视为是市场经济与社会经济现代化的产物。不断积累的财富、高水平的经济发展、教育的普及，以及社会中媒体与技术的扩散都促进了 NGO 的兴起。③ 第一，如果社会中市民的收入大幅度增加并且有了大量的剩余，这些资金就有可能被用于慈善事业，或者成为社会组织的潜在财政来源。④ 第二，社会经济发展进程造成了更大的社会阶层分化与专业化分工。这些分化的阶层与特定专业的人们，可以转化为各种利益团体或社会团体，并且有可能将他们的活动扩展至国际层面。第三，教育与大众传媒

---

① 相关内容可参见上条注释及 Harold K. Jacobson, *Network of Interdependence: International Organizations and the Global Political System*, Second Edition, New York: Alfred A. Knopf, 1984.
② Thomas G. Weiss and Leon Gordenker, "Pluralizing Global Governance: Analytical Approaches and Dimensions," in Thomas G. Weiss and Leon Gordenker (eds.), *NGOS, the UN, and Global Governance*, Boulder and London: Lynne Rienner, 1996.
③ 相关研究可参见 Jean-Philippe Therien, "Non-governmental Organizations and International Development Assistance," *Canadian Journal of Development Studies*, 1991, Vol.12, No.2, 1991; James A. Field, "Transnationalism and the New Tribe," in Robert O. Keohane and Joseph S. Nye (eds.), *Transnational Relations and World Politics*, Cambridge, MA: Harvard University Press, 1972.
④ John Boli, "Thomas Loya and Teresa Loftin. National Participation in World-Polity Organization," in John Boli and George M. Thomas (eds.), *Constructing World Culture, International Nongovernmental Organizations since 1875*, Stanford: Stanford University Press, 1999.

进一步促进了这些团体组织的发展，并提供了更多的信息资源加速了 NGO 的兴起。由于在国际政治领域中活动的多数 NGO，都以提供专业技术或信息服务为主要工作内容，因此，高等教育在普通大众中的普及，为 NGO 业务能力的提高，以及更多专业性 NGO 的产生提供了有利条件。再加上媒体和现代信息网络对各种全球性问题的信息披露，使得更多接受过良好教育的市民能够参与到国际事务中来。

基于上述现代化理论对 NGO 兴起问题的假设，可以推论出以下结论：世界上最富裕的国家应该也拥有最发达的 NGO 部门，并且，这些富裕国家还应该是全球市民社会的领导者。换句话说，如果现代化理论是正确的，那么 NGO 尤其是国际 NGO，应该在民主国家发展繁荣。因为这些国家具备了高人均 GNP、高等教育普及、高科技产业发展完备、高水平媒体，以及技术扩展这些能够促成 NGO 兴起的显著经济与社会要素。

许多学者已经对战后 NGO 的全球性增长现象进行了研究。[①] 根据国际组织协会（the Union of International Associations）的统计，世界范围内的 NGO 总数，1962 年为 1 552 个，1976 年达 5 155 个，1984 年则猛增至 12 686 个，1996 年这一数字继续增长至 15 108 个，2000 年则达到了 17 364 个。[②] 也就是说，截至 21 世纪，全球 NGO 的数量翻了 10 倍多。

然而，如果在 NGO 全球性增长的大背景下考察国家层次上的 NGO 发展数据，则会发现，各国 NGO 部门发展状况并不平衡，并且它们的发展模式也存在各种差异。上述现代化理论认为，经济较发达的北方国家拥有较发达的 NGO 部门，相对贫穷的南方国家的 NGO 部门发展状况则较差。但是事实上并非如此，即使那些被认为应当拥有较发达的 NGO 部门的西方发达资

[①] 参见 Margaret E. Keck and Kathryn Sikkink, *Activists Beyond Borders*, Ithaca and London: Cornell University Press, 1998. Christian Smith ed., *Disruptive Religion: The Force of Faith in Social-Movement Activism*, New York: Routledge, 1996.

[②] Union of International Associations, *Yearbook of International Organizations*, Geneva: UIA, 2000, p.1466.

本主义民主国家集团内部,同样也存在着 NGO 发展水平不平衡现象。

例如,日本、法国与意大利三国自 1970—1990 年代,就已经成为世界上相当富裕的西方资本主义民主国家,但是这三个国家的 NGO 部门发展水平却落后于其他欧美主要经合组织成员国。图 1-15 展示了 1946—2000 年,在联合国经社理事会(ECOSOC)获得协议地位 NGO 数量的各国数据。与 NGO 的全球性增长趋势相一致,获得 ECOSOC 协议地位的 NGO 数量也在同期出现了大量增加的现象。其中,美国、英国、瑞士拥有较多获得 ECOSOC 协议地位的 NGO,而日本却只有极少数的 NGO 获得协议资格,并且它们中的绝大多数还是在 1990 年代才得到资格认定的。

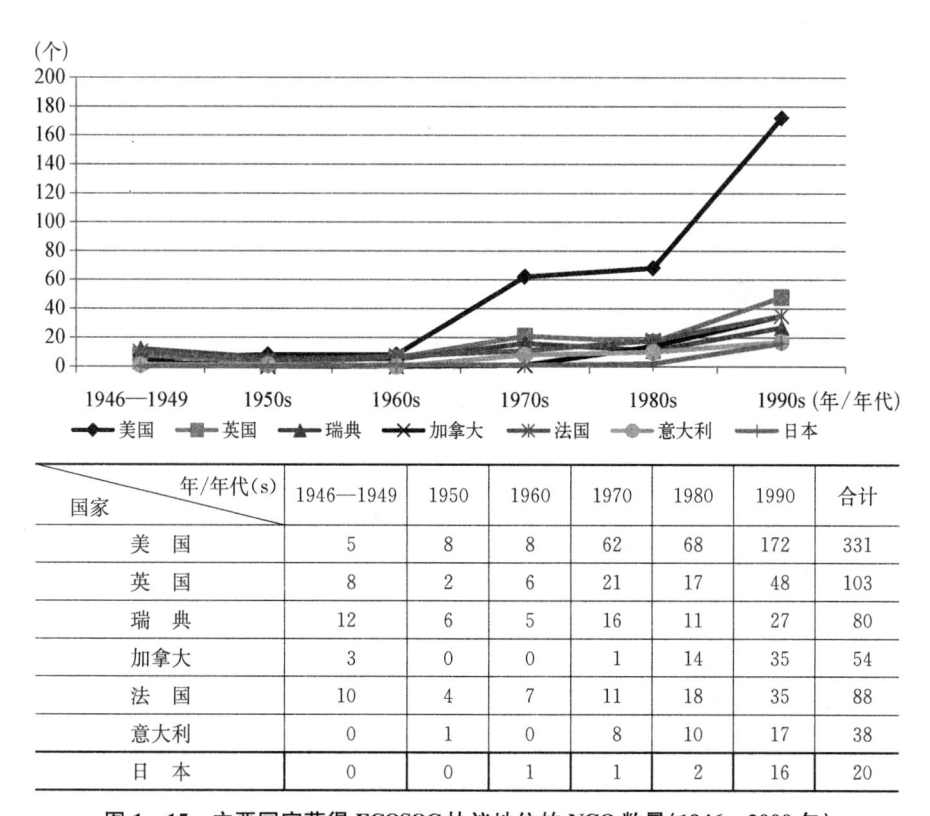

国家	年/年代(s)	1946—1949	1950	1960	1970	1980	1990	合计
美 国		5	8	8	62	68	172	331
英 国		8	2	6	21	17	48	103
瑞 典		12	6	5	16	11	27	80
加拿大		3	0	0	1	14	35	54
法 国		10	4	7	11	18	35	88
意大利		0	0	0	8	10	17	38
日 本		0	0	1	1	2	16	20

图 1-15 主要国家获得 ECOSOC 协议地位的 NGO 数量(1946—2000 年)

资料来源:Non-Governmental Organizations Liaison Office of the UN (List of Non-Governmental Organizations in Consultative Status with the Economic and Social Council)。

由于在日本 NGO 中从事国际开发援助/协力领域活动的 NGO 数量最多，因此，本书选取各国从事国际协力活动的 NGO 数据继续加以验证。1967 年，日本从事国际协力活动的 NGO 有 13 个，到 1981 年也仅增长至 36 个，同期数量仅为美国（429 个）的 8.3%，直到 1990 年，日本从事国际协力活动的 NGO 数量才开始突然增多，但是仍然与世界上 NGO 发展程度较高的美国、英国、加拿大等国存在显著差距。（见图 1-16）

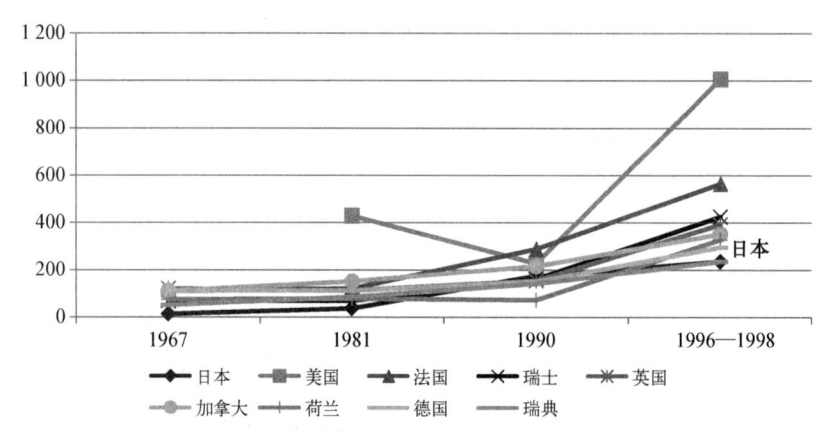

国家 \ 年份	1967	1981	1990	1996—1998
日 本	13	36	174	236
美 国	—	429	228	1 007
法 国	115	120	289	564
瑞 士	68	69	162	425
英 国	120	112	154	392
加拿大	110	150	216	351
荷 兰	74	78	72	328
德 国	110	111	150	296
瑞 典	51	85	141	236

图 1-16　主要西方国家国际协力 NGO 数量变化（1967—1998 年）

资料来源：OECD-ICVA，OECD 1981，1990，1996，1998。①

---

① OECD-ICVA, *Development Aid of Non-Governmental Non-Profit Organizations*, Pairs: OECD, 1967; OECD, *Directory of Non-Governmental Organizations in OECD Member Countries Active in Development Cooperation*, Volume 1: *Profiles*, Pairs: OECD, 1981; OECD, *Directory of Non-Governmental Organizations in OECD Member Countries*, Pairs: OECD, 1990; OECD, *Directory of Non-Governmental Organizations Active in Sustainable Development*, Part Ⅰ: *Europe*, Pairs: OECD, 1996; OECD, *Directory of Non-Governmental Organizations Active in Sustainable Development*, Part Ⅱ: *Australia, Canada, Japan, Korea, New Zealand, United States*, Pairs: OECD, 1998.

除了数量上的差距,早期日本 NGO 在具体类型上,也与上述西方国家有着明显区别。战后日本经济实现高速增长,主要得益于自身"发展型国家"的特点。禹贞恩认为,"发展型国家是由政治的、官僚的和财阀势力组成的无缝网络的简称",并且这一体制下的国家往往在政治上排斥民间部门的参与。① 1985 年《广场协议》签订以后,日本开始直面国际化所带来的外部压力(gaiatsu,外压),并开始逐渐学习与适应国际社会的普遍规范。但是,早期参与国际活动的日本 NGO 仍然受到日本国内政治、经济体制("大政府"与紧密的政官商关系)的影响。1967 年,经合组织 NGO 名册上的日本 NGO,很多都是半官方性质的组织或者隶属于经济团体与工会(例如,经团联等)。在名册之中,所有 NGO 类型当中只有 8% 属于企业或工会附属团体,且这些团体中有 43% 都是日本 NGO。② 这也在一定程度上说明,当时的日本 NGO 部门与国内企业有着相当程度的关联,且自身政治属性明显高于其社会属性。与早期参与国际活动的日本 NGO 不同,北美与欧洲地区西方国家的 NGO,则带有明显的市民社会或宗教色彩,它们中的大部分都属于个人志愿者或教会附属组织,且这些欧美 NGO 组织的行动宗旨多强调其本身所担负的社会使命而非经济或政治功能。

与此同时,从国家富裕程度、国民受教育水平、媒体传播水平等现代化指标来看,日本的数据并未落后于欧美其他主要经合组织成员国,甚至在一些方面还处于领先地位。日本在 1970 年代已经跃升为世界第二大经济体,从 1980 年代中期开始,日本一直保持着世界较高水平的人均 GNP(见图 1-17)。并且日本一直有着较高的教育普及率,1970 年代末日本国民高中教育普及率已经超过 90%,识字率近 100%。此外,得益于科技水平的发展,日本媒体的渗透力已经深入日本社会的各个角落,不论是家庭电视普及率(见图 1-18)还

---

① [美]禹贞恩:《发展型国家》,曹海军译,吉林出版集团有限责任公司 2008 年版,第 1 页、第 315 页。
② Jørgen Lissner, *The Politics of Altruism, a Study of the Political Behavior of Voluntary Development Agencies*, Geneva: Lutheran World Federation, 1977, p. 35. OECD - ICVA, *Development Aid of Non-Governmental Non-Profit Organizations*, Pairs: OECD, 1967.

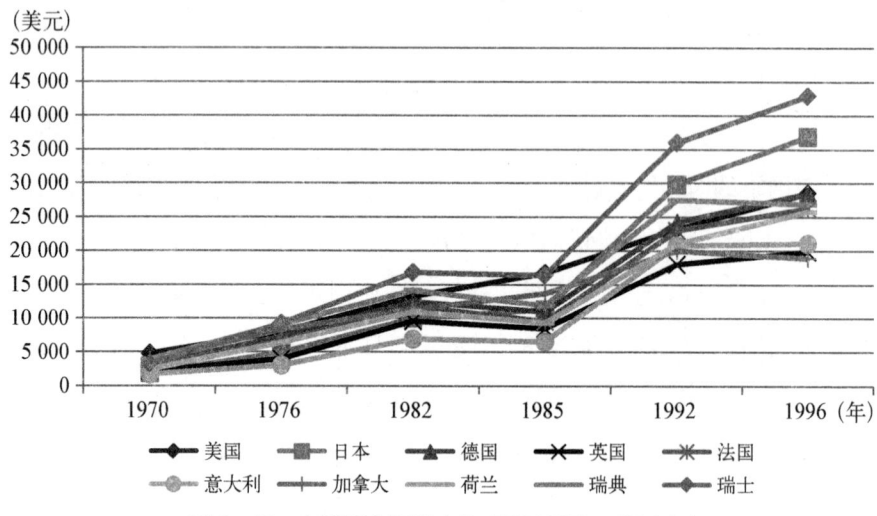

图 1-17 主要西方国家人均 GNP(1970—1996 年)

资料来源：OECD Development Assistance Committee。[1]

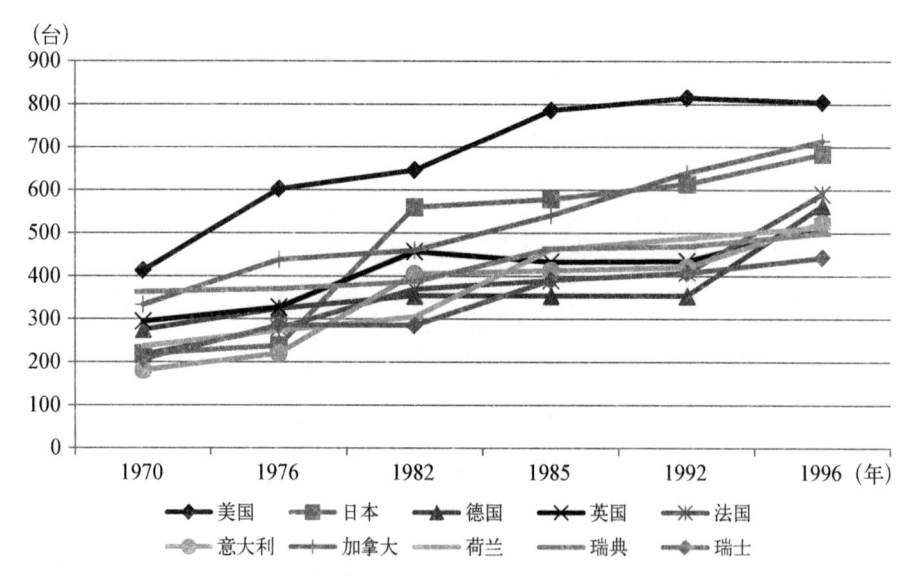

图 1-18 主要西方国家每千户居民电视拥有量(1970—1996 年)

资料来源：UNESCO Statistical Yearbook。[2]

---

[1] OECD, *Development Assistance Committee. Development Cooperation volumes for 1972, 1978, 1984, 1988, 1990, 1993 and 1997*, Paris: OECD, 1972, 1978, 1984, 1988, 1990, 1993, 1997.
[2] UNESCO, *Statistical Yearbook, 1980 and 1997 editions*, Paris and Lanham: UNESCO and Bernan Press, 1980, 1997.

是全国报纸发行量,日本都处于世界领先水平。如果依据现代化理论的假设,从1970年代开始,日本就应该已经成为世界上NGO部门最发达的国家之一。

然而,与上述西方国家相比,直到1980年代末,日本的NGO部门的整体发展水平仍然较低,尤其落后于美国、英国、加拿大等NGO发达国家。而且,英国从1970年代开始,其人均GNP在以上西方国家当中的排名并不靠前(见图1-17),如果按照现代化理论的分析框架来看,英国应该是这些国家当中NGO发展水平较差的,但事实上却恰恰相反。

此外,根据以上跨国比较分析还可以发现,NGO的全球性增长并不是一个统一的、均质化的现象。各国NGO兴起的时间以及发展模式、发展水平各不相同。并且,图1-17、图1-18还反映出了日本NGO发展模式不同于其他西方国家的两个特点:第一,"二战"后相当长时间以来,日本NGO数量及发展水平都落后于大多数西方发达资本主义国家。结合日本当时的国家经济、科技发展水平以及日本融入全球化的程度来看,日本NGO部门的整体发展状况并不符合那些传统的关于NGO发展的理论。第二,日本NGO在1980年代末至1990年代突然出现了大幅度的增长(见图1-19)。这与当时日本政府开始接受国际规范的影响,以及在此之前的几十年来日本国内市民社会发展为其国内NGO部门的发展所奠定的基础有着直接的关联。

综上分析可见,使用现代化理论中所涉及的指标,是无法解释日本NGO兴起过程中的重要特征的,即为什么在1980年代中后期至1990年代,日本NGO迎来了发展的高峰?如果按照经济发展水平、国民受教育程度等现代化理论评价标准来看,日本应该早在1970年代就经历了NGO发展的高潮。如果说日本NGO的兴起与发展跟泡沫经济密切相关,那么依然无法解释为什么1990年代初泡沫经济崩溃之后日本经济进入衰退阶段,但日本NGO依旧处于发展的高潮问题。因此,笔者认为经济发展等现代

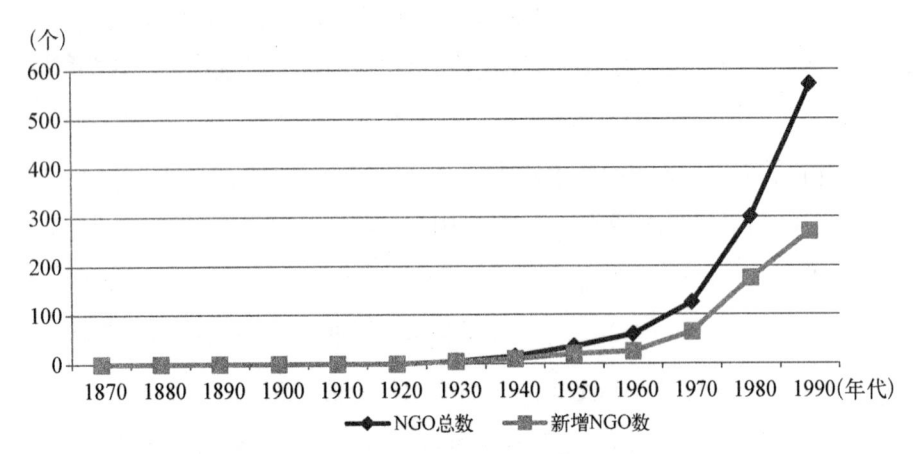

(个)
600
500
400
300
200
100
0
　　1870　1880　1890　1900　1910　1920　1930　1940　1950　1960　1970　1980　1990(年代)
　　　　　　　　　　━◆━ NGO总数　　　━■━ 新增NGO数

图1-19　日本NGO数量增长推移（1870—2000年）

资料来源：OECD-ICVA、OECD 1981,1990,JANIC 1998,2000,2002,2004。①

化指标，确实可以用来粗略地解释某些国家NGO发展水平的提高与之存在关联（例如，美国、德国），但是这些指标与1980年代末至1990年代日本NGO的发展高潮并没有明确的关联。

二、全球化理论、相互依存理论与NGO的兴起

除了现代化理论，国际关系理论学者在解释NGO兴起这一问题时，还把全球化发展进程作为重要的解释性变量之一。他们大都将经济全球化、信息化及远程通信技术革命，以及更加廉价便捷的运输网络发展，作为描述NGO兴起时的共同主题。不断增多的关于全球化和相互依存理论的研究文献，还提供了一种具有普遍性意义的理论框架。在这一理论框架之下，上述现代化理论中的各项社会经济指标被当作干预性变量，促使国内市场经济环境中的市民与NGO进一步国际化。与现代化理论相同，全球主义与

---

① OECD-ICVA, *Development Aid of Non-Governmental Non-Profit Organizations*, Pairs：OECD, 1967；OECD, *Directory of Non-Governmental Organizations in OECD Member Countries Active in Development Cooperation*, Volume 1: Profiles, Pairs：OECD, 1981；OECD, *Directory of Non-Governmental Organizations in OECD Member Countries*, Pairs：OECD, 1990. JANIC：『NGOダイレクトリー』，東京：JANIC 2000, 2002, 2004年版。

相互依存理论从根本上来说也是一种社会中心理论。这两种理论将国际社会中的NGO描绘为自发响应国际与技术动因的独立行为体。

全球化理论与相互依存理论,都强调经济领域全球化扩展现象的重要性,认为经济全球化刺激了各种非政府跨国行为体的产生。① 这两种理论向人们呈现了这样一幅世界图景:由于国际贸易、外国投资与国际金融的发展,国家在与其他国家或非国家行为体交往时,其敏感性大幅提高。关于国际政治领域中的NGO,全球化理论与相互依赖理论都认为,经济领域的国际化现象至少通过两种基本路径促进了NGO的兴起与发展。

首先,从全球化理论的视角来看,高层次的经济全球化消除了国家的边界,弱化了国家的控制力,使得非国家行为体能够更加轻松地进入国际领域开展活动。② 全球主义理论的支持者还指出,全球性经济发展这一现象本身,就为不同国家间社会行为体的相互交流提供了可能。此外,他们还展示了资本主义的全球性扩展所带来的跨国文化融合现象。③ 全球主义理论框

---

① 关于各种跨国非政府行为体的介绍可参见 Ann Cvetkovich and Douglas Kellner, *Articulating the Global and the Local Globalization and Cultural Studies*, Boulder, CO: Westview Press, 1997; Martin Albrow, *The Global Age — State and Society Beyond Modernity*, Cambridge and Oxford: Polity Press, 1996; Joseph A. Camilleri and Jim Falk, *The End of Sovereignty? The Politics of a Shrinking and Fragmenting World*, Hants: Edward Elgar, 1992; David Deudney and G. John Ikenberry, "Wither the West?," in Armand Clesse, Richard Cooper and Yoshikazu Sakamoto (eds.), *The International System After the Collapse of the East-West Order*, Dordrecht, Boston, London: Martinus Nijhoff Pubishers, 1994.
② 相关研究可参见 James N. Rosenau, *Turbulence in World Politics, A Theory of Change and Continuity*, Princeton: Princeton University Press, 1990; James N. Rosenau, *Along the Domestic-International Frontier, Exploring Governance in a Turbulent World*, Cambridge: Cambridge University Press, 1997; Kenichi Ohmae, "Managing in a Borderless World," in Kenichi Ohmae (ed.), *The Evolving Global Economy — Making Sense of the New World Order*, Boston: Harvard Business Review, 1995; Sakamoto Yoshikazu (ed.), *Global Transformation: Challenges to the State System*, Tokyo, New York and Paris: UN University Press, 1994.
③ 代表性的研究包括,James N. Rosenau, *Along the Domestic-International Frontier, Exploring Governance in a Turbulent World*, Cambridge: Cambridge University Press, 1997; Ann Cvetkovich and Douglas Kellner, *Articulating the Global and the Local Globalization and Cultural Studies*, Boulder, CO: Westview Press, 1997; Eleanore Kofman and Gillian Youngs (eds.), *Globalization: Theory and Practice* (3rd Revised edition), New York and London: Continuum International Publishing Group Ltd., 2008.

架下的行为体间相互作用过程,既有由上至下的作用力,也就是在经济上占优势地位的行为体,通过商品生产流程的全球性配置(例如,从世界中心区域到外围区域的产业结构化分工)与文化输出将影响力扩展到其他区域;也有通过社会弱势成员结成跨国联盟,影响国际政治环境这样的由下至上的作用力。[1]

其次,相互依存理论对"经济全球化进程如何影响国际政治领域中NGO以及其他非国家行为体的兴起与发展?"这一问题,提供了带有功能主义色彩的解释。经济全球化导致国家间相互依赖程度加深,具体表现为国家制定对外政策时敏感性提高。随着国家间相互交往日渐频繁,以及相互依赖程度的加深,国家间出现紧张状态或者冲突(例如,贸易争端、跨国环境问题等)的可能性也相应增加。在解决这些冲突的过程中,国家发现很难只凭一己之力,或者通过双边谈判解决所有问题。因此,国际政府间组织(IGO)和国际非政府组织(INGO)在调和国家间利益冲突和促进国际合作方面的作用日益突出。[2] 此外,国际政治领域中NGO的兴起,还可以被看作对经济全球化所带来的新兴全球性问题的功能性回应。国际关系的复杂及相互依赖性和国家在国际层次上的功能弱化促进了NGO的发展。

最后,国际政治理论文献中提及NGO的兴起时,除了经济全球化之外,还经常将科技与交通运输水平的提高作为促进NGO兴起与发展的主要因素。作为现代化的产物,科技的发展、通信与交通运输技术的提高,确

---

[1] 详细论述参见 Jeremy Brecher, John Brown Childs and Jill Cutler (eds.), *Global Visions, Beyond the New World Order*, Boston: South End Press, 1993.
[2] 关于相互依赖理论框架下国家功能弱化与政府间国际组织、非政府组织之间因果关系的研究可参见 James A. Field, "Transnationalism and the New Tribe," in Robert O. Keohane and Joseph S. Nye (eds.), *Transnational Relations and World Politics*, Cambridge, MA: Harvard University Press, 1972; Peter Willets, "Interdependence: New Wine in Old Bottles," in James N. Rosenau and Hylke Tromp (eds.), *Interdependence and Conflict in World Politics*, Aldershot, IK: Avebury, 1989; Harold K. Jacobson, *Network of Interdependence: International Organizations and the Global Political System*, Second Edition, New York: Alfred A. Knopf, 1984; Andrew M. Scott, *The Dynamics of Interdependence*, Chapel Hill and London: University of North Carolina Press, 1982.

实为普通大众的跨国活动提供了更加轻松便捷且低成本的方式。随着跨国相互交往的低成本化与高效率化，世界上人与人之间的距离缩短了，国际化的交往方式越来越普遍。对致力于从事国际活动的 NGO 来说，现代化所带来的种种技术进步，使得它们可以更加便利地与其他 NGO 建立网络化联系，方便它们向那些处于弱势地位的个人或团体传递信息，或向弱势群体提供专业技术等服务与帮助。此外，世界范围内的现代化进程还可以改变人们的想法，随着人与人之间的交往距离缩短、交往成本降低，普通民众可以接收到更多的信息，人们不仅关心自己身边发生的事情，还开始以更加国际化的眼光关心世界其他国家与地区。全球性的环境保护运动就是一个很好的例证。

尽管全球化理论与相互依存理论，能够从宏观上描述 NGO 的全球性兴起现象，一些国家的 NGO 兴起与发展模式，也可以通过上述分析框架得以印证。但是，如果利用以上两种理论分析 NGO 兴起所使用的具体指标对特定国家进行验证的话，会发现一个国家融入世界经济全球化的程度与其 NGO 部门规模之间并无明确的关联。图 1-20 与图 1-21，具体展示了 1970—1996 年部分 OECD 成员国的贸易与对外直接投资（FDI）数据。

如图 1-20 所示，美国、日本与德国自 1970 年开始，一直都在贸易与 FDI 方面领先于其他各国。这三个国家的对外贸易量说明它们已经在很大程度上融入了经济全球化，并且在经济全球化当中表现优异。如果依据全球化理论对于 NGO 兴起问题的理论框架来看，一个国家参与全球化的程度越高就拥有越发达的 NGO 部门，那么这三个国家 NGO 的兴起时间以及发展水平理应位居世界前列。然而事实并非如此，日本的 NGO 不管是在兴起时间，还是在规模上都远远落后于本书选定的其他 OECD 成员国。也就是说，贸易与对外投资的绝对水平并没有直接转化为更高发展程度的 NGO 部门。

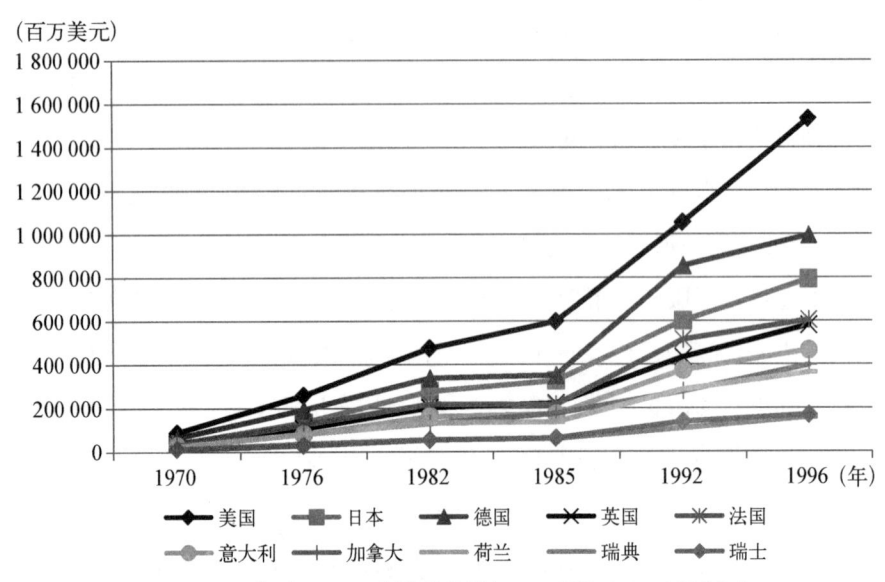

图 1-20 部分 OECD 成员国贸易与 FDI 额(1970—1996 年)

注：1. 贸易额包括进口与出口两部分，数据来源于 IMF, Direction of Trade Statistics Yearbook；①
2. FDI 为对外直接投资额，数据来源于 IMF, Balance of Payments Statistics Yearbook。②

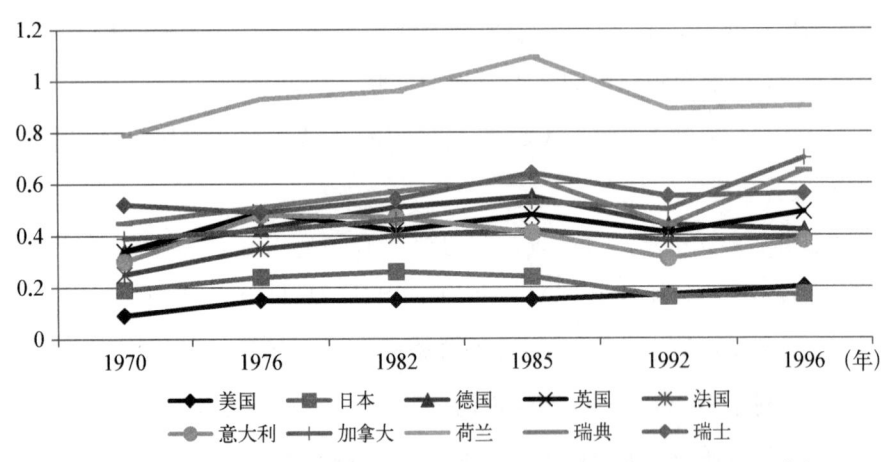

图 1-21 部分 OECD 成员国贸易与 FDI 额占 GNP 比例(1970—1996 年)

注：本图数据依据图 1-20 数据计算，公式为(进出口贸易总额＋FDI 额)/GNP。

---

① IMF, *Direction of Trade Statistics Yearbook*, volumes for 1969, 1972, 1989, 1994 and 1998, Washington, DC: IMF, 1969, 1972, 1989, 1994, 1998.
② IMF, *Balance of Payments Statistics Yearbook*, volumes for 1982, 1984, 1991, and 1998, Washington, DC: IMF, 1982, 1984, 1991, 1998.

如果再把每个国家的经济总量考虑在内,假定贸易与 FDI 规模占 GNP 比例能够反映特定国家对外部世界经济的依赖程度,那么,则会进一步发现,经济全球化指标与 NGO 发展水平之间仍然没有系统性的关联。如图 1-21 所示,截至 1996 年,美国与日本对外部世界经济的依赖程度较低,但是日本 NGO 部门的发展水平却远远落后于美国,而美国则是世界上 NGO 部门最发达的国家之一。换句话说,如果经济相互依存是解释 NGO 兴起的重要指标的话,考虑到两国对于外部世界经济较低的依赖程度,两国的 NGO 部门应该都发展得较差。同样,这个推论依旧不符合现实情况。并且,自《广场协议》与泡沫经济崩溃之后,日本对世界经济的依赖程度显著提高,但是日本 NGO 却恰恰是从这一时期开始进入发展高潮的。

功能主义对 NGO 兴起问题的解释力有限,以上论证已经从经济角度反映出全球化与相互依赖的理论框架虽然能够描述 NGO 全球性兴起这一普遍事实,但是在解释特定国家 NGO 兴起与发展问题时,却难以提供有力的解释性变量。从政治角度来看,国家在国际政府间组织(IGO)中所取得的会员资格数量,以及对 IGO 的捐资额能够反映出,特定国家在政治上融入全球化的程度及其在国际政治领域中与他国之间的相互依赖程度。

由于除了联合国、IMF 等全球性 IGO 之外,许多 IGO 都是在欧洲成立的,这部分 IGO 的会员资格只有欧洲国家才能获得,因此欧洲国家在这方面的表现必然更为突出。同时,这也导致了"所获得 IGO 会员资格的数量"这一变量的参考价值降低。此外,由于一些 IGO 组织的会员数量保持在一个相对稳定的状态,这项数值与 NGO 在 1980—1990 年代的发展变化情况的匹配度较低,无法反映出 NGO 全球性增长的动态变化。因此,获得 IGO 会员资格的数量很难反映出特定国家的 NGO 兴起与发展状况,作为考察 NGO 兴起的参考变量的价值不大。

与此同时,特定国家对多边国际组织的出资额度,除了与该国的经济实力有关之外,还与该国是否是这个组织的创始成员国、有无特殊政治诉求有关。例如,美国既是联合国的创始国又是常任理事国之一,但是拖欠会费的情况却时有发生。日本外交政策多年来一直标榜"联合国外交",并且一直积极寻求加入联合国安理会常任理事国,在会费缴纳方面表现得较为积极。然而,这并不能说明在国际政治领域,美国融入全球化的程度低于日本。因此,特定国家对 IGO 的捐资额,虽然能够反映出该国卷入政治全球化的大致水平,以及在国际政治领域与他国间的相互依赖程度,但我们却依然无法将这一变量与 NGO 的兴起建立直接联系。

第四节 理论框架

一、NGO 兴起的外因:国际规范的传播与内化

在考虑日本 NGO 的形成与发展问题时,首先需要考虑一个外部变量(日语称之为"Gaiatsu",外压),也就是影响 NGO 兴起的外因——国际规范的影响与作用。具体来说,需要考察两个方面:一是日本加快融入全球政治、经济体系,二是国际规范的传播与内化。

第一,全球化对日本"二战"后原有的政治体制与传统价值观都造成了重要的影响,这是一种引起经济、政治与文化变革的综合性现象。日本经济在实现战后高速增长以后,逐渐融入世界经济体系之中。同时,国际社会对日本履行国际规范与义务的期待也相应提高。在全球化进程中,日本面临着实现经济自由化的外部压力。尤其是 1980 年代以后,美国等西方国家开始促使日本政府改变经济发展模式,将出口工业导向型发展模式转变为内需型发展模式。而实现经济自由化与放弃出口导向型工业发展模式,对于战后日本来说则是一种重大的变革。日本借由全球化迅速融入全球政治经济体系,这为日本学习与接受国际规范创造了基本的条件。

1950—1960 年代,日本经济模式还是一种赶超型经济。而且,那时并

没有外压促使日本政府放弃保守主义政策并转变发展模式。尽管1960年代日美之间爆发了围绕日本纺织品出口问题的贸易争端,但是这场冲突并没有发展成为一场全面的双边贸易战。然而,进入1980年代以后,日本所面临的国内外情况均发生了变化。一方面,当时的日本已经成为世界上第二大经济体,但是另一方面,要求日本政府向国外产品开放国内市场的外压也随之逐渐增强。日本政府在面对国际社会不断增强的压力的同时,不得不寻求政策转变。

例如,1986年发布的《前川报告》就是日本政府在外压影响下所作出的政策转变的代表性表现之一。这份报告是当时日本内阁总理大臣中曾根康弘的私人咨询机关——国际协调经济构造调整研究会制作提交的。由于研究会的负责人前川春雄曾经担任过日本银行行长,因此这份报告也就被命名为《前川报告》。[①]《前川报告》主要建议日本政府施行包括扩大内需,进行与国际相协调的产业结构转换,改善国内市场通路与促进制成品进口,稳定国际货币与金融自由化、国际化,推进国际协力,进行与日本国际地位相称的世界经济贡献等,以扩大内需、开放市场以及金融自由化为主旨的一系列经济政策。

此后,美国通过宣布对日本实施"超级301条款"等一系列手段,继续敲打日本政府,迫使其进一步开放国内市场。来自美国的外部压力,在促使日本政府开放国内市场的同时,也削弱了日本政府对本国钢铁、汽车等重要产业的支持,间接导致了日本国内原本紧密的政商关系出现了松动。此外,日本政府的相关行政部门,在外压的影响下逐渐开始放松对私人部门的控制,并逐渐从市场部门撤出。如此一来,日本的私人部门为了赢得市场,不得不与国外企业进行竞争。这些私人部门不再享受政府所提供的特权,也无法

[①] 前川レポート(全文):国際協調のための経済構造調整研究会. 国際協調のための経済構造調整研究会報告書(経構研報告),駒澤大学 https://www.komazawa-u.ac.jp/~kobamasa/lecture/japaneco/maekawarep.htm,2016年1月2日。

终日依赖国家的保护性政策。在激烈的国际竞争当中,日本私人部门中的一部分企业变得更有效率,它们在与国外企业争夺市场的过程中,逐渐发展成为真正意义上的跨国公司(例如,索尼、丰田等);也有一部分企业在国际竞争中节节败退,这些企业大部分是从事国内市场业务的中小型公司,它们在失去国家保护之后很难与国外公司相竞争。但是总体而言,不管是哪一类日本私人部门,从此以后都不得不直面经济全球化的冲击。

第二,全球化对世界文化与价值规范产生了深刻影响,政治与文化全球化通过社会化过程向国家施加了规范性外压,迫使或引导国家对 NGO 采取更加支持性的国内政策。几个提倡民众参与、支持各个层次市民社会发展的国际规范在 1980—1990 年代形成。在国际层次上,诸如参与性发展、善治、民主化等规范,要求国家向市民社会敞开大门,并提供更加有助于 NGO 等市民社会组织参与国内外政治活动的宽松环境。当这些国际规范通过国际组织的相关会议与项目进一步机制化以后,在国际规范的外压之下国家不得不进行政策转变。国际规范的内化导致许多国家开始向包括 NGO 在内的市民社会组织,提供更多政治空间与经济空间,允许这些 NGO 拥有更大的政策影响力。

前文提到的国际规范生命周期理论(尤其是国际规范的内化)与社会化理论,可以用来解释国际化因素对 NGO 发展的促进作用。被定义为"给定身份适当行为的集体期望"[1]的国际规范,是改变国家认同与政策的重要因素之一。当一个国家接受一种新的规范,并把这种规范深层内在化的时候,国际规范的社会化过程就随之启动了。随着时间的推移,国家会在国内层面使这一新规范制度化,随后还会逐渐将这一新规范视作国家的日常事务。在国际规范内化的社会化过程中,国际机构以及其他一些国际行为体,通常充当了规范发起者或指导者的角色。

---

[1] Ronald L. Jepperson, Alexander Wendt and Peter J. Katzenstein, "Norms, Identity and Culture in National Security," in Peter J. Katzenstein (ed.), *The Culture of National Security: Norms and Identity in World Politics*, New York: Columbia University Press, 1996, p.54.

国际关系理论研究者通常将国家接受新的国际规范的原因，归结为理性主义/功能主义、建构主义/社会性这两类，也有人采取折中主义的路径，认为上述两类原因可能同时导致了国家愿意采取新的规范并使之内化。[1] 在许多国际政治案例当中，国家经常因为功能主义或理性主义而采取某项遵守国际规范的政策。某个国家可能为了得到相应的国际回报（例如，遵守国际人权法以获得欧盟成员国资格或某些援助），或者为了避免相应的国际惩罚（例如，实施人权法避免国际援助撤离本国）而遵守某项国际规范。也可能由于某项国际规范与国内政治有关（例如，可能会影响选举、官僚政治或民众支持），国家统治者基于理性主义的判断，选择促使本国政府接受特定国际规范。

然而，国家与其决策者并不总是基于功能主义或理性主义的目的，而去接受某些国际规范。在有些国际政治案例中，国家采取某项国际规范，是为了树立自身的国际形象或者被国际社会所接纳。建构主义认为，国家采取某项国际规范的社会化过程包括三种模式：劝说或学习、角色扮演、社会影响。[2] 在这三种社会化模式中，国家更多地是基于其所处的社会环境而行动的，并非是物质或权力因素导致了这一结果。

笔者采取折中主义态度，认为国家采取某项国际规范，既可能由于理性主义/功能主义，也可能是基于建构主义/社会性因素。因为，尽管国家经常从理性主义角度出发，力图在国际政治活动中实现自身国家利益的最大化，

---

[1] 相关研究可参见 Alastair Iain Johnston, "Conclusion and Extensions: Toward Mid-Range Theorizing and beyond Europe," *International Organization*, Vol.59, No.4, 2005; Michael Zurn and Jeffrey T. Checkel, "Getting Socialized to Build Bridges: Constructivism and Rationalism, Europe and the Nation-State," *International Organization*, Vol.59, No.4, 2005; Richard Herrmann and Vaughn Shannon, "Defending International Norms: The Role of Obligation, Material Interest and Perception in Decision-Making," *International Organization*, Vol.55, No.3, 2001; Joseph Jupille, James A. Caporaso and Jeffrey T. Checkel, "Integrating Institutions: Rationalism, Constructivism and the Study of the European Union," *Comparative Political Studies*, Vol.36, No.1-2, 2003.

[2] Jeffrey T. Checkel, "International Institutions and Socialization in Europe: Introduction and Framework," *International Organization*, Vol.59, No.4, 2005.

但是国家并不总是"唯利是图",它们学习或内化某些国际规范,也可能是期望获得国际社会的认同。例如,国际机构或某些规范发起者会说服国家执行某项国际规范,而国家同时也期望利用执行这项国际规范的机会,从而获得社会性效益。这种社会性效益包括声望、合法性或建构自身在国际社会中的认同感。国家采取某项国际规范的行为,既可能是为了进行特定国际政治博弈而使用的某种应对之策,也可能是为了成为这个博弈本身的一部分(角色扮演)。

国际规范内化与国家的社会化,是日本 NGO 产生与发展的重要外部性原因。从自下而上的市民社会发展路径来看,一系列的国际事件(例如,印支难民危机、海湾战争等)的发生,是促使日本市民社会主动去关注海外人道主义援助、开发协力等问题的重要诱因。从自上而下的国家制度供给路径来看,1980—1990 年代开始,联合国等国际机构与其他一些国际政治行为体,开始推行诸如参与型开发、善治、自下而上的民主化等支持 NGO 发展的国际规范。当这些国际规范随着全球化扩散到世界的大部分区域时,按照规范的学习与内化程度,有的国家会被国际社会视为符合规范的成员,而另一些国家则成为国际社会中规范执行的落后者。

这些"落后者"往往有着一个不发达的或者被压制的国内市民社会相对封闭的政治系统,以及限制性的国家政策。基于"支持 NGO 发展"的国际规范,国际社会开始期望,国家采取更加开放的政治制度和一些其他的能够促进国内市民社会发展的政策。国际社会中的那些没能满足国际规范要求的"落后者",尽管不会因此受到国际社会的惩罚,但是其本身的国际声誉及其在国际社会中所具有的合法性认同将会随之降低。

社会运动理论认为,理念的跨国传播与运动可以促进行为体的国际化。[①] 以此推论,支持 NGO 发展的国际规范与理念,可以由国际社会传播

---

① Sidney Tarrow, *Power in Movements and Contentious Politics* (*Second Edition*), New York and Cambridge: Cambridge University Press, 1998.

至日本市民社会。在全球化的社会运动影响下,日本国内市民社会成员会主动跨越国界的限制,学习那些促进 NGO 发展的国际规范,也会接收来自国际社会的关于支持 NGO 发展的信息。当日本被认定为国际社会中NGO 发展的"落后者"(与其他西方发达资本主义国家相比)时,国内市民社会还会以此来要求国家,改善本国的政治环境与法律政策,使之符合国际规范的要求。同时,日本政府在参与国际社会活动的过程中,为了增加自身的声望,同样会转变对 NGO 的政治态度。因此,我们可以发现,1980年代中后期至 1990 年代,在国际规范的外因(或者说外压)影响下,日本政府转变了对 NGO 的政治态度,开始推行一系列支持 NGO 发展的政策措施与机制。

二、NGO 兴起的内因:市民社会发展与国内政治

(一) 基础性诱因:市民社会的发展

许多学者在谈到市民参与或志愿活动问题时,经常将日本定义成"落后者"。关于市民参与以及志愿活动的跨国比较研究,也经常得出日本的市民社会相对落后或弱于其他发达西方民主国家的结论。[1] 并且,学者们普遍认为,日本的市民社会与西方国家的市民社会有着显著的区别。日本著名的政治学学者猪口孝,曾对日本政治及民间机构的成熟与巩固问题进行了深入研究。[2] 他的文章展示了 1980 年代,日本宗教、社会保障与福利、商业与

---

[1] 相关跨国比较研究可参见 James E. Curtis, Edward G. Grabb and Douglas E. Baer, "Voluntary Association Membership in Fifteen Countries: A Comparative Analysis," *American Sociological Review*, Vol.57, 1992. [美] 莱斯特·M. 萨拉蒙等:《全球公民社会:非营利部门视界》,贾西津、魏玉等译,社会科学文献出版社 2007 年版。Wilhelm Vosse, "The Emergence of a Civil Society in Japan," *Japanstudien*, Ⅱ, 1999. Tadashi Yamamoto(ed.), *The Nonprofit Sector in Japan*, New York: Manchester University Press, 1998.
[2] [日] 猪口孝:《日本:拓宽社会资本的基础》,载[美] 罗伯特·D.帕特南主编:《流动中的民主政体:当代社会中社会资本的演变》,李筠、王路遥、张会芸译,社会科学文献出版社 2014 年版,第 340—372 页。

工会生活,以及学术、文化、政治领域的社团组织的巨大增长规模。① 此外,日本的草根组织以及一些与政府有关联的 NGO/NPO 的数量,也在同一时期出现了大量增长的现象。②

那么,是什么原因导致了 1980 年代以前,日本市民社会中社会团体数量及活跃程度一直处于较低的水平呢? 回溯日本的政治与社会发展史可以发现,在日本政治传统中,普通民众对政治世界普遍缺乏信任感。③ 对于日本人来说,政治世界与他们的日常生活似乎没有太大的关联,那里是国家上层官僚与政治家的活动领域,普通民众最好不要牵涉其中。④ 换句话说,就是普通民众很难在政治世界中拥有话语权与影响力。例如,日本的市民社会组织在组织架构、资金流以及政治机会等方面都受到政府的严格管理,这在相当大的程度上,导致了它们很难获得左右国家政治的影响力。⑤

从日本 NGO 的资金情况来看,总收入(包括会费、捐赠款、基金运营收益、自主事业收入、受托事业收入、补助金收入、其他收入)不满 3 000 万日元的 NGO 占到了总数的 63%,1 亿日元以上的 NGO 仅有 18%,绝大多数日

---

① 可在以下文献中发现类似研究内容。S.P Osborne, *The Voluntary and Non-profit Sector in Japan: The Challenge of Change*, New York and London: Routledge Curzon, 2003; Frank J. Schwartz and Susan J. Pharr. (eds.), *The State of Civil Society in Japan*, Cambridge: Cambridge University Press, 2003; Yasuo Takao, *Reinventing Japan: From Merchant Nation to Civic Nation*, New York: Palgrave Macmillan, 2007.
② Masayuki Deguchi, "The distortion between institutionalized and noninstitutionalized NPOs: new policy initiatives and nonprofit organizations in Japan," in Helmut K. Anheier and Jeremy Kendall (eds.), *Third Sector Policy at the Crossroads: An International Non-profit Analysis*, New York: Routledge, 2001, pp.153-167.
③ 这个"政治世界"内部主要包括政府、政党、领导人等。许多研究者曾指出日本人的信赖感所及范围较之西方国家人民更为狭窄,多集中于身边的小团体(例如,家庭成员之间或同事之间)而不是非特定的较广泛的团体。具体研究可参见 Jean Blondel and Takashi Inoguchi, *Political Cultures in Asia and Europe: Citizens, States and Societal Values*, London: Routledge, 2009; Geir Helgesen and Søren Risbjerg Thomsen (eds.), *Politics, Culture and Self: East Asian and North European Attitudes*, Copenhagen: Nordic Inst of Asian Studies, 2006.
④ Frank J. Schwartz, "Civil Society in Japan Reconsidered," *Japanese Journal of Political Science*, Vol.3, No.2, 2003.
⑤ Robert Pekkanen, *Japan's Dual Civil Society: Members Without Advocates*, Stanford: Stanford University Press, 2006.

本 NGO 的资金规模都很小(见图 1-22)。有学者认为日本经济状况不佳,将进一步增加市民活动团体获得捐款的难度,需要依赖政府补助金以维持运营及活动的团体数量将会增加。[①] 但是从目前情况来说,日本 NGO 的收入主要来源还是民间捐赠(见图 1-23),政府对 NGO 的资金支持比例非常低(见图 1-24)。再来看日本 NGO 在国内外活动时的合作团体情况,大部分日本 NGO 在开展活动时,较少与政府及营利部门合作,更多选择依靠与市民社会团体的合作(见图 1-25)。这在一定程度上证明了,NGO 等日本市民社会组织无法充分信任或依赖国家,国家也没有全面推动市民社会发展的迫切意愿,国家与市民社会还未建立充分的互信关系。

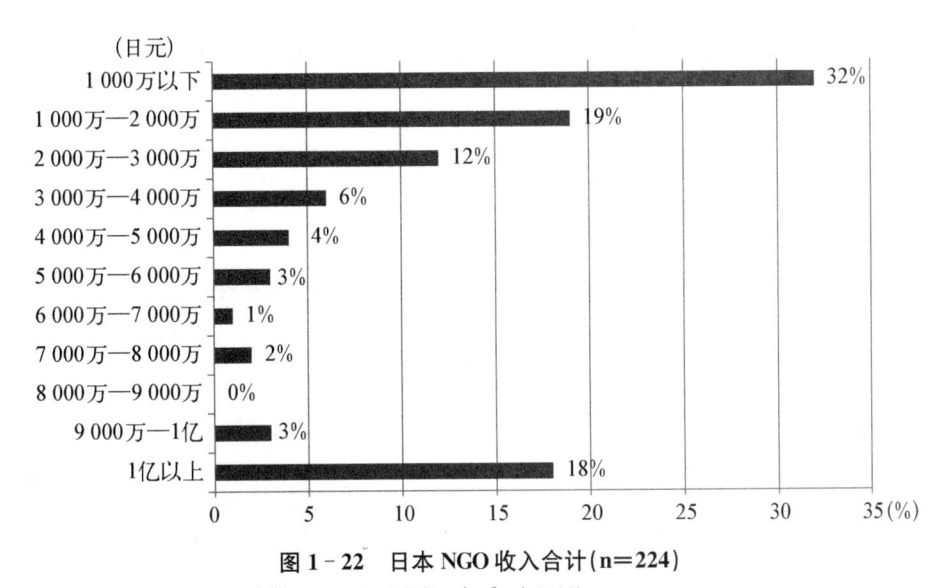

(日元)
收入区间	比例
1 000万以下	32%
1 000万—2 000万	19%
2 000万—3 000万	12%
3 000万—4 000万	6%
4 000万—5 000万	4%
5 000万—6 000万	3%
6 000万—7 000万	1%
7 000万—8 000万	2%
8 000万—9 000万	0%
9 000万—1亿	3%
1亿以上	18%

图 1-22 日本 NGO 收入合计(n=224)

资料来源:《NGO 手册(2011)》(NGOデータブック 2011)。

除了政治上的不信任之外,文化因素也导致了日本民众不善于发挥政治影响力。日本社会长期受到儒家历史文化环境的影响,人们更倾向于将政治与管理(包括社会服务)这样的工作,交托给专家来做。他们并不愿意

[①] 足立研幾:『グローバル化の進展と世界志向団体』,載辻中豊・森裕城編:『現代社会集団の政治機能——利益団体と市民社会』,木鐸社 2010 年版,第 272—286 頁。

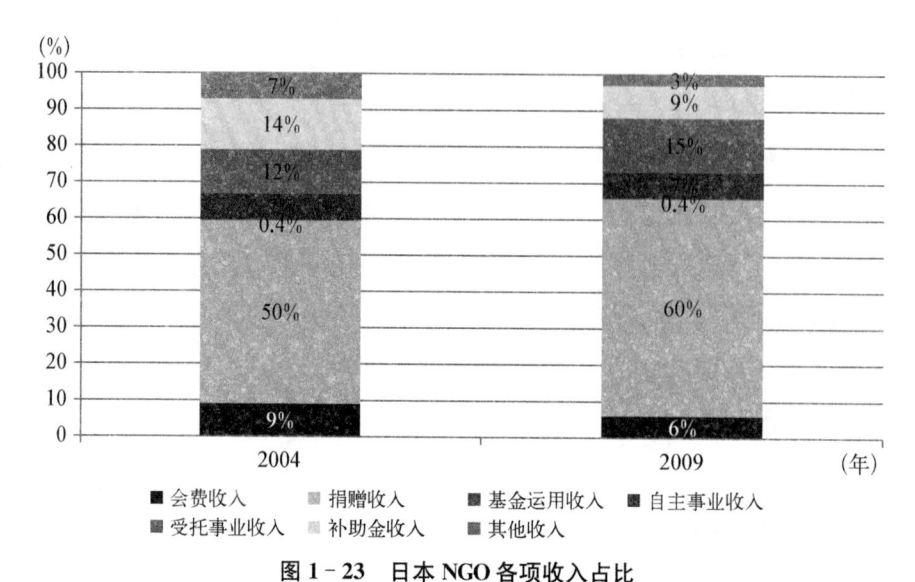

102 | "二战"后日本非政府组织研究：国际规范影响下的国家与市民社会

图 1-23 日本 NGO 各项收入占比

资料来源：《NGO 手册（2011）》(NGOデータブック2011)。

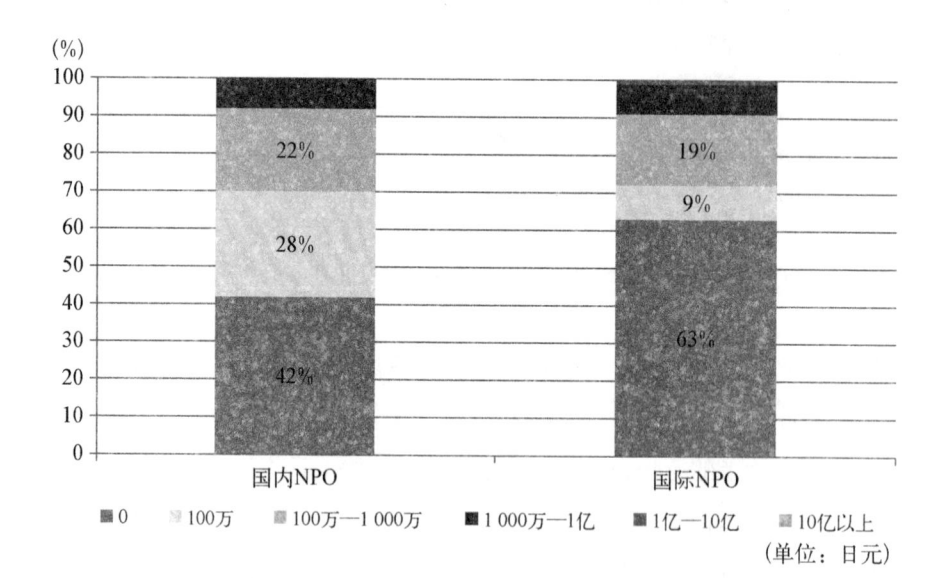

图 1-24 国际 NPO 接受政府补助金数额

资料来源："关于特定非营利活动法人（NPO法人）全国调查"（简称 J-JIGS2-NPO）。

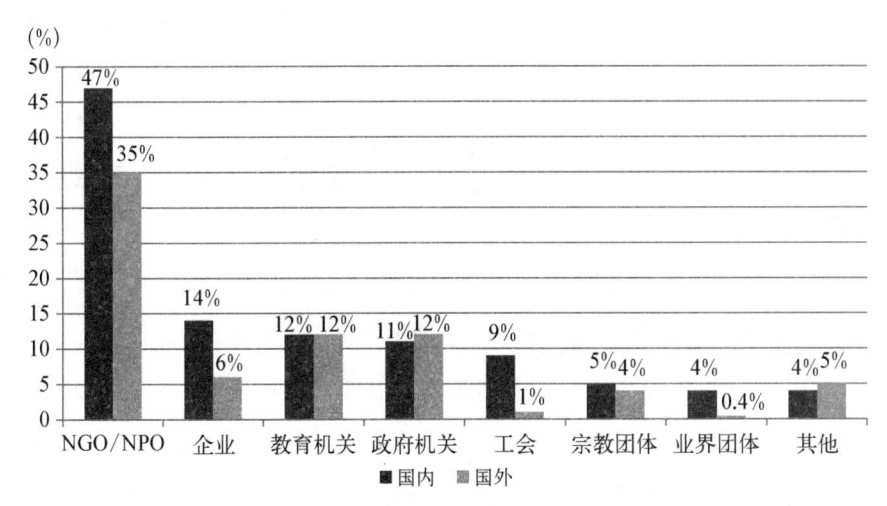

图 1-25　日本 NGO 在国内外的合作团体

资料来源：《NGO 手册(2011)》(NGOデータブック 2011)。

被卷入国家的公共领域，尽量避免对那些需要公开讨论才能解决的问题表现出关心，并努力使自身处于不引人注意的角落，以免被定义为太过"政治化"。[1]

日本有着数量众多的地方市民团体以及丰富多样的地方市民活动，但是缺乏有影响力的全国性市民组织，尤其是倡议组织。大多数市民社会组织，如 NGO，都面临着人手与资金不足以及被政治边缘化的问题。帕坎南(Pekkanen)在对比了美国与日本的市民倡议型组织之后，认为日本的 NGO/NPO 高度受制于日本严厉的法律法规。[2] 这些日本市民社会组织在设立机构账户、雇用员工以及接受捐赠等方面，必须遵守一系列的烦琐复杂的行政规定。并且，即使这些组织最终通过重重审查，获得了合法活动资格，也往往会沦为只能提供低端公共服务的政府附属机构。有时候为了获得合法活动资格或者便利与政府来往，这些日本 NGO/NPO 还不得不雇用

---

[1] Robin M. LeBlanc, *Bicycle Citizens: The Political World of the Japanese Housewife*, Berkerley: University of California Press, 1999.
[2] Robert Pekkanen, *Japan's Dual Civil Society: Members Without Advocates*, Stanford: Stanford University Press, 2006.

已退休的政府官员,被动接受政府的变相管理与控制。日本大多数市民社会组织(包括各种 NGO),在国家政策制定层面缺乏影响力。这一方面是由于,日本的市民社会组织大多数缺乏专业知识与能力;另一方面则是因为,限制性的法律监管结构,并不鼓励这些组织过多地介入国家公共领域及政治领域。

然而,也有观点认为日本市民社会有着自身独特的运行方式。日本的市民社会组织经常需要面对一个"积极的国家"——与宽容的国家相对应,这些国家对于市民社会组织更多是自由放任的态度,同时对于这些组织的支持也较少。这样的国家更偏好通过一系列有针对性的政策工具,管理不同的社会团体或部门,并试图监督、渗透或控制本国的市民社会。例如,法尔(Pharr)将这种状态形象地比喻为,"如同拼布床单般的规则允许一些组织存在,同时又限制或者禁止另外一些组织"。这种市民社会—国家关系导致"许多市民社会组织无法获得能够接受捐赠的合法资格,而捐赠则正是其他发达工业民主国家的市民社会组织赖以生存的生命线"。[1]

在这样的政治结构环境下,市民社会组织以及市民活动更倾向于采取间接或协调性的方式与国家建立互动关系,而不是采取直接的或对立于政府的方式。例如,当政府与营利部门(例如,跨国公司等)就某一具体议题出现意见分歧时,市民社会组织(如 NGO)可以与两者中的任一方结盟,通过影响同盟方决策从而左右政策议程。换句话说,考虑到日本国内的市民社会—国家关系,日本的市民社会组织很难站在独立于国家之外的位置,通过倡议或政策建言的形式来体现其影响力。因为它们本身与国家、市场之间就存在着内嵌式的关系。

哈达德(Haddad)认为,日本社会多内嵌式组织(与政府有着极强的纽

---

[1] Susan J. Pharr, "Conclusion: Targeting by an activist state: Japan as a civil society model," in Frank J. Schwartz and Susan J. Pharr (eds.), *The State of Civil Society in Japan*, Cambridge: Cambridge University Press, 2003, p.325, p.327.

带关系)主要是因为,日本文化强调政府责任多过个人责任。① 猪口孝认为,日本具有尊重集体主义的政治文化。② 在具有官僚主义政治文化传统(强调忠诚、勤奋、服务大众、节俭与集体主义)的日本,重视集体(包括国家)是基本的行为准则。作为集体的一部分,必须对集体负责。因此,倡议建言和独立性活动并未受到日本民众的高度关注。日本的市民社会组织往往受到国家的强烈影响,并且在它们身上经常会发生公共利益与商业利益相融合的现象。例如,近年来教育、保健以及环保领域的发展援助型日本NGO,就与日本的行政立法机构、企业建立了良好的合作关系。

总之,包括NGO在内的日本市民社会组织的发展,与国家有着密切的关联。尤其是在日本接受国际规范的外因影响之前,长期以来国家并没有起到促进市民社会组织发展的作用。作为市民社会组织的一部分,NGO的形成发展与市民社会发育程度密不可分。NGO所具有的自主性、非政府性等固有特征,也决定了其本身需要与国家保持距离。但是,任何NGO在形成与活动过程中,都不可避免地会与国家产生正面或负面的互动关系,尤其是像日本这种市民社会组织深深"内嵌"于国家之内的政治社会环境下。日本NGO的兴起与发展受到国内政治因素的深刻影响。支持NGO发展的国际规范在日本的内化,对日本政府转变对NGO等市民社会组织的政策与态度有着重要的促进作用。

(二)刺激性诱因:国内政治

尽管NGO具有非政府性,但仍然需要在特定的国家设立运营机构,或者在某些国家范围内开展活动。因此,NGO不得不与所在国家的政府产生

---

① Mary Alice Haddad, "Community Determinates of Volunteer Participation and the Promotion of Civic Health: The Case of Japan," *Nonprofit and Voluntary Sector Quarterly*, Vol. 33 (3 suppl.), 2004.
② [日]猪口孝:《日本:拓宽社会资本的基础》,载[美]罗伯特·D.帕特南主编:《流动中的民主政体:当代社会中社会资本的演变》,李筠、王路遥、张会芸译,社会科学文献出版社2014年版,第340—372页。

互动,受到国家政策的限制或鼓励。而这种特定环境下的互动关系,又往往深刻影响着 NGO 的活动范围与发展状态。本书将这种国家—NGO 互动关系所发生的特定环境称为 NGO 活动空间,这一空间包括政治空间与经济空间两个维度。

有研究认为,"政府可以通过明确的或隐含性的手段,来限制政治空间中 NGO 的活动"。[①] 由此进一步推论,国家是 NGO 活动空间中的制度供给方,可以通过运用法律强制手段,或其他各种间接性规则鼓励、默许、干涉或阻止 NGO 的活动。然而与此同时,NGO 也可以利用社会热点问题引起公众关注,或者通过主张特定的政策及发展议题,促使政府改变或扩展活动空间中的相应变量。在可利用的活动空间内,NGO 与社团组织介入国家的社会经济系统,在微观层面上影响或通过潜在的方式挑战现行发展模式。

霍尔(Hall)与伊肯伯里(Ikenberry)认为,国家在功能上具有"专权"与"基础设施建设"两个侧面。[②] 如果以此为前提来理解 NGO 与国家间关系的话,国家对 NGO 在法律制度上的管理与限制,可以被视为其"专权"的一面;而国家向 NGO 进行的各种资源供给与制度支持,则可以被视为其"基础设施建设"的一面。通常来说,在分析国家—NGO 关系时,研究者往往关注以上两个侧面中的一方。[③] 本书试图通过引入 NGO 活动空间概念,分别从政治空间与经济空间这两个侧面来考察日本的国家与 NGO 关系。

政治空间(political space)这一概念,在政治与经济地理学、政治社会学、选民调查、非洲农村研究、专制国家中的政治抗争、全球治理等研究中都

---

① D. L. Sheth, "Alternative Development as Political Practice," *Alternatives: Global, Local, Political*, Vol.12, No.2, 1987.
② [美] J. A. ホール、G. J. アイケンベリー著:『国家』,星野智、斉藤俊明訳,昭和堂1996年版,第24頁。
③ 例如 James V. Riker, "Contending Perspectives for Interpreting Government-NGO Relations in South and Southeast Asia: Constraints, Challenges and the Search for Common Ground in Rural Development," in Noeleen Heyzer, James V. Riker, Antonio B. Quizon (eds.), *Government-NGO Relations in Asia: Prospects and Challenges for People-Centred Development*, Kuala Lumpur: Asian and Pacific Development Centre, 1995, pp.15 – 55.

曾出现。① 在政治学研究中,政治空间概念通常用来描述市民社会组织在国家管理范围内,所能获得的政治自由化与民主化预期。

例如,饶伟讯(Kevin Hewison)通过对殖民地时期与后殖民地时期,东南亚各国为了实现代议制民主、争取扩大政治空间以取代原先的威权政治,而进行的跨国比较研究认为,东南亚国家摒弃了西方式的民主价值观与自由主义,发展出了一种"亚洲式"民主。马来西亚与新加坡两国由政党主导国家的民主化发展,但同时两国政治空间非常狭小;而泰国与印度尼西亚则多由民众来扩展政治空间,而不是由国家的精英阶层来推动"亚洲式"民主。他对东南亚地区国家市民社会保持与扩展政治空间的前景持乐观态度。② 卡斯菲尔(Kasfir)通过对非洲政治参与的研究认为,国家可以运用一系列手段占据或封锁政治舞台,迫使某些社会组织脱离"政治生活"。③

不同于以上研究,赫希曼(Hirschman)在《退出、表达与忠诚》一书中,并没有利用政治空间概念来评价国家在决定政治结构与市民政治参与中的角色或作用,而是概述了一般经济政治环境下,个人或组织的三种可能的反应。他认为个人或组织在社会政治生活中的反应,可能取决于他们在政治空间中所能获得的活动自由度。例如,当市民接受并同意政治空间所给予的活动自由度时,他们通常选择"忠诚"于现行机制;当市民试图纠

---

① 相关研究可参考 Jens Chr. Tonboe, "On the Political Importance of Space the Socio-Spatial Relations of Trade Unions, Gender, and the Decentralized Danish Welfare State," *Acta Sociologica*, Vol.29, No.1, 1986. Kevin Hewison, "Political Space in Southeast Asia:'Asian-style' and Other Democracies," *Democratization*, Vol.6, No.1, 1999. Yale H. Ferguson, R. J. Barry Jones, *Political Space*, Albany, New York: State University of New York, 2002. YH Ferguson, RW Mansbach, "Political Space and Westphalian States in a World of 'Polities': Beyond Inside/Outside," *Global Governance*, Vol.2, No.2, 1996.
② Kevin Hewison, "Political Space in Southeast Asia: 'Asian-style' and Other Democracies," *Democratization*, Vol.6, No.1, 1999.
③ Nelson Kasfir, *The Shrinking Political Arena: Participation and Ethnicity in African Politics, with a Case Study of Uganda*, Berkeley, CA: University of California Press, 1976, p.25.

正他们认为"有异议的"国家事务时,可能会选择"表达"自身诉求并诉诸更高权威。① 然而,在"收缩性的政治空间"内,市民可能会减少意见表达,也有可能选择继续"表达"。如果他们感受到来自国家的威胁,可能选择"离开"以摆脱政治控制。个人与组织在特定政治环境中,通常会选择能够获得最佳结果的行动。②

重富真一从资源供给的角度,界定了 NGO 的政治空间与经济空间。③ 一国政府承担着向本国国民提供基本服务(也就是公共产品)的重要功能。一方面,政府利用自身权力向国民征税,然后使用所得的税收收入,向社会提供公共产品。另一方面,国民在市场机制下,进行其他物品与服务的交换。企业通过周而复始的物品与服务交换,实现利润扩大。然而,在向国民提供必要的资源与服务方面,国家与市场又有着各自的局限性。在市场机制下,个体通过价格机制的引导,以竞争的方式获得相应的资源;但是市场并不能提供个体所需的全部资源与服务,即使市场能够提供,还有一些个体还是会因各种原因所限,仍然很难获得足够的资源。例如,一国中的贫民阶层,往往无力从市场购买必需的资源。这时,国家就需要充当供给者的角色。但是国家并不能保证向每一个国民提供足够的资源与服务。例如,现实当中有许多发展中国家,就因为社会基础建设与社会福利发展水平低下,难以满足全体国民的需求。

因此,重富真一在国家与市场两个资源供给主体之外,又加入了"社会"这一供给主体。他认为在特定国家内,个人从国家、市场、社会三方获取资源。国家供给的主要行为体是国家,市场供给主要由企业承担,而社会供给

---

① Albert O. Hirschman, *Exit, Voice and Loyalty: Responses to Decline in Firms, Organizations, and States*, Cambridge, MA: Harvard University Press, 1970, p.30.
② Goran Hyden, "Governance and the Study of Politics," in Goran Hyden and Michael Bratton (eds.), *Governance and Politics in Africa*, Boulder, CO: Lynne Rienner, 1992, p.22.
③ 重富真一:『NGOのスペースと現象形態―第 3 セクター分析におけるアジアからの視角―』,『レヴァイアサン』,2002 年第 31 号(特集 市民社会とNGO―アジアからの視座),第 42、55 頁。

则是通过社会组织间的协同关系获取资源。社会组织中的主要供给行为体有亲族集团、部族、邻里、村落共同体和宗教团体等。三种行为体所能提供的资源供给，在范围上都有所局限，上述三方资源行为体无法到达的剩余区域，则由 NGO 以第四供给主体身份覆盖。

图 1-26 中的大三角形表示的是个别经济所需要资源的总量，市场、国家、社会分别供给了部分资源。现存体系内没有被阴影覆盖的空白区域就是 NGO 活动的区域，这个区域正是重富真一定义的 NGO 的经济空间。但是，一国当中 NGO 的经济空间，并不仅仅由个体对 NGO 的资源供给需求所决定。NGO 的活动同时还受到国家因素的限制。因此，重富真一将"国家法律及行政制度所允许的 NGO 活动空间"，定义为 NGO 的政治空间。

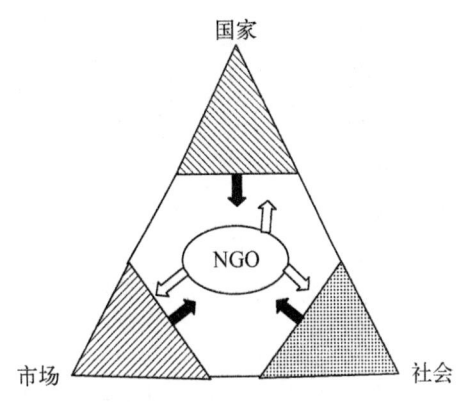

图 1-26 NGO 的经济空间

资料来源：重富真一：《亚洲国家与 NGO》（アジアの国家とNGO）。①

重富真一从社会资源供给角度，定义了 NGO 的政治空间与经济空间。政治空间中的主导行为体是国家。国家作为社会资源分配主体以及法律与规则的制定者，决定着 NGO 的活动范围。而在经济空间中，主导行为体从国家转变为 NGO。民众对 NGO 所提供资源的需求度，决定了 NGO 的活动范围。虽然，重富真一关于政治、经济空间的理论框架，能够说明为什么 NGO 在有些国家比较活跃，而在另一些国家则影响力较小；但是，这种基于资源分配的理论视角，更侧重于说明发展中国家当中的操作型 NGO 的发展状况。

---

① 重富真一：『アジアの国家とNGO—15カ国の比較研究』，明石書店 2001 年版，第 26 頁。

笔者在界定 NGO 的政治与经济空间时，所采用的理论出发点与界定要素与重富真一的理论框架有所不同。第一，本书关注的是发达国家日本 NGO 部门的发展状况。由于发达国家在基础设施建设与社会福利发展水平、国民财富与生活水平方面都远远高于发展中国家，因此，NGO 在公共产品供给方面的职能，并不像在发展中国家中那样突出。重富真一从社会资源供给角度出发的理论框架，并不完全适用于本书。第二，重富真一理论框架中的政治空间与经济空间是由不同要素所主导的（政治空间内由国家主导，经济空间内由 NGO 主导）。而依据他对两个空间与 NGO 关系的论述可以发现，政治空间与经济空间是一对相互平行的概念。两者共同构成了 NGO 的活动空间，同一个空间之内存在两个不同的主导要素容易造成理解上的混乱。

因此，本书是从国家制度供给角度来定义 NGO 的政治与经济空间的，两个空间中的主导者都是国家。具体来说，假设 NGO 的政治空间由两方面规定：一是国家管理非营利部门的法律与财政法规；二是国家的政治制度结构及其对社会行为体的开放程度。NGO 的经济空间则是由国家所能向非营利部门提供的税收、金融与财政支持（包括国家补贴与基金支持计划等）程度所决定。

首先，笔者同意国家主义者的观点：国家政策是解释社会本身如何组织运行的关键要素之一。[1] 由此进一步推论，不同国家对 NGO 部门的支持程度也有所不同。假设有两个重要的国家政策因素影响着 NGO 的发展，分别是国家管理在其国内活动的非营利组织的法律及财政法规、国家政治制度结构及其对社会行为体的开放程度。这两个因素所规定的政策空间，

---

[1] Stephen D. Krasner, "Power Politics, Institutions and Transnational Relations," in Thomas Risse-Kappen (ed.), *Bring Transnational Relations Back in: Non-State Actors, Domestic Structures and International Relations*, Cambridge: Cambridge University Press, 1995, pp.257 - 279; Theda Skocpol, "Bring the State Back in: Strategies of Analysis in Current Research," in Peter Evans, Dietrich Rueschemeyer and Theda Skocpol (eds.), *Bring the State Back in* Cambridge: Cambridge University Press, 1984, pp.3 - 37.

即为 NGO 活动的政治空间。

一个国家对 NGO 活动所采用的政策越宽松,NGO 活动的政治空间就越大,这个国家的 NGO 本身也更容易发展壮大。由于一个国家的法律与财政法规包含了所有私人组织建立与筹集资金的规则,因此,这些管理包括 NGO 在内的各种社会组织的法律法规,是检验一个国家对市民社会活动基本态度的重要指标。[①] 在较宽松的非营利组织管理法律环境下,NGO 很容易获得法律上的资格认定。而在限制性的法律监管环境下,NGO 想要获得法律资格就不得不面临更严格的要求。[②] 跨国比较研究也表明,有着较为宽松的非营利部门相关法律环境的,民主政体国家中的 NGO 发展状况更好。[③]

除了国家法律性因素之外,国家政治结构及其对社会行为体的开放程度,也对 NGO 的发展有影响。社会运动学者与跨国行为体研究者都认为,政治制度结构能够决定社会行为体所能获得的政治机会,并决定某个组织

[①] V. Finn Heinrich and Catherine Shea, "Assessing the Legal Environment for Civil Society around the World: An Analysis of Status, Trends and Challenges," in V. Finn Heinrich and Lorenzo Fioramonti (eds.), *CIVICUS Global Survey of the State of Civil Society: Volume 2, Comparative Perspectives*, Bloomfield: Kumarian Press, 2008, pp. 255 – 272. Maeion R. Fremont-Smith, *Foundations and Government: State and Federal Law and Supervision*, New York: Russell Sage Foundation, 1965.

[②] Robert Pekkanen, *Japan's Dual Civil Society: Members without Advocates*, Stanford: Stanford University Press, 2006; Lester M. Salamon and Stefan Toepler, "The Influence of the Legal Environment on the Development of the Nonprofit Sector," *Center for Civil Society Studies Working Paper*, No. 17, 2000; Lester M. Salamon, *The International Guide to Nonprofit Law*, New York: John Wiley and Sons, 1997; Stephen D. Krasner, "Power Politics, Institutions and Transnational Relations," in Thomas Risse-Kappen (ed.), *Bring Transnational Relations Back in: Non-State Actors, Domestic Structures and International Relations*, Cambridge: Cambridge University Press, 1995, pp.257 – 279; Kathleen D. McCarthy, Virginia A. Hodgkinson, Russy D. Sumariwalla and Associates, *The Nonprofit Sector in the Global Community*, San Francisco: Jossey-Bass, 1992; Kathleen D. McCarthy (ed.), *Philanthropy and Culture: The International Foundation Perspective*, Philadelphia: University of Philadelphia Press, 1984.

[③] 相关跨国比较研究可参见 V. Finn Heinrich and Catherine Shea, "Assessing the Legal Environment for Civil Society around the World: An Analysis of Status, Trends and Challenges," in V. Finn Heinrich and Lorenzo Fioramonti (eds.), *CIVICUS Global Survey of the State of Civil Society: Volume 2, Comparative Perspectives*, Bloomfield: Kumarian Press, 2008, pp.255 – 272; Lester M. Salamon and Stefan Toepler, "The Influence of the Legal Environment on the Development of the Nonprofit Sector," *Center for Civil Society Studies Working Paper*, No.17, 2000.

是否以及为何成立。① 其中,特定国家内 NGO 兴起与发展的政治机会结构又有两个维度:一是国家政治系统的开放程度,二是精英盟友的存在。也就是说,如果一个国家的政治系统越开放,并且有越多的国家精英阶层对 NGO 持支持态度,在这个国家内活动的 NGO 就越容易实现较高水平的发展。

政治系统的开放与封闭程度,可以根据特定国家政治制度偏向集权,还是分权来测量。② 国家权力集中程度较低、决策系统较开放的国家中的非营利部门,有更多的渠道参与政府决策过程(例如,通过参加政党或国会的专门咨询委员会等),并且更具包容性的政治结构,往往能够为处于该环境下的 NGO 部门的兴起,提供更加宽松便利的社会环境。与政治系统的开放程度相关,如果某些 NGO 在国家政治及行政系统中拥有更多的精英支持者,这些 NGO 相较于一般的 NGO 或市民社会组织,就更容易获得更大的政治影响力。与社会运动研究者在国内层次的研究相呼应,国际政治理论学者也将国家—社会结构问题与"团体接近统治精英将会影响国家外交决策"这一论断相结合,就国际关系领域的政治机会问题进行了讨论。③ 总之,不论是获得进入开

---

① 关于社会运动理论以及跨国行为体中的 NGO 相关研究可参见 Doug McAdam, John D. McCarthy and Mayer N. Zald (eds.), *Comparative Perspectives on Social Movements: Political Opportunities, Mobilizing Structures, and Cultural Framings*, Cambridge: Cambridge University Press, 1996; Hanspeter Kriesi, Ruud Koopmans, Jan Willem Duyvendak and Marco G. Giugni, *New Social Movements in Western Europe, A Comparative Analysis*, Minneapolis: University of Minnesota Press, 1995; Thomas Risse-Kappen (ed.), *Bring Transnational Relations Back in: Non-State Actors, Domestic Structures and International Relations*, Cambridge: Cambridge University Press, 1995.
② Hanspeter Kriesi, Ruud Koopmans, Jan Willem Duyvendak and Marco G. Giugni, *New Social Movements in Western Europe, A Comparative Analysis*, Minneapolis: University of Minnesota Press, 1995; Thomas Risse-Kappen (ed.), *Bring Transnational Relations Back in: Non-State Actors, Domestic Structures and International Relations*, Cambridge: Cambridge University Press, 1995.
③ 相关研究可参见 Kathryn Sikkink, "Patterns of Dynamic Multilevel Governance and the Insider-Outsider Coalition," in Donatella della Porta and Sidney Tarrow (eds.), *Transnational Protest and Global Activism: People, Passions and Power*, Lanham: Rowman and Littlefield, 2005; Thomas Risse-Kappen (ed.), *Bring Transnational Relations Back in: Non-State Actors, Domestic Structures and International Relations*, Cambridge: Cambridge University Press, 1995; Andrew P. Cortell and James W. Davis Jr., "Understanding Domestic Impact of International Norms: A Research Agenda," *International Studies Review*, Vol.2, No.1, 2000; Jeffrey T. Checkel, "International Institutions and Socialization in Europe: Introduction and Framework," *International Organization*, Vol.59, No.4, 2005.

放性政治系统的渠道,还是与统治精英结盟,都能为团体发展提供极为重要的政治机会。

其次,国家除了可以赋予 NGO 法律地位之外,还可以运用经济手段直接或间接影响 NGO 的兴起与活动。(1) 国家可以通过控制免税待遇、捐赠所得收入税费减免等财政税收优惠措施,间接促进或压制 NGO 的成立与运营。[①] (2) 国家还可以直接向 NGO 提供补助金与津贴等经济支持(通常以对外援助项目合作、委托等方式)。政府往往通过长期性业务委托或项目合作的形式,资助某些特定领域的 NGO(尤其是从事海外协力活动的操作型 NGO)。那些能够从国家获得大量稳定收入的 NGO,通常更容易发展成为具有国际影响力的大型 NGO。而它们在发展壮大的同时,也有了与政府进行高层对话,甚至影响政府对外决策的能力。因此,可以认为 NGO 的经济空间是由国家给予的直接或间接税收、金融与财政支持程度所决定的。NGO 能够从国家那里获得的相关经济支持越多,其经济空间就越大。而一国 NGO 所能获得的经济空间越大,就越容易提高其自身发展能力与影响力。

表 1-3 总结了经济合作与发展组织(OECD)主要成员国国内的 NGO 活动空间。具体通过法律政策环境对 NGO 态度(支持或限制)与国内政治系统对 NGO 的开放程度两个指标,检验 NGO 所处的政治空间;通过是否

---

① 相关研究可参见 V. Finn Heinrich and Catherine Shea, "Assessing the Legal Environment for Civil Society around the World: An Analysis of Status, Trends and Challenges," in V. Finn Heinrich and Lorenzo Fioramonti (eds.), *CIVICUS Global Survey of the State of Civil Society: Volume 2, Comparative Perspectives*, Bloomfield: Kumarian Press, 2008, pp.255 - 272; Lester M. Salamon and Stefan Toepler, "The Influence of the Legal Environment on the Development of the Nonprofit Sector," *Center for Civil Society Studies Working Paper*, No. 17, 2000; Peter Dobkin Hall, "Vital Signs: Organizational Population Trends and Civic Engagement in New Haven, Connecticut," in Theda Skocpol and Morris P. Fiorina (eds.), *Civic Engagement in American Democracy*, Washington D. C. and New York: Brooking Institution Press and Russell Sage Foundation, 1999; Ian Smillie, "At Sea in a Sieve? Trends and Issues in the Relationship between Northern NGOs and Northern Governments," in Ian Smillie and Henny Helmich (eds.), *Stakeholders: Government-NGO Partnerships for International Development*, London: Earthscan, 1999, pp.7 - 38.

有针对 NGO 的税收减免或优惠政策、国家对 NGO 所提供的补助金与津贴多寡两个指标,检验 NGO 所处的经济空间。

1998 年 NPO 法颁布之前,日本 NGO 如果想要获得法人资格认定,不得不面对繁杂的手续以及严苛的认证标准。国家法律政策环境并不支持 NGO 的发展。并且,由于日本 NGO 很难获得公益法人资格认定,因此很难享受到国家税收优惠政策。日本在"二战"后相当长一段时期,都维持着以自民党主导的政治体制,政官商铁三角的长期存在使得政治系统趋于封闭,NGO 很难获得进入政治系统的通道。换句话说,即日本的政治系统对 NGO 的开放程度较低。日本外务省自 1989 年才开始实行 NGO 事业补助金制度,此后其他一些政府部门也开始与 NGO 合作并向 NGO 提供资金支持,但是日本 NGO 所能获得的政府财政支持仍然十分有限。总体而言,日本 NGO 的国内政治、经济空间,较之表 1-3 中其他经济合作与发展组织成员国较小。而为 NGO 发展提供了较为宽松的支持性活动空间的英国、美国、荷兰等国,则拥有较高的 NGO 发展水平。

表 1-3 OECD 主要成员国国内的 NGO 活动空间

国家	政治空间		经济空间	
	法律政策环境	政治系统对 NGO 开放度	税收减免或优惠	补助金与津贴
加拿大	支持	相对开放（自由多元主义）	有	多（1970 年代开始）
法国	支持	相对封闭（集权传统/法团主义）	多（1980 年代开始）	很少（1970 年代开始）
德国	支持	混合型（两种都有）（法团主义）	多	较多（1962 年开始）
日本	1998 年以前限制	相对封闭（集权传统/法团主义）	少	很少（1989 年开始）
荷兰	支持	相对开放（社会民主主义）	多	多（1960 年代开始）

续 表

国家	政治空间		经济空间	
	法律政策环境	政治系统对NGO开放度	税收减免或优惠	补助金与津贴
瑞典	支持	相对开放（社会民主主义）	无	多（1952年开始）
瑞士	支持	相对开放（法团主义）	多	多（1961年开始）
英国	支持	相对开放（自由多元主义）	多	较少（1974年开始）
美国	支持	相对开放（自由多元主义）	有	多（1940年代开始）

资料来源：根据莱斯特·M. 萨拉蒙（Lester M. Salamon）《全球公民社会——非营利部门视界》、Smillie and Helmich "Nongovernmental Organizations and Governments: Stakeholder for Development"、Harris "International Fund Raising for Not-for-Profits, a Country-by-Country Profile"资料整理。[1]

在NGO活动空间中，国家与NGO以不同的模式进行互动，这些互动模式可以从财政、组织、政策自主权三个维度来考察，具体可划分为以下五种模式：

1. 自由放任模式

在自由放任模式下，国家认为NGO的活动不会威胁到自身，允许它们在政治空间自主活动，在经济空间自给自足。政府通常对NGO的活动采取不干涉政策，较少与NGO产生互动性联系。在法律政策制定与财政税收体系方面，不会向NGO倾斜，也不会给予NGO财政上的支持。NGO在这种模式下，享有充分的财政、组织与政策自主权。其发展状况也完全由市民社会主导，但所获得的活动空间有限。

---

[1] ［美］莱斯特·M. 萨拉蒙：《全球公民社会——非营利部门视界》，贾西津译，社会科学文献出版社2007年版。Ian Smillie and Henny Helmich (eds.), *Nongovernmental Organizations and Governments: Stakeholder for Development*, Paris: OECD, 1993. Thomas Harris (ed.), *International Fund Raising for Not-for-Profits, a Country-by-Country Profile*, New York: John Wiley and Sons, 1999.

2. 促进模式

在促进模式下,国家认为NGO的活动是对政府工作的有益补充,愿意通过扩展NGO的活动空间以促进其发展。

(1) 财政方面,国家可以对NGO采取倾斜性的税收法规,例如,为NGO提供免税待遇;通过慈善捐赠金、税金减免措施,鼓励私人营利部门将更多的利润所得,投入非营利部门发展当中。国家还可以直接向NGO提供补助金与津贴,鼓励它们将更多的资金用于特定项目运营,从而提高NGO的活动能力与影响力。

(2) 组织方面,国家可以通过公开表示对NGO的肯定态度、承认NGO的合法性地位等方式,引导社会以及行政机关建立关于NGO建立正面性的认知,以提高各个部门对NGO的信任度。国家还可以建立为NGO提供辅助性业务支持的行政机构或民间托管机构,推动NGO网络化发展,帮助地方性市民社会组织,实现组织正规化以培育更多的NGO。

(3) 政策方面,国家可以与NGO建立各种正式或非正式的对话机制,增加两者间的交流渠道,以便更容易了解来自市民社会的信息及诉求。

在这种模式中,国家偏好促进NGO的发展,但是双方互动关系由国家主导。国家通过各种直接或间接的方式限定了NGO的活动空间,只希望它们发挥填补国家、市场部门之间空隙的功能性作用,并不希望NGO介入国家决策过程,甚至反过来影响国家的行为。因此,在促进模式下,即使国家可以向NGO提供较宽裕的经济空间,也往往只向NGO开放较少的政治空间,NGO所获得的活动空间较大却并不充分。

3. 协作模式

在协作模式下,国家不仅认为NGO的活动是对政府工作的有益补充,还认为NGO有着自身所没有的特定优势,进而与NGO进行协作以促进双方的共同发展。NGO扩展其活动空间可以促进市民参与活动的发展,还可以使政府更了解市民社会的需求,从而制定更加行之有效的管理措施与福利政策。

(1) 财政方面,国家可以直接向 NGO 提供资金、技术以及其他物质上的支持,例如,向 NGO 提供低息或无息贷款、预算补贴、签订长期业务外包合同、人员与物资借调等。

(2) 组织方面,国家可以通过具体项目与 NGO 进行合作并共享资源。

(3) 政策方面,国家可以与 NGO 建立正式或非正式的对话机制,分享信息,允许 NGO 参与甚至影响政府决策过程。

在这种模式中,国家与 NGO 之间形成了较为平等的互动关系,尽管国家仍然掌握着对 NGO 的管理权,但并不以此限制或妨碍 NGO 的活动,而是为 NGO 提供了尽可能充分的政治、经济空间。

4. 同化吸收模式

在这种模式下,国家试图控制 NGO 的活动,或将其纳入国家的行政体系之中。通常来说,NGO 从成立到运营,以及开展活动都要受到国家不同程度的限制。而这种控制主要通过正式的法律法规,来保证 NGO 是"合法的",但并不会影响 NGO 的相对独立性。现实情况下,大部分 NGO 与国家保持着一定的距离,但是在 NGO 与国家之间的模糊地带,还存在着一些政府性 NGO(government-organized NGOs, GONGOs)和半政府性 NGO(quasi-government-organized NGOs, QUANGOs)。这些 NGO 有的直接受到政府部门控制,也有的受有政府背景的代理人管理。它们通常依靠政府资金维持运营,所从事的活动也多是配合国家政策需要。

假设国家—NGO 互动关系属于同化吸收模式,那么:

(1) 经济方面,国家可以提高 NGO 获得法律地位的难度,使得部分 NGO 因不具备相关法律地位,而不能享受国家税收优惠或其他财政支持。并且,普通市民也往往对获得国家承认的 NGO 更加信任,更愿意向这些拥有法律地位的 NGO 捐款。此外,国家还可以通过法律法规限制 NGO 接受国外资助。这样一来,那些没有获得国家承认法律地位的 NGO,既得不到来自国家的资助，又难以获得来自市民社会的捐助。再加上受到法律限制很难获得国外资助，一旦资金来源出现问题，NGO 就很难继续生存。同时，国家还可以加大对部分 NGO 的财政支持，使其在财源方面主要依赖政府补贴或业务托管金。这样，国家就可以通过运用经济手段控制 NGO 的活动。

（2）组织方面，国家可以直接运用行政手段干涉 NGO 事务，也可以通过间接方式引导 NGO 的活动符合其预期。例如，委派在职或退休公务员直接参与 NGO 管理运营。此外，国家还可以塑造一个"全能的政府"，将原本由 NGO 主导开展的活动全部改由政府承担，彻底将 NGO 吸收进国家行政体系。

（3）政策方面，国家可以限制 NGO 所能获得的政治机会，建立由政府主导的信息交流机制。

在同化吸收模式下，NGO 的政治空间与经济空间，完全依据国家的意愿扩大或缩小。但是本质上来说，NGO 的活动空间受到了国家严格的限制。

5. 镇压或对抗模式

镇压是国家—NGO 之间对抗模式的极端表现形式。国家可以运用法律手段将 NGO 认定为非法组织，或者判定 NGO 的特定行为违法从而禁止 NGO 活动，甚至通过立法禁止在其国内成立 NGO。在一般对抗模式下，国家除了可以运用法律手段直接限制 NGO 活动之外，还可以在经济方面限制 NGO 募集资金，在组织方面针对 NGO 成立及活动设置各种障碍，在政策方面关闭 NGO 与政府的沟通渠道，操纵舆论以塑造 NGO 的负面形象等。

在这种模式下，国家认为 NGO 的存在或特定活动对自身构成了威胁，因此对 NGO 采取敌视态度，甚至试图取缔其国内的 NGO 活动，NGO 的政治、经济空间被严重压缩。

表 1-4 表示在不同的国家—NGO 互动模式下，NGO 活动空间的变化。假定国家向 NGO 所提供的政治、经济空间均在 -1 到 1 之间变动，-1 表示最不利于 NGO 的制度水平，1 表示最有利于 NGO 的制度水平，政治空间与经济空间分别对应的数值相加得到的是国家以制度供给方式向 NGO 提供的活动空间大小。

表 1-4 不同国家—NGO 互动模式下的 NGO 活动空间

互动模式	自由放任		促进		协作		同化吸收		镇压或对抗	
	政	经	政	经	政	经	政	经	政	经
活动空间	0	0	0~1	1	1	1	-1~1	-1~1	-1	-1
	0		1~2		2		-2~2		-2	

资料来源：自制表格。

由表 1-4 可知：

第一，在自由放任模式下，国家在非营利部门相关法律法规、政治机会、财政税收体系、资金支持等各方面，都没有对 NGO 采取支持或限制性的措施，而是以自由放任的态度，任由 NGO 经市民社会自下而上自主发展。因此，将这一模式下 NGO 的政治空间与经济空间值分别设定为 0，国家向 NGO 提供的活动空间两者相加为 0。

第二，在促进模式下，国家为 NGO 提供了支持性的税收政策，并通过提供资金支持以促进特定领域 NGO 的发展。但是国家并不希望 NGO 过多干预政府决策过程，因此，给予 NGO 的政治机会较少。在这一模式下，NGO 的政治空间可能在 0~1 之间变动，经济空间为 1，NGO 的活动空间可以在 1~2 之间变动。

第三，在协作模式下，NGO 所获得的政治与经济空间都达到最大化限度，NGO 活动空间值为 2。

第四，在同化吸收模式下，国家对部分 NGO 采取支持性制度供给，而对另外一部分 NGO 则采取限制性措施。因此，NGO 的政治、经济空间数值可在-1到1之间变动,NGO所获得的活动空间最差情况下为-2,最好情况为2。

第五,在镇压或对抗模式下,国家在各个方面都对NGO实行限制性的政策。因此政治与经济空间数值都为最差的水平,NGO活动空间数值为-2。

综上可知,NGO活动空间在自由放任的国家—NGO互动模式下为中间值,在协作模式下NGO活动空间最大,而在镇压或对抗互动模式下变得最小。在促进模式下NGO活动空间相对较大,而在同化吸收模式下NGO活动空间依据国家意图变化在最小与最大之间变化。

第五节　小　　结

笔者认为,现代化、全球化以及相互依赖理论,已经为解释国际政治领域中NGO的兴起与发展问题,提供了隐含性的理论依据(参见图1-27)。依据这些理论,确实可以推论出"国际政治领域中NGO的兴起"这一宏观事实。但是这些理论在描述微观层面,也就是特定国家NGO的兴起与发展现象时解释力不足,很难将NGO发展水平与之精确关联起来。例如,日本作为世界上现代化水平最高的发达资本主义民主国家之一,其NGO部门的发展水平却落后于世界许多其他国家。并且,日本NGO发展高潮期的到来,恰好遭遇国家经济进入衰退期,即日本NGO的发展趋势并没有与当时的国家经济发展情况形成正相关的关系。因此,应用现代化、全球化与相互理论的相关解释,并不能精确认识日本NGO的兴起与发展状况。

本书将遵循以下逻辑进行分析:来自国际体系层次的规范性外压(例如,国际规范、全球化等),分别作用于国家及其国内市民社会。随着这种规

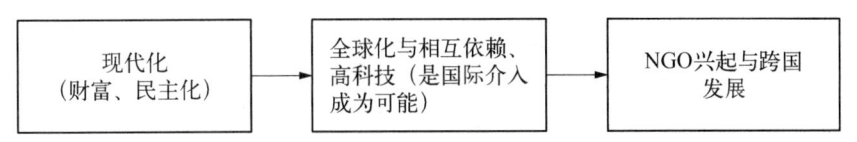

```
┌─────────────┐    ┌──────────────────┐    ┌──────────────┐
│   现代化    │    │ 全球化与相互依赖、│    │ NGO兴起与跨国│
│(财富、民主化)│──▶│ 高科技（是国际介入│──▶│     发展     │
│             │    │   成为可能）     │    │              │
└─────────────┘    └──────────────────┘    └──────────────┘
```

图 1-27　现代化与全球化理论关于 NGO 兴起的解释路径

资料来源：笔者自制。

范性外压的扩散，国内层次的各行为体开始学习或接受新的国际规范，在国际规范内化的过程中，国内各行为体产生互动（例如，政府与市民社会组织之间的互动），刺激了国内 NGO 的形成发展。

本书具体分为两个层次对 NGO 兴起发展动因进行研究：一是国际层次（也就是 NGO 兴起的外因）的分析，主要关注国际规范扩散与内化对日本 NGO 形成发展情况的间接影响；二是国内层次（也就是 NGO 兴起的内因）的分析，主要关注接受国际规范内化的国内市民社会发展（基础性诱因）与国家政策（刺激性诱因，包括政治、经济两个方面），对日本 NGO 形成发展情况的直接影响。

本书着重对国内层次（内因）进行分析，主要论述在国际规范传播与内化这一外因的影响下，日本国内市民社会的发展为 NGO 奠定的社会性基础。同时，在分析过程中还引入"NGO 的活动空间"概念，表明日本国内的政治、经济政策对 1980 年代末开始的 NGO 发展高潮的到来所起到的直接的政治刺激性影响。国际规范的扩散与内化，是解释 NGO 兴起与发展的外部动因。这一外部动因，将作为贯穿整个日本 NGO 发展历程的重要因素加以论述（参见图 1-28）。

其中，所谓"NGO 的活动空间"概念，是从国家的制度供给角度来界定的，具体包括政治空间与经济空间两部分。决定政治空间大小的变量有两个：一是国家管理非营利部门的法律与财政法规；二是国家的政治制度结构及其对社会行为体的开放程度。国家的政治制度结构能够决定社会行为体所能获得的政治机会。政治制度结构又包括两个维度：一是国家政治系

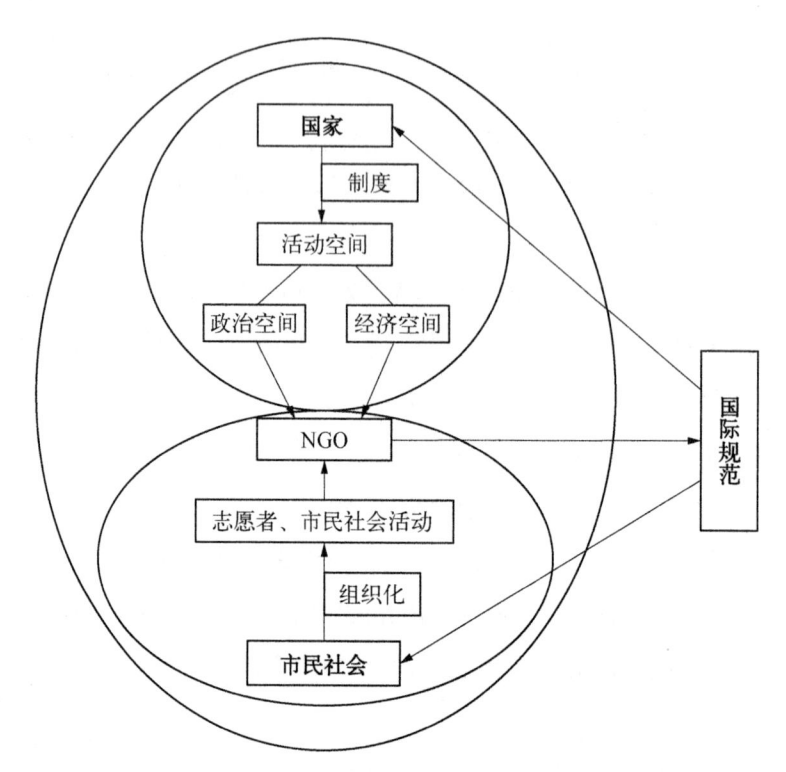

图 1-28 本书分析框架及基本逻辑

资料来源：笔者自制。

统的开放程度；二是精英盟友的存在。经济空间大小，则是由国家所能向非营利部门提供的税收、金融与财政支持程度所决定。

"NGO 的活动空间"在不同的国家—NGO 互动关系模式下，会呈现不同的大小。国家—NGO 互动关系模式分为五种，分别是：自由放任模式、促进模式、协作模式、同化吸收模式、镇压或对抗模式。NGO 的活动空间在协作模式下最大，而在镇压或对抗模式下变得最小；在促进模式下 NGO 活动空间较大，而在同化吸收模式下 NGO 的活动空间，则依据国家意图的变化，在最小与最大两极的区间之内变化。

第二章
日本 NGO 发展的初始期
("二战"后—1960 年代)

历史上,除了极个别时期之外,日本自古都是一个政府力量强于社会的国家。特别是从江户幕府统治时期、明治维新时期到 1945 年,日本政府都是通过强大的国家权力统制国内居民。

但与此同时,日本并不缺乏市民社会与志愿者活动的历史传统。实际上,从古代至中世(奈良时代—镰仓时代),日本的佛教僧侣就已经开始为日本的平民阶层,提供类似于现代的福利、教育、职业训练等志愿服务。有研究甚至把当时那些进行社会服务活动的佛教僧侣、信众,视作现今日本志愿者活动的先驱。[①]

例如,在日本奈良时代,师从玄奘弟子法相宗道昭的高僧行基(668—749 年),自 40 多岁起就开始设立布施屋,救助贫困、饥饿以及感染疫病的民众。并且,他还在日本全国各地,尤其是在农村地区,建造了灌溉系统、堤坝、道路、桥梁等基础设施。行基在晚年成为日本历史上首位大僧正(佛教界最高级别),接受圣武天皇皈依,协助建造日本东大寺大佛。现在日本与

---

① 具体内容参见,有马实成:『地球寂静——ボランティアが未来を変える NGOは世界を変える』,アカデミア出版会 2003 年版。 秦辰也:『ボランティアの考え方』,岩波ジュニア新书 1999 年版。 林雄二郎、山冈义典:『日本の财団——その系譜と展望』,中公新书 1984 年版。

行基有关的寺院,据传多达 1 200 座。①

还有生活在比行基稍晚时代——平安时代初期的高僧空海(774—835年),他曾作为遣唐使留学僧留学唐朝。在唐朝留学期间,空海接受了真言密宗的思想理念。回到日本之后,他不仅创立了真言宗,还着手进行改建满浓池(位于日本香川县赞岐山脉北麓的农用灌溉贮水池)等确保农业用水的各种公共设施建设,并开创了进行庶民教育的私立学校——综芸种智院。空海的这些活动被认为是日本当代的第三部门活动的原型。②

到了镰仓时代,日本的佛教僧侣依然积极开展各种类似于现代志愿者活动的无偿社会服务。例如,生活在平安时代末期镰仓时代初期的重源(1121—1206 年),他除了担任东大寺重建大劝进职(为了进行寺院建设或修缮,劝说信徒或相关人士捐赠工程费用的职务)之外,还在日本全国建立了七处被称作"别所"的福利设施(类似于现代的综合福祉中心)。这些福利设施募集了一批专业技术人员,为贫困者提供医疗服务、建造免费居住设施。③ 镰仓时代中期的真言律宗僧侣叡尊(1201—1290 年),除了建设奈良的西大寺之外,他还建造了救助麻风病患者的疗养设施"北山十八间户"(北山十八間戸),进行了桥梁与港口整修等各种基础设施建设与社会救济事业。④

进入近世之后(室町时代末期到江户时代),佛教在日本的地位有所改变。安土桃山时代掌握国家权力的丰臣秀吉,开始强化对寺院的管制,削弱寺院的政治势力。此后,江户时代的德川幕府从加强集权的角度,制定了寺院诸法度、设置寺社奉行(职衔之一,主要职责是管理寺院和神社、神官和僧

---

① 秦辰也:『ボランティアの考え方』,岩波ジュニア新书 1999 年版,第 33—35 頁。
② 林雄二郎、山岡義典:『日本の財団——その系譜と展望』,中公新書 1984 年版,第 35—39 頁。
③ 有馬実成:『地球寂静——ボランティアが未来を変える NGOは世界を変える』,アカデミア出版会 2003 年版,第 188—191、198—201 頁。
④ 林雄二郎、山岡義典:『日本の財団——その系譜と展望』,中公新書 1984 年版,第 34—36 頁。

侣等），企图进一步增强对寺院的控制。武士阶层全面掌握了国家政治权力，日本的佛教势力在政治与社会方面的影响力从此逐渐弱化。随着佛教势力在日本国内的萎缩，以僧侣及信徒为主导的志愿者慈善活动也随之减少。这段时期较具代表性的志愿慈善组织是，江户时代后期以秋田藩御用商人那波祐生为中心，设立的民间贫民与孤儿救助组织——秋田感恩讲（秋田感恩講）。这一组织也通常被认为是日本社区财团的原型。秋田感恩讲主要通过向町内居民募集捐款，以及接受所在藩的基金支持的方式筹集资金。在天保大饥荒（1833年）时，秋田感恩讲救助了许多穷苦贫民。伴随着明治时代民法的施行，秋田感恩讲转变为财团法人继续开展儿童保育与教育事业。"二战"后根据《日本社会福祉法》，这一组织成立了"社会福祉法人感恩讲儿童保育院"，至今仍在开展社会福利事业。[1]

明治维新后，日本红十字会成立，并开始参与国际红十字会运动。日本红十字会开始海外活动，也被认为是日本民间团体参与国内及国际救援活动的最初契机。尽管依据《日本红十字会法》（1952年）规定，现在的日本红十字会在法律身份上属于政府的特殊法人，并不是纯粹由市民主导设立并运营的NGO。但是世界各国的红十字会情况各有不同，有的独立于政府之外以NGO的身份运作，也有的像日本红十字会这样，以政府相关团体的身份运营。本书将日本红十字会作为国际红十字运动中的一环加以考量，讨论自明治维新到"二战"前这段时期，日本红十字会作为非官方救护团体，在日本及海外所进行的国际救援活动。

1877年2月，肥前佐贺藩（现在的佐贺县与长崎县的一部分）出生的元老院议员佐野常民、龙冈藩（现在的长野县佐久市）出生的大给恒，看到当时因西南战争伤亡的士兵惨状后，认为日本有必要建立像欧洲的红十字会那

---

[1] 公益法人協会：公益法人関連用語集 "秋田感恩講（日本の民間公益活動）"，公益法人関連用語集 http://www.kohokyo.or.jp/kohokyo-weblog/yougo/2009/04/post_101.html，2015年11月25日。社会福祉法人感恩講児童保育院：感恩講の歴史，社会福祉法人 感恩講児童保育院ホームページ http://www.kanonko.jp/history.html，2015年11月25日。

样的组织。随后,他们向明治政府提交了请求建立救护团体"博爱社"请愿书。同年 5 月,经当时在熊本担任征讨总督的有栖川宫炽仁亲王许可,博爱社成立。1886 年,日本加入《日内瓦公约》,1887 年,博爱社更名为日本红十字会,佐野常民成为首任会长。[①]

根据日本红十字会网页内容介绍,日本红十字会首次参与国外救援活动,是在 1894—1895 年中日甲午战争期间。此后在 1904—1905 年日俄战争期间,日本红十字会设立了临时救护部,进行国外救护活动。但是,日本红十字会所进行的这两次海外救护活动,都是以日本军队的随军医疗团队的身份进行的,并不是真正意义上的民间海外救援活动。日本红十字会以民间组织身份首次海外救援活动,应该是在 1914—1915 年第一次世界大战期间,向欧洲战场派遣医疗人员参与战争救护的工作。进入昭和前半期后,日本红十字会先后进行了"1931 年'九一八'事变派遣临时救护班""1937 年中国抗日战争全面爆发开始救护活动""1941 年第二次世界大战爆发开始救护活动"。上述记载都表明日本红十字会的活动,与日军侵华战争及第二次世界大战有着密切的关联。

从组织性质上来看,日本红十字会实际上属于半官半民的政府相关组织,并非通常意义上的 NGO。依据 1952 年日本国会制定的《日本红十字会法》,具有特殊法人的法律地位。日本红十字会历届名誉总裁都是日本的皇后(现任总裁由美智子皇后担任),历届名誉副总裁则由日本皇室相关人员担任,其董事会成员也多由退休高级公务员或大公司领导层出任。2014 年,日本红十字会一般会计总收入高达 369 亿日元,且拥有 960 万个人会员、12 万法人会员的庞大规模。[②] 日本红十字会的业务活动也多与日本政府的政策相配合,"二战"前是日本军队的随军救护组织,战后也多配合日本

[①] 日本赤十字社:赤十字について歴史・沿革,载日本赤十字社ホームページ http://www.jrc.or.jp/about/history/,2015 年 11 月 25 日。
[②] 日本赤十字社:平成 26 年度事業報告及び歳入歳出決算の概要,日本赤十字社ホームページ http://www.jrc.or.jp/about/pdf/20150701_ippanppt.pdf,2015 年 11 月 25 日。

政府充当第二轨道外交的渠道。例如，1950年代，日本红十字会曾代表日本政府，进行针对在中国、苏联、朝鲜滞留日本人回国问题的谈判工作。但是，日本红十字会是明治时代以来存续至今的救护团体，了解它的成立过程及其进行海外派遣医疗活动的事例，有助于我们正确把握相关日本国际协力NGO的历史。

在"二战"前日本NGO活动史上，有一个不能忽视的重要团体。这个团体就是日本军队侵略中国期间，由普通市民自发组织起来的，到中国进行战争受害者救援的民间医疗团体。1938年，随着日本侵华战争激化，在志村卯三郎牧师的热心呼吁下，以关西地区基督教医疗工作者为中心，京都大学医学院的医生、学生及护士共9人，组成了由志村牧师为团长的"中国难民救济施疗班"（中国難民救济施療班）。他们到达中国之后，进行了为期两个月时间的难民医疗救助活动。这次救援也是日本NGO历史上，首次由民间人士从人道主义立场出发，自发跨越国境所发起的国际救援活动。"二战"后，这个组织进一步发展成立了日本基督教青年会医科联盟（JCMA），接着JCMA以在亚洲地区开展医疗协力为目的，成立了"日本基督教海外医疗协力会"（JOCS）。①

综上，可以断言日本"二战"前的志愿者活动并没有完成组织化过程，更没有发展成真正意义上的NGO。尽管日本从古代开始，就出现了一些致力于类似现代志愿者活动的佛教僧侣，但是这些古代僧侣进行的志愿活动所涉及的区域与影响力范围都十分有限。一旦他们试图扩大其活动范围，当权者往往忌惮其势力的扩大，从而想方设法加以压制。因此日本古代的佛教志愿者活动，只能局限在较小规模之内，难以形成组织化的较大规模民间团体。此外，当时的日本僧侣并不完全是站在普通民众的角度来从事慈善活动的。除了受宗教上"慈悲""悯人"的思想影响之外，他们的动机在世俗

---

① 公益社团法人日本キリスト教海外医療協力会：JOCS年表，日本キリスト教海外医療協力会ホームページhttp://www.jocs.or.jp/about/organization/chronology，2015年11月25日。

层面上也往往与获取国家权力相关。随着武士阶层逐渐掌握了国家权力，僧侣集团的势力逐渐衰弱，国家与宗教的关系也从对国家权力的相互竞争，转变为国家控制宗教。从历史现实来看，日本僧侣难以长期与当时的武士统治阶层保持相互独立的共存关系。与此相对应，NGO 发源于西方，且与宗教教义和传统有着意识形态上的关联。而在欧美国家，宗教与权力之间的关系，较之日本古代的情况有着明显的差异。由于教会力量的强大，宗教既有依附当权者的时候，也有与其维持独立共存关系的时期。所以，虽然日本与欧美国家都具有宗教慈善传统，但事实上却走向了两种不同的发展道路。

第二次世界大战结束后，以美国为首的联合国军开始了对日本的占领，并开始对其进行民主化改造。《日本国宪法》作为对日占领政策一环得以制定颁布，议会制民主主义导入日本。在此基础上，尽管日本开始实行国民选举，但是日本政权却长期被自民党把持，形成了一党支配下的政治格局。而且，在日本，通常由政府代替市民社会组织向居民提供福利、教育、医疗、职业培训等服务，以市民为主导的志愿者活动不仅没有得到充分普及，反而还造成了市民社会对政府及地方行政机构的依赖。在这样的国内政治社会环境下，如果没有国际层次的外力介入的话，只有国内政治社会环境发生根本性的改变，才可能使得日本 NGO 部门遵循欧美国家 NGO 发展的传统路径，自市民社会中自发兴起与发展起来。显然，日本 NGO 的发展模式并未遵循上述传统的发展模式。

从 1960 年代开始，日本才出现了真正意义上的、以市民社会为主导的 NGO 活动。然而，1960—1970 年代尽管有几个比较有代表性的日本 NGO 设立，但是日本的 NGO 活动却是从 1980 年代印度支那地区难民救助活动之后，才开始真正发展起来的。为了探究日本 NGO 兴起与发展的原因，笔者将"二战"后日本 NGO 的发展历程划分为四个阶段："二战"后至 1960 年代的发展初始期、1970—1980 年代前期的成长期、1980 年代后期至 1990 年代的高潮期,以及进入21世纪以来的调整期。以下将按照发展阶段的不同,对日本的志愿者活动及NGO活动进行简要概括。

第一,日本NGO的发展初始期("二战"后至1960年代)。前文提到,日本NGO历史上第一次海外活动是在1938年。即"中国难民救济施疗班",也就是现在的"日本基督教海外医疗协力会"(JOCS)的前身,赴中国为日本侵华战争受害者提供医疗援助服务。可以说,日本的NGO活动开展之初,就不是基于经济富裕者(富国)与经济落后者(穷国)之间的关系,而是在侵略者(侵略国家)与被侵略者(受害国)这样的关系下,从市民社会层面发起的跨国"非政府"协力/支援活动。

因此,"二战"后至1960年代,日本NGO在初始期的发展,与之前发生的第二次世界大战有着密切的关联。日本NGO这一阶段的发展主题,应该是"战后复兴与回归国际社会"。1950年代,日本政府与市民社会共同面临的首要问题是战后复兴,借助美国政府提供的占领地区政府救济基金(GARIOA,Government Appropriation for Relief in Occupied Area Fund)、占领地区经济复兴基金(EROA,Economic Rehabilitation in Occupied Areas)、联合国儿童基金会(UNICEF),以及世界银行的援助,再加上朝鲜战争时期的"特需经济",日本顺利完成了战后复兴并重归国际社会。1960年代,随着劳工、公害、核试验、安保、越南战争等一系列国内外社会问题的出现,日本NGO开始正式出现。在1960年代一系列国内外社会政治问题的影响下,日本市民社会逐渐发展起来,包括NGO在内的市民社会组织开始成长。

第二,日本NGO的成长期(1970—1980年代前期)。从1970年代开始,日本NGO进入了发展的第二个阶段——成长期。这一阶段一直持续到1980年代前半段。1970年代末至1980年代初的印支难民问题,是这一阶段推动日本NGO发展的重要外因。以此为契机,普通日本市民开始广泛参与到以国际人道支援为主要目的的NGO活动中来。日本NGO的数量首次出现增长。

这些NGO在设立之初，大部分都是在受援国当地，以提供紧急支援、物资提供等服务为主要工作重点。随着难民问题从最初的"紧急救援"阶段转入"复兴支援"阶段，这些NGO也随之改变了工作重心，转而涉足难民自立能力培养、促进难民归还、国内定居难民支援等领域。它们在开展复兴开发支援工作的同时，切身体会到了国际社会当中南北发展不平衡的现实状况，逐渐意识到人道主义紧急援助虽然能够解一时之急，但是只有解决贫困这一根源性问题，才能避免人道主义灾难不断重复发生。意识到这一问题之后，从事"开发教育"领域活动的日本NGO迅速增多。

1980年代，以非洲饥荒与贫困问题、地球环境问题等为代表的全球性问题日益加重，关于这些议题的国际会议也随之增多。再加上媒体的报道，日本民众对这些国际问题的关注度开始提高。在日本，对从事社会开发、环境保护领域的NGO提供资金支援的资金募集型NGO、关注人权问题的NGO以及国际NGO驻日分支机构等纷纷成立。

第三，日本NGO发展的高潮期（1980年代后期至1990年代）。这一时期，日本NGO在内外因素共同作用下，迎来了发展的高潮期。1995年的日本阪神·淡路大地震，激发了日本市民社会志愿者活动的热潮，并直接导致了1998年NPO法的制定颁布。日本政府从这一时期开始，从国家法律与制度层面转而重视市民社会活动的发展，并且在资金援助、交流对话等方面对国内市民社会组织的发展采取了支持态度。这一阶段，日本NGO部门的活动空间增大到了前所未有的程度。他们不仅实现了数量上的增长，还成功跨越国家边界，开始活跃于国际社会领域。

第四，日本NGO的调整期（进入21世纪以来）。进入21世纪后，日本NGO的发展趋势开始从数量上的增长转向质量上的提高。NGO的发展阶段过渡到了第四个阶段——也就是调整阶段。这一时期的日本NGO，在增长速度方面比之前10年明显放缓，在活动内容上基本与1990年代后半期

第二章　日本 NGO 发展的初始期("二战"后—1960 年代) | 131

相类似。然而,21 世纪初的日本不仅是当时的世界第二大经济体,还有着世界上最大规模的 ODA 项目。不管是日本社会还是国际社会,都认为日本的 NGO 应该承担更大的国际责任。

从世界范围来说,作为冷战后最重要的国际政治事件,2001 年的"9·11"事件不仅深刻影响了此后的世界政治格局,也对 NGO 等非政府行为体产生了重要影响。具体到对日本 NGO 的影响来看,有以下几方面:

(1) 以"9·11"事件为契机,日本 NGO 开始寻求建立跨越第三部门界限的、能够与国家及营利部门进行协同合作的网络化机制。代表性的事件有,为了应对美英军队轰炸阿富汗所造成的难民问题,2000 年 8 月成立的日本 NGO、政府、经济界共同援助机构"日本平台"(ジャパン・プラットフォーム,JPF) 内的 NGO 成员,直接使用政府及经济界的救援资金与物资开展阿富汗难民救援活动。

(2) 2002 年,日本外务省拒绝了包括 JPF 在内的数个日本 NGO 组织,参加当年 1 月 20 日召开的关于阿富汗复兴支援的 NGO 会议,以及 1 月 21 日东京"阿富汗复兴支援国际会议"首日会议。[1] 这一事件不仅直接引发了日本 NGO 组织对政府做法的批判,一些支持 NGO 活动的日本国会议员,也在国会上公开质询政府对 NGO 的政策态度。[2] 这次事件随后还引发了日本政坛的变动,最终导致了当时的田中真纪子外相、众议院铃木宗男运营委员长、外务省野上义二事务次官辞职。[3] 在上述事件的整个过程当中,日本 NGO 组织的有关人士一直表现出不屈服于国家政治以及政府压力的态

---

[1] 朝日新聞社会速報:特定 NGO 排除を批判市民団体,朝日新聞 http://www.ritsumei.ac.jp/~tut07770/temp/ngo/ngo.htm,2015 年 12 月 3 日。
[2] 谷博之:第 154 回国会（常会）質問第三号国際協力におけるNGOとのパートナーシップの在り方に関する質問主意書,日本参議院 http://www.sangiin.go.jp/japanese/joho1/kousei/syuisyo/154/syuh/s154003.htm,2015 年 12 月 3 日。　小泉純一郎:内閣衆質一五四第九号平成十四年二月八日衆議院議員長妻昭君提出アフガニスタン復興支援国際会議への非政府組織（NGO）一時参加拒否の理由に関する質問に対する答弁書,日本衆議院 http://www.shugiin.go.jp/internet/itdb_shitsumon.nsf/html/shitsumon/b154009.htm,2015 年 12 月 3 日。
[3] 飯島勲:『小泉官邸秘録』,日本経済新聞社 2006 年版,第 109—118 頁。

度,再加上当时日本媒体的广泛报道,日本民众对NGO表现出了极大的支持态度。而且,日本政府在此次事件之后,意识到了国内NGO日益提高的社会政治影响力,因此更加重视与NGO建设合作伙伴关系。

(3) 由于日本NGO在阿富汗复兴支援,以及寻求伊拉克问题和平解决等领域的活跃表现,日本社会一方面开始对NGO抱有更大期待,另一方面又对参与志愿活动的NGO组织的政府资金使用情况投以了更大关注。由此,关于NGO活动的透明度问题,以及NGO问责制度的建设问题,在这一时期首次被提到了重要位置。这说明,日本NGO部门开始顺应国际NGO发展的组织化趋势,从松散简单的志愿者服务团体,逐渐向有着现代管理架构的专业化组织转变。

2000年之后,对日本NGO发展有着重要影响作用的国际事件还有2008年在北海道洞爷湖召开的G8峰会。尽管由于次贷危机的影响,国际政治领域呈现出所谓的"东升西降"现象(以金砖国家为代表的广大发展中国家更快从危机中恢复,并成为世界经济增长的主要贡献者,而大部分西方发达国家却迟迟不能摆脱次贷危机造成的负面经济影响,复苏势头缓慢),但是G8峰会作为世界上最重要国家间的首脑峰会,仍然有着重要的国际影响力。而且,像G8峰会这样的高级别国际会议,正是市民社会向国家表达诉求、影响政府决策,甚至世界性议题走向的关键机会。因此,各国NGO组织纷纷利用这次参与洞爷湖峰会的机会,积极开展各种跨领域、跨国界的联合活动。

在这次G8峰会期间,有145个日本NGO超越各自的活动领域及理念,结成了名为"2008年G8峰会NGO论坛"(二〇〇八年G8サミットNGOフォーラム)的网络化组织。它们与各国政府首脑就贫困、环境、人权、和平等全球性问题进行了有效的讨论。[①] 从2008年开始,日本的NGO跨

---

① JANIC:2008年G8サミットNGOフォーラム報告書,国際協力NGOセンター(JANIC)ホームページ http://www.janic.org/activ/activsuggestion/2008g8ngo/2008g8/,2015年12月3日。

越了传统的以国际协力为主的活动范围,逐渐学习进行跨界合作。并且在洞爷湖峰会以后,日本的 NGO 通过学习、模仿西方 NGO 的行为,学会了为达到自身活动目标,而将游说宣传活动与政策倡议相结合的工作方式。虽然较之操作型 NGO,在日本 NGO 部门当中倡议型 NGO 所占比例仍然较小,但是越来越多的国际协力领域的操作型 NGO,已经开始有意识地转变或扩展自身业务活动领域,更加积极地寻求与政府间的对话,甚至试图影响国家或国际机制的相关决策过程。这说明,日本 NGO 部门经过前三个阶段的发展,开始寻求自身政治影响力的提高,顺应了国际 NGO 发展政治化的趋势。

日本 NGO 发展的前三个阶段与本书所关注的 NGO 兴起与发展诱因问题有着直接的关联。本书第三至第五章将按照上述分期,分别从国际与国内层次具体验证第一章理论框架部分所提出的假设。接下来的部分将主要对日本 NGO 发展初始期进行分析。

第一节 发展初始期的外因:"二战"后复兴与新国际规范的形成

第二次世界大战的惨痛经历,使得"二战"后国际社会普遍意识到了和平的重要性。1945 年生效的《联合国宪章》指出,联合国的宗旨是"维护国际和平及安全"。作为推行"和平主义"这一理念的国际机关,这一宗旨也逐渐演变成了"二战"后国际社会所普遍认可的国际规范。同时,许多国家都面临着战后重建的重要任务。基于人道主义理念,国际红十字会、联合国等国际机构与组织,以及美国开始对多个国家的战后复兴提供援助。日本 NGO 在发展的初始期,主要受到了人道主义与和平主义这两种国际规范传播所带来的外部影响。

1950年代，日本政府借助美国政府所提供的占领地区政府救济基金（GARIOA，Government Appropriation for Relief in Occupied Area Fund）与占领地区经济复兴基金（EROA，Economic Rehabilitation in Occupied Areas），开始了战后重建工作。据日本外务省资料显示，1946—1951年，日本共接受了GARIOA与EROA高达18亿美元的援助金，其中13亿美元为无偿援助（赠予），如果按照现在的汇率换算成日元的话，相当于12兆日元（其中，无偿援助资金9.5兆日元）。可以说，如果没有这笔庞大的援助资金，日本很难摆脱"二战"后萧条并迅速实现经济高速发展。①

除了美国政府提供的巨额援助基金以外，为了缓解战后日本社会生活物资短缺、粮食缺乏、解决儿童疾病及营养不良问题，1946年6月，经美国救济统制委员会许可，13个美国宗教团体、社会事业团体加盟成立了"亚洲救济公认团体"（LARA，Licensed Agencies for Relief in Asia）。1946年11月至1952年2月，这个组织共向日本捐赠了16 207.89吨物资，价值约400亿日元。②

1948—1955年，美国著名的国际NGO——国际关怀组织（CARE，Cooperative for Assistance and Relief Everywhere），向日本普通市民无偿提供了价值290万美元，惠及1 000万日本人的食品及其他生活必需品。这些物资在日本被称为"CARE Package"（ケア物资）。日本在1987年也成为国际关怀组织成员国，成立了名为CARE International Japan的NGO。③

---

① GARIOA资金占用了一部分美国政府军事预算，"二战"后为防止因饥饿和疾病引起社会动荡并协调占领区行政而支出的，针对原敌对国家的救助基金。详见：日本外务省：ODAとは？ODAちょっといい話，政府開発援助ODAホームページhttp://www.mofa.go.jp/mofaj/gaiko/oda/hanashi/story/1_2.html，2015年11月26日。
② JICA横浜海外移住資料館：『ララってなあに？日本を助けたおくりもの——ララ物資にみる海外日系人との絆』，『海外移住資料館だより』，2014年summer（35）。
③ 公益財団法人ケア・インターナショナル　ジェパン（CARE International Japan）：CAREとは，ケア・インターナショナル　ジェパンホームページhttp://www.careintjp.org/，2015年11月26日。

联合国儿童基金会(UNICEF)从1949年开始援助日本。UNICEF主要为营养不良的儿童以及遭受洪水、低温等灾害的灾民提供紧急援助。此外,UNICEF还向日本市民提供了母婴福利及残障儿职业训练等援助服务,支持战后日本的妇女儿童福利事业的发展。截至1962年,日本从UNICEF处共接受了约5 000万美元(按照汇率计算,当时价值为180亿日元,现约相当于4 000亿日元)的援助。[1]

结合当时东西方关系日趋紧张的国际形势来看,对于美国来说,在对抗以苏联为首的社会主义阵营强盛的国际政治环境下,日本在远东的战略重要性大为增强。因此,美国强化对日本的战后援助显然有着本身的战略性目的,并非仅仅出于和平主义与人道主义。并且,通过对两次世界大战的反思,美国认为,对日本进行民主化、去军事化改造,帮助其复兴国家经济,既有助于资本主义自由贸易体制的扩展,又能防止日本再次走上军国主义道路,从而避免新的战争。而以联合国儿童基金会、亚洲救济公认团体以及国际关怀组织为代表的国际组织、民间团体及国际NGO对日本的战后援助则多基于单纯的人道主义目的(参见表2-1)。

表2-1 "二战"后(1945—1959年)日本受援助史

时间	美国、国际组织、NGO的援助	外　部　事　件
1945		日本战败
1946	LARA开始进行对日物资救援(—1951)	第一次吉田内阁成立。日本国宪法公布
1947	GARIOA物资救援开始(—1951)	
1948	东京等六个城市300所保育所开始食用LARA救援食品。CARE对日物资救援开始(—1955)	

---

[1] 日本ユニセフ協会:日本ユニセフ協会・ユニセフについて歴史,公益財団法人日本ユニセフ協会ホームページhttp://www.unicef.or.jp/about_unicef/about_his.html,2015年11月26日。

续　表

时间	美国、国际组织、NGO 的援助	外　部　事　件
1949	UNICEF 开始对日提供牛奶援助。GARIOA 留学项目开始（—1952）	GHQ 财政顾问道奇公使访日
1950	日本政府开始向 UNICEF 捐资。（当年日本出生婴儿死亡率为 6.01%）	西伯利亚扣押日本战俘大部分回国。朝鲜战争开始
1951		旧金山和约签署；日本加入 WHO
1952	富布莱特项目开始，首批 31 名日本留学生赴美。桑格夫人（Margaret Higgins Sanger）访日，普及指导家族计划运动	日本加入世界银行
1953	世界银行首次对日借款（多奈川发电站）。WHO 为日本学习早产儿治疗的医护人员提供留学援助。UNICEF 紧急援助日本中部及西日本地区台风水灾灾民	
1954		日本加入"科伦坡计划"
1955	当年日本出生婴儿死亡率降至 3.98%	财团法人日本生产性本部设立
1956	UNICEF 开始向日本孕产妇及学龄前儿童配给脱脂奶粉。UNICEF 紧急援助北海道冻灾灾民	日本加入联合国
1957	世界银行向日本爱知用水事业工程提供 700 万美元借款	
1958	世界银行向日本黑部第四水力发电项目提供 3 700 万美元借款	东京举办亚运会
1959	UNICEF 紧急援助伊势湾台风灾民，提供 54 000 张毛毯	日本外汇储备额超过 11 亿美元

资料来源：根据日本外务省、CARE International Japan、日本 UNICEF 协会网站内容整理。

总体而言，1950 年代的日本政府与市民社会共同面临的首要问题是战后复兴问题。以美国为中心的对日援助，首先是出于"帮助弱者"的人道主义精神。而这一精神作为受到国际社会普遍承认的规范，尽管没有直接完成在日本市民社会当中的内化，但是美国及其他国际组织的实际活动，已经将这一国际规范传播到了日本国内。他们在有效帮助日本民众摆脱战后物资短缺、疾病及自然灾害侵袭的同时,也使日本社会切身体会到了人道主义国际规范所带来的正面作用及其善意。再加上日本传统文化中一直存在的"报恩"(恩返し)思想,可以认为,"二战"后到1950年代,美国、相关国际组织与国际NGO的对日援助活动所体现的人道主义与慈善精神,为日本NGO与市民社会的发展,提供了具有积极意义的正面范本。

进入1960年代以后,日本国内出现了围绕反核、安保、反战、反公害主题展开的大规模市民运动。其中,前三种市民运动都是在世界和平运动的延长线上产生的,这些社会性运动与和平主义思想有着密切关联。而"国际和平"在"二战"后已逐渐成为国际社会普遍认可的规范。因此,可以认为,这一时期日本国内市民社会受到了和平主义规范的影响。

冷战开始之后,国际上关于核武器开发的竞争愈演愈烈。除了美、苏两国之外,其他国家也加入了核武器开发的行列之中,纷纷开始进行核试验。1954年,美国在比基尼环礁进行的水下核试验,引发了包括当地渔民、日本渔船第五福龙号船员在内的平民遭受核辐射事件。当时,这一事件引起了世界对核试验安全的担忧,反核运动开始在世界范围内开展起来。

1955年,著名哲学家罗素、物理学家爱因斯坦等11名学者,联名发表了《罗素—爱因斯坦宣言》(*Russell-Einstein Manifesto*),表达了对核武器带来危险的忧虑,呼吁世界各国领导人通过和平方式解决国际争端。1957年,依据《罗素—爱因斯坦宣言》倡议,各国科学家在加拿大的帕格沃什举办了首届科学家国际会议,就原子能利用(包括和平、战争两种目的)可能造成的危害、核武器的管理与科学家的社会责任问题进行了讨论。[①] 帕格沃什会议不仅在科学界引起了大量关注,还成为世界反核运动兴起的重要标志性事件。1961年,联合国大会通过了《禁止使用核及热核武器宣言》,认为使用核武器是违反联合国宗旨、国家法、人道主义的行为。联合国对使用核武

---

① Pugwash Conferences: About Pugwash, Pugwash Conferences on Science and World Affairs Homepage http://pugwash.org/about-pugwash/, 2016 - 3 - 7.

器行为的表态,对反核这一国际规范的形成与传播提供了重要的推动力。

核技术的进步不仅使得世界范围内核试验日益增多,搭载核弹头的远程导弹也在1960年代被研制出来。1962年的古巴导弹危机,进一步加深了国际社会对于核武器的恐惧。世界上越来越多的人,开始担忧核爆炸对于人体健康以及地球环境所带来的危害。为了防止保有核武器的国家继续增多,联合国大会在1968年批准了《不扩散核武器条约》。反核作为一项国际规范逐渐被越来越多的国家所承认。

日本作为世界上唯一曾遭受原子弹轰炸的国家,其市民社会一直具有反核的传统。而且当时,日本市民对于刚刚结束不久的战争还记忆犹新,他们都经历了战争对日本国内所造成的破坏,也有一些人对二战期间日本军国主义的侵略行径进行了反思与忏悔。再加上美国占领军对日本的战后和平主义改造,国际社会反战思潮传播到日本国内之后,迅速引发了国内市民社会一系列运动。

第二节 发展初始期的内因

一、市民社会因素:市民运动的兴起

经过大约10年的战后复兴,以及此后以朝鲜战争为契机形成的特需经济,日本经济自1960年代开始进入高速发展时期。然而,伴随着日本经济腾飞,原本那些被"战后复兴"——这个国家发展第一要务所掩盖的安保问题、公害问题、劳动问题、氢弹原子弹爆炸问题等各种政治、社会问题开始显露。日本国内开始频繁发生各种社会运动。这些社会运动包括以安保斗争为代表的各种学生运动与市民运动。"二战"后至1960年代,在国际规范传播与国内社会危机的双重作用下,以社会变革为目标的日本市民社会逐渐形成。

1960年代,日本在进入经济高速增长阶段的同时,也面临着一系列严峻的社会问题。特别是日本工业化扩展所造成的大范围环境公害问题。空气污染与水污染严重影响了当地居民的身体健康。许多环境污染受害者与环境保护支持者,纷纷对企业污染环境的行为表示抗议,并逐渐发展成为全国性的反公害运动。此外,伴随着日本经济高速增长时期所进行的大规模地区开发,针对公路铁路、机场港湾、火力以及核电站、钢铁与石油化学联合企业开发所造成的环境问题而进行的抗议运动,也呈现出全国性的扩大趋势。这些以反对当地环境污染、破坏为主旨的抗议活动,通常被称为住民运动(jumin undo)。

除了以反对环境污染、破坏为主旨的住民运动之外,以反对越南战争为代表的市民运动(shimin undo),也是日本这一时期最重要的社会运动之一。然而,这些社会运动仅仅局限在他们所关注的特定领域,并未对日本市民社会的发展形成有效的长期影响力。

1960年代日本的市民组织开始在出现严重污染环境问题的地区开展活动(例如,发生水俣病事件的熊本县、出现痛痛病的富山县)。这些环境组织采取了法律诉讼、媒体宣传、游说当地政府等多种手段,以影响日本的环境政策为行动目标。[①] 最终,它们不仅成功影响了日本地方政府的环境政策制定,还凭借起诉政府在环境污染问题上的行政不作为等方式,营造了反对环境污染、支持污染受害者的社会舆论,迫使中央政府不得不关注国内的环境问题。

日本市民社会所掀起的上述一系列反公害运动,最终影响到了日本政府的环境政策。[②] 这些环境运动,推动了日本地方与中央政府相关环境政策

---

① Yasumasa kuroda, "Protest Movements in Japan: A New Politics," *Asian Survey*, Vol.12, No.11, 1972. Margaret A. Mckean, *Environmental Protest and Citizen Politics in Japan*, Berkeley: University of California Press, 1981.
② T. J. Pempel, *Policy and Politics in Japan: Creative Conservatism*, Philadelphia: Temple University Press, 1982.

的转变,使国家与社会共同意识到,个人权利的重要性远远高于大型污染企业的利益。另外,这些环境运动还提高了市民在地方政治领域活动的参与度,进而对当时的日本政治产生了重大的影响。然而,这些环境运动往往只关注特定地区的特定环境议题。各个环境组织基于地方观念,通常只关心身边或者附近地区的环境安全与利益,难以联合起来形成全国性的活动网络。一旦当地的环境问题得以解决,这些环境组织就不再继续开展活动或转而关注其他地区的环境问题,甚至随之解散。因此,当时的环境运动对日本市民社会所带来的积极影响作用,并没有持久地保持下去,也没有发展成为长期的全国性环境运动。[①]

同样地,以"争取越南和平市民联合会"(ベトナムに平和を！ 市民連合,简称"べ平連")为代表的反对越南战争运动,也为1965—1974年的日本市民参与活动发展作出了重要贡献。但是,日本的反越战活动只关注越南战争,并没有涉及其他议题的反战运动。而且,日本的反越战运动并没有与国际反战运动充分联合,这些组织并没有像欧美反越战团体那样,形成长期活动的大型反战组织。不过,以争取越南和平市民联合会为代表的日本反越战组织,主要关注日本的外交政策问题(例如,美日关系),并没有像上述反公害运动一样只关注日本国内政策,而是试图影响国家在"高级"政治领域的决策过程。

"争取越南和平市民联合会"是由作家小田实、开高健与哲学家鹤见俊辅等日本左翼知识分子发起的反战运动团体,1965年4月,他们在东京组织了首次反战游行。组织的领导者们反对当时美国对印度支那地区的军事介入,并且对日本政府对美国的支持态度表示不满。他们认为,日本政府不顾宪法中规定的禁止日本参与海外战争的条款,允许日本领土上的美军驻

---

① 具体事例可参见 Patricia G. Steinhoff, "Protest and Democracy," in Takeshi Ishihara, Ellis S. Krauss (eds.), *Democracy in Japan*, Pittsburgh: University of Pittsburgh Press, 1989, pp.171 - 198.

日基地成为美军对越袭击作战的作战基地,是在协助美国进行战争。

在长达 10 年的时间内,"争取越南和平市民联合会"在日本国内各地组织了多次反战集会,出版了多份意见书。并且,他们还参与了美国的反战示威游行运动,邀请了美国反战人士访日,在《纽约时报》这样的主流美国媒体上刊登了反战广告,甚至还发起了帮助美军逃兵的活动。[①]反越战组织的领导者们在反战集会上,以及他们的出版物中鼓励日本民众学习并实践非暴力抵抗活动,呼吁日本反战人士与世界反战支持者协作开展活动。这代表着日本国内市民社会运动开始跨越国家的界限,与国际社会中其他国家的市民社会产生了直接的接触。国际规范的传播路径不再仅仅局限于国际社会—国家—国内的传播路径,而是由不同国家间市民社会的国际化活动直接实现。

"争取越南和平市民联合会",主要是基于国家主义(反对美国利用日本的国土进行战争以及《美日安保条约》允许美军驻扎日本)与泛亚洲主义(反对亚洲的西方殖民主义)的动机来关注日本外交政策问题的。他们的主要目标是,使日本脱离美国的战争活动,避免日本受到可能的战争波及,以及结束美国对越南的军事介入。因此,当 1973 年《巴黎和平协议》达成、美军撤出越南,日本反越战组织的主要目标达成以后,日本市民社会的这次反战运动也随之结束。与环境运动相类似,这一时期日本市民社会所掀起的反战运动,所持续的时间也较为短暂,并且没有发展成持续关注其他相关议题的,更大规模的和平运动。

"二战"后至 1960 年代,日本国内市民社会当中所发生的一系列社会运动,为日本 NGO 的兴起提供了最初的群众基础。以反公害为代表的环境运动,主要针对的是日本经济高速成长期的环境污染问题。由于环境污染直接影响着当地居民的身体健康与居住环境,反公害组织多为地方性的住

---

① 小田実:『市民運動とは何か—ベ平連の思想』,徳間書店 1968 年版。

民团体。这些团体只关注自身所在区域的环境安全问题。一旦当地的问题得以解决，这些团体大多也随之停止活动。这一时期的反公害活动团体只为未来的日本环境 NGO 兴起提供了一定经验，并不是真正意义上的环境 NGO。同样，以"争取越南和平市民联合会"为代表的日本反越战市民团体，虽然在活动目标上与当时国际社会的反战活动一脉相承，但是并没有像欧美国家反战运动那样，在越战结束后形成一批关注更广泛领域问题的 NGO。

总体而言，这一时期的国际规范传播，只对日本国内市民社会提供了一种示范性效应，并没有完成国际规范在日本国内层次的内化。一系列的日本市民社会运动，往往只是昙花一现，并没有形成持续发展的正式组织化团体。在日本 NGO 发展的初始期，日本国内市民社会虽然开始接触到诸如"和平主义"等国际社会规范，但是在当时的日本，"二战"后复兴与经济发展问题仍然是国家与社会共同面临的首要课题，不论是政府官员还是市民阶层都更多地专注于国内问题，与国际社会间的互动仍然较为有限。这也在一定程度上导致了国际社会规范在日本国内未完成其内化过程。因此，国际规范对日本国内市民社会的影响有限，NGO 兴起所需要的市民社会基础十分薄弱。

二、国家政治因素：NGO 的活动空间

1945 年 8 月 15 日，日本宣布无条件投降，随后进入了战后复兴阶段。日本所发动的侵略战争，在对亚洲各国造成严重伤害的同时，也给本国民众、经济与社会等各方面带来了重大损失。

除了战争因素以外，美国主导的联合国军最高司令官总司令部（GHQ）对日本所施行的去军国主义与民主化政策，也影响着战后日本社会的各个方面。天皇的现人神地位与最高权威被否定。取代明治宪法而制定实施的新宪法，承认日本国家主权属于人民并保障人民的普选权，这部宪法也为日

本"二战"后民主化与和平化提供了法律基础。妇女选举权在新宪法当中首次被承认。日本开始实行政教分离,神道教不再享有日本国教的地位。此外,日本国内劳工运动复兴。教育、学校制度开始改革。地主土地被强制收回,并重新分配给佃户农民。战前财阀被解散、大批在战争期间有协助军队行为人员的公职被解除。许多战时压制性的法律,例如,治安维持法以及审查法等相关法律被废止。关押在狱的共产主义者得以释放。

然而,"二战"结束后不久,世界又重新陷入了冷战的泥潭。美国希望日本在充当西方阵营的一分子的同时,能够在东亚地区成为抵制共产主义阵营侵袭的桥头堡。1950 年朝鲜战争爆发,美国罔顾日本《和平宪法》第 9 条的限制,敦促当时的日本首相吉田茂重新组织军队。借朝鲜战争之机,日本保守势力开始死灰复燃。一些战前持保守主义态度的当权者,趁机非难已开始实施的新宪法,否定战后民主改革,甚至企图推翻新宪法第 9 条的和平承诺。左翼的日本社会党与一些教授、作家还有记者,在保卫战后民主的斗争中担负了主要角色。对战争有着惨痛的记忆,并深受战前日本封建家长制压迫的妇女与青年阶层,大多对日本的左翼持同情态度,支持战后民主制的存续。①

1955 年,日本的保守政党联合组成自由民主党,开始推行保守主义政策,并试图修订新宪法第 9 条。与冷战对抗态势加重的国际形势密切相关,当时执政的吉田内阁,在外交上面临着《美日安保条约》与日本的再武装两大政治议题。在内政上,吉田内阁提出了以经济复兴为优先目标的政策路线,日本政治开始进入"五五年体制"时代。日本国内的经济与社会相关议题被交由官僚处理,普通民众满足于官僚领导下的经济与社会发展,除了部分社会活跃分子外,社会上大多数人普遍对政治参与活动兴致不高。

借朝鲜战争之机,日本一系列重要工业产业在战败后得以复苏。并且,

---

① 高畠通敏:『戦後民主主義とはなんだったのか』,载『戦後日本:占領と戦後改革 4:戦後民主主義』,岩波書店 1995 年版,第 7—15 頁。

日本政府利用朝鲜特需而获得的外汇收入,对重要产业进行设备投资,通过刺激这些重要产业扩大生产,进行战后国内基础设施重建。与此同时,普通劳动者以工会为后盾,实现了工资收入的提高。而社会普遍工资的提高,又进一步提升了社会购买力。最终日本经济以制造业为支柱实现了高度增长。并且,日本经济的增长势头一直维持到了1973年,年实际GDP增长率平均高达9.1%(见图2-1)。

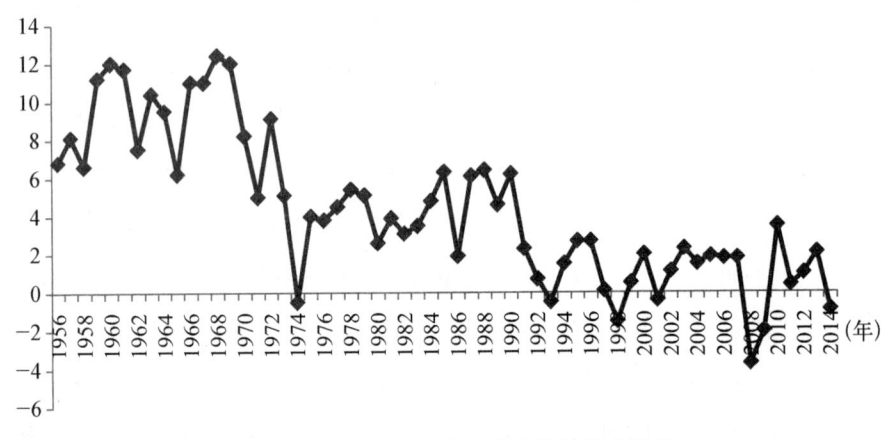

图2-1 1956—2014年日本经济增长率推移

资料来源:1. 根据日本内阁府网站统计数据自制图表;2. 1980年以前数据来源于《平成12年版国民经济计算年报》、1981—1994年度数据来源于《平成21年度国民经济计算年报确报》;3. 具体数据参见日本内阁府网站,http://www.esri.cao.go.jp/jp/sna/data/data_list/sokuhou/files/files_sokuhou.html,2015年11月16日访问。

1960年代,日本经济在"五五年体制"下实现了高度成长。日本企业从国际市场获得巨额利润。这些企业从国际市场所得利润又通过税收的方式,最终转移到了日本保守政治集团与官僚手中。然后,国家统治者又把这些税收收入中的相当大一部分,以政府补贴的形式重新分配给农村地区,从而维系了农村地区传统农林渔业团体的生存。而那些掌握着农村地区选区的日本政治家们,在控制着巨额财政预算的同时,长期占据着大量国会议席,从而获得了操纵国家政治的权力,并成为日本政官商铁三角的领导者。政治家、官僚与大企业董事会三方结盟,利用国家权力追求自身利益,并最终化身为利益集团。并且,这种资金从国家流向商业,从商业流向政客的日本政治模式又导致了深刻的结构性腐败。[①]

日本制造业的成功,是当时日本经济高速发展的主要推动力之一。尽管有人认为,政官商铁三角所治下的行之有效的国家发展模式,实际上是一种基于计划经济原则的社会主义体系。但是日本企业所奉行的价值观念与管理方式,即所谓的三大神器(终身雇佣、年功序列与企业内工会),再加上集团主义导向的经营决策,确实成为促进日本经济起飞的内在因素。埃兹拉·沃格尔(Ezra F. Vogel)在《日本名列第一:对美国的教训》(即傅高义:《日本第一:对美国的启示》,上海译文出版社2016年版)一书中甚至认为,美国企业应该学习日本企业的那些经营管理上的优点,而不只是游说政府制定更严格的贸易壁垒,来阻止日本汽车进入美国市场。[②] 日本公司的雇员们相信,只要把自己的时间与能量奉献给公司生活,就能实现自己的"家园之梦",过上中产阶级舒适生活。在这样的政治经济体制下,当时的日本民众被排除在国家政治决策过程之外,大多数人满足经济高速增长所带来的收入增加与生活条件改善,对政治及社会问题态度冷漠。

在日本NGO在发展初始期,国内政治因素对NGO发展的促进作用微乎其微,甚至在许多方面阻碍了日本NGO的兴起与发展。但是,日本政府并非主动采取政策性措施,故意阻碍国内市民社会组织的发展。依据第一章中关于国家与NGO之间互动模式的划分,可以判断日本政府在NGO的发展初始期并未对NGO部门采取镇压措施,再加上日本NGO尚处于起步阶段,自身政治社会影响力微乎其微,不足以对国家造成任何威胁,因此两者之间的互动并非第五类镇压或对抗模式。

但是,这一阶段的日本国内层次上的国家与NGO互动关系,也并非第二类促进模式或第三类协作模式。因为在促进模式与协作模式下,国家将

[①] [美]禹贞恩:《发展型国家》,曹海军译,吉林出版集团有限责任公司2008年版,第19页。
[②] [美]埃兹拉·沃格尔:《日本名列第一——对美国的教训》,谷英等译,世界知识出版社1980年版。

NGO的活动视为对其政府工作的有益补充,会主动在财政与税收方面为NGO部门提供资金支持、税收优惠等,从而扩大NGO部门在本国内的经济活动空间;并且,在法律层面上则会为NGO的成立与运营活动,提供宽松的立法与政策监管环境,提高社会对NGO部门的合法性认同。同时,在政治层面上开放NGO与政府沟通的渠道,允许甚至鼓励NGO部门参与国家决策,尽可能地扩大NGO活动的政治空间。并且,与第二类促进模式相比,国家在协作模式下还会与NGO进行相应的合作或资源共享,并与其维持一种相对平等的关系,而非企图控制或主导NGO部门的活动。

从这一阶段日本的具体情况来说,国家并未主动扩展NGO部门活动的政治、经济空间。由于国家在法律层面对市民社会组织的重视不足,导致了日本关于市民社会组织的立法非常陈旧,无法适应现代社会的发展,客观上阻碍了NGO等市民社会组织的发展。同时,在战后复苏与"发展型国家"的国家政治经济体制影响下,日本的"大政府"政治架构导致了国家并不重视市民社会的作用,国家是社会服务与资源的主要提供者,而市民社会则被覆盖在政官商铁三角的阴影之下。

具体来说,从国家管理非营利部门的法律及财政法规来看,日本的NGO如果要获得相应的法律地位,只能依据1896年日本《民法》第34条规定,申请公益法人资格。但该条仅规定,从事公益活动的非营利社团、财团可以经主管官厅批准获得公益法人资格,并没有对具体的资格认定标准进行明确限定。

换句话说,日本的各个国家行政部门及地方政府,都有权批准NGO能否获得公益法人的资格,但是由于并没有统一的认定标准,认证部门可以依据自由裁定某个NGO能否获得资格认定,这就导致了整个认证过程所具备的公开透明性降低。在这样的规制下,那些与政府部门关系密切的NGO,显然比普通NGO更容易获得法律地位。并且,由于公益法人认证手续烦琐,如果从事多个不同领域的活动,NGO申请者还需要分别向各个领域的主管部门提交申请认证。即使通过了所有的部门认证，这些获得公益法人资格的 NGO 还需要每年接受主管官厅的审查，如果被认定存在不符合公益法人资格的条件，即便已经获得了公益法人资格，这些 NGO 还是会被取消相应的资格。因此，绝大多数的日本 NGO，在 1950—1960 年代几乎没有可能获得相应的合法身份。只有 OISCA、JOICFP 这种与日本政府关系密切的 NGO，才能获得公益法人资格的认定。

从国家对 NGO 的财政税收政策方面来看。首先，只有获得公益法人资格认定的 NGO 才能够享受相应的税收优惠，而日本 NGO 在发展初始阶段很难获得公益法人资格的认定。因此，绝大多数 NGO 无法享受国家给予的财政税收优惠。其次，即使获得了公益法人的身份，依据日本《法人税法》规定，仅针对公益法人的公益事业所得，部分有税收优惠，对于公益事业部分所得仍然需要按照相应比例扣税。

由于上述严苛的法律环境限制，截至 1960 年代，只有极少数日本 NGO 获得了国家承认的法律地位（公益法人资格认定）。而这些获得公益法人资格认定的 NGO，又大多是因为与政府官员有着千丝万缕的联系，才能顺利通过资格审查手续，进而获得国家财政支持。但是，其他本就数量不多，且没有官方背景的日本 NGO 则由于难以通过法人资格认定，依然处于没有合法身份（所谓的"任意团体"）的尴尬境地。显然，这些无法获得国家法律承认的日本 NGO，无论是在资金规模还是在政治机会方面，都无法与那些获得了公益法人资格认定的 NGO 相比。

一方面，在日本 NGO 发展的初始期，在"大政府"政治体制的控制下，国家力量明显强于市民社会，而弱小的市民社会往往很难孕育出强大的 NGO 部门。尽管这一阶段，来自国际社会的规范性外因，对日本国内市民社会的发展起到了一定的刺激作用，但是其市民社会本身发育不良，使得日本 NGO 的成长难以获得足够肥沃的土壤。因此，这一时期产生的日本 NGO，除了极少数具有官方背景的半官方 NGO 之外，大多发育不良且影响力微弱。在这样的情况之下，日本 NGO 显然既无法对国家造成任何威胁，也无力得到国家的重视，进而成为其协作伙伴。另外，虽然在法律及财政税收方面的环境，客观上影响了日本 NGO 部门的发展，但这并非由日本政府出于主观意愿刻意为之，而是并未重视 NGO 等市民社会组织的发展。因此，国家与那些没有获得公益法人资格认定的日本 NGO 之间，更多地表现为第一类自由放任模式。

另一方面，这一时期获得公益法人资格认定的日本 NGO 多与政府有着密切的关系。例如，下文中将要提到的奥伊斯卡国际与日本家庭计划国际协力财团，前者直接受到了日本外务省等政府部门的控制，且与日本政府对"二战"期间被侵略国家战争赔偿及援助活动有关；而后者则是由具有政府背景的代理人管理，且主要是为了配合日本政府，响应联合国人口基金会要求，参与国际人口合作活动。日本政府与上述 NGO 之间的互动符合国家与 NGO 互动的第四类模式——同化吸收模式的特征。日本政府在这一时期，有选择地对少数 NGO 开放了一定程度的政治与经济活动空间，通过控制性的支持措施，使得这部分 NGO 配合国家政策的需要取得了一定程度的发展。

综上所述，在日本 NGO 的发展初始期，国家在 NGO 的政治空间与经济空间当中都设置了相应的障碍，且并未向包括 NGO 在内的市民社会组织，开放参与国家决策的渠道。国家与 NGO 间的互动模式，兼具第一类自由放任模式与第四类同化吸收模式，NGO 的整体活动空间处于被国家压缩的状态。

第三节 发展初始期的代表性日本 NGO

日本 NGO 发展的初始期，只出现了很少的一批 NGO。1955 年 10 月成立的日本亚洲连带委员会（日本アジア連帯委員会），是 1950 年代在日本成立的首个与国际政治相关的市民运动团体。现在这一团体已更名为日本亚洲—非洲—拉丁美洲连带委员会(日本 AALA),并发展成为在日本 41 个都道府县拥有地方组织,由约 4 000 名个人会员与 20 个团体(组成人数约 280 万人)组成的网络化 NGO。

据日本 AALA 网站介绍,该组织是基于和平共处五项原则与万隆精神而建立的,以谋求日本国民与亚洲、非洲及拉丁美洲地区各国人民相互理解与友好关系,促进旨在推动民族自决、民主主义、拥护人权与社会进步的连带运动为目的。AALA 坚持联合国宪章,致力于建设和平的国际秩序与公正、民主的新国际经济秩序。同时,AALA 还是一个为了实现"和平、民主、非核化与不结盟的日本",促进日本国民与不结盟国家政府、国民、不结盟运动相合作的和平组织。[①]

日本 AALA 从 1950 年代开始,就能够以非政府行为体的视角,来看待和参与国际政治事务,且在日本全国发展了 41 个地方组织(倡议型 NGO、网络化 NGO)。尽管 AALA 并不具备公益法人或 NPO 法人资格,但近年来却在反对安倍政权修改和平宪法、撤销驻冲绳美军基地等政治领域表现活跃,这与绝大多数关注国际救援与协力活动的日本 NGO(操作型 NGO)有着明显区别。

伴随着日本市民社会的发展与市民参与活动的兴盛,日本新成立 NGO 的数量在 1960 年代略有增加。这些新成立的 NGO 主要集中在国际协力领域。例如,前文提到的,在日本侵华战争期间,由关西地区基督教医疗工作者组成的中国难民救济施疗班,以 1949 年结成的日本基督教青年会医科联盟(JCMA)为母体,在 1960 年发展成立了日本基督教海外医疗协力会(JOCS)。1961 年 1 月,JOCS 派遣梅山猛医生赴印度尼西亚的医院开展医

---

① 日本アジア・アフリカ・ラテンアメリカ連帯委員会:組織概要,日本アジア・アフリカ・ラテンアメリカ連帯委員会ホームページhttp://www.japan-aala.org/index.html,2015 年 11 月 27 日。

疗援助工作(见表2-2),这是JOCS首次向海外派遣工作人员进行国际援助服务。[①]

表2-2 JOCS海外派遣工作人员概况——国内支援情况(1961—2000年)

时间	人数	工作人员职种、人数	派遣国/地区	海外接收团体组织数	会员数	捐赠/会费收入(单位:千日元)
1961—1965年	9	医生5、护士4	印度尼西亚、尼泊尔	6	1961年254名	5 040
1966—1970年	13	医生10、护士2、助产士1	印度尼西亚、尼泊尔、中国台湾、尼日利亚、印度	7	1966年1 102名	37 280
1971—1975年	11	医生8、护士1、助产士1、营养师1	印度尼西亚、尼泊尔、孟加拉国	4	1971年3 847名	41 600
1976—1980年	14	医生8、助产士1、保健护士2、营养师2、教师1	尼泊尔、印度、中国台湾、孟加拉国、印度尼西亚	6	1976年5 458名	79 180
1981—1985年	15	医生6、助产士2、保健护士5、营养师1、教师1	尼泊尔、孟加拉国、印度尼西亚、中国台湾、泰国	10	1981年6 320名	119 780
1986—1990年	16	医生7、助产士1、保健护士6、看护教师1、护士1	尼泊尔、孟加拉国、巴基斯坦、柬埔寨、印度尼西亚	9	1986年7 623名	172 630
1991—1995年	18	医生7、助产士1、保健护士5、项目协调人2、护士1、行政负责人1、教师1	尼泊尔、孟加拉国、柬埔寨、中国台湾、泰国、印度尼西亚	10	1991年8 107名	229 821

① 详见日本キリスト教海外医療協力会JOCS年表,以及日本キリスト者医科連盟:JCMAの歴史,日本キリスト者医科連盟ホームページhttp://japan-cma.net/top/history.html,2015年11月27日。

续表

时间	人数	工作人员职种、人数	派遣国/地区	海外接收团体组织数	会员数	捐赠/会费收入(单位：千日元)
1996—2000年	13	医生4、保健护士2、助产士1、项目协调人2、教师1、行政负责人3	尼泊尔、孟加拉国、柬埔寨、泰国	4	1996年8 026名	197 353

资料来源：小杉尅次「JOCS★「共生」の倫理と論理を問い直す」①

这一阶段成立的代表性NGO组织还有，日本著名NGO——奥伊斯卡国际（The Organization for Industrial, Spiritual and Cultural Advancement-International, OISCA, オイスカ）。它的前身"精神文化国际机构"（精神文化国際機構）是在日本神道教三五教教祖、国学家中野兴之助的推动下建立的。OISCA主要从事国际农业开发协力、环保、人才培养等方面的事业。② 但是值得注意的是，虽然从法律地位上来说，OISCA现在是公益财团法人（2010年依据公益法人制度改革转移认定），但是此前却是由日本外务省、厚生劳动省、农林水产省、经济产业省共管的特例财团法人，③与日本政府有着密切的联系，并不是纯粹意义上独立于国家部门之外的、由市民社会主导的NGO。

除了OISCA之外，1968年成立的日本国际协力NGO——日本家庭计划国际协力财团（Japanese Organization for International Cooperation in Family Planning, JOICFP, ジョイセフ），也是与日本政府有着密切关系的著名日本NGO。日本家庭计划国际协力财团的成立，与国际家族计划联盟（IPPF）和联合国人口基金会（UNFPA）的前身——联合国人口活动信托基

---

① 小杉尅次：『第5章 JOCS★「共生」の倫理と論理を問い直す』，载若井晋・三好亜矢子・生江明・池住義憲編：『学び・未来・NGO—NGOに携わるとは何か』，新評論2001年版，第133頁。
② OISCA：オイスカについて沿革，公益財団法人オイスカホームページ http://www.oisca.org/about/history.html，2015年11月27日。
③ 林雅行：『校歌は八紘一宇＜オイスカ高校＞』，载林雅行：『天皇を愛する子どもたち 日の丸教育の現場で』，青木書店1987年版，第199頁。

金有关。

JOICFP 的创立者国井长次郎,当时正担任 IPPF 的关联机构——日本家族计划联盟的事务局长。他发现,在 IPPF 担任顾问职务的威廉·德雷珀(William Henry Draper),在"二战"后初期曾作为美国经济使团团长访问日本,并为日本战后复兴提供了建议。随后国井长次郎邀请了德雷珀再次访日,并与日本政界、财界相关人员进行了会谈。最后德雷珀与日本官员成功达成了日本将参与人口问题国际协力的共识。1967 年 4 月,JOICFP 作为日本参与国际人口问题合作的联络协调机构得以成立。从以上内容中可以发现,JOICFP 在成立之初就与日本政府及财界有着密切的关系,其本身也是日本外务省、厚生劳动省共管团体(日本公益法人制度改革后,转为公益财团法人)(表 2-3)。①

表 2-3　JOICFP 历任会长

姓　名	原　职　务	在任时间
岸信介	日本首相	1968—1987 年
福田赳夫	日本首相	1987—1995 年
加藤静枝(シヅエ)	参议院议员	1995—2001 年
黑田俊夫	日本大学人口研究所名誉会长(人口学家)	2003—2006 年
明石康	联合国副秘书长	2007 年 3 月 29 日至今

资料来源:JOICFP 网页。

第四节　小　　结

日本 NGO 的发展历程可以分为"二战"以前与"二战"后两个部分,本

---

① JOICFP:ジョイセフとは歴史,JOICFPホームページhttps://www.joicfp.or.jp/jpn/profile/history/,2015 年 11 月 28 日。

书主要关注"二战"后日本NGO的兴起与发展状况。从战前状况来看,日本实际上自古代就有着民众进行志愿者活动的传统,奈良时代到江户时代进行社会服务活动的佛教僧侣及其信徒,是现今日本志愿者活动的先驱。尽管这些古代佛教慈善活动有着类似于现代志愿者活动的特点,但是由于其规模有限且受到政治势力的左右,并没有持续地发展下去。虽然,在日本军队侵略中国期间,日本市民社会当中出现了自发组织起来的,为中国的战争受害者提供医疗服务的民间医疗团体,但是直到"二战"结束,日本的志愿者活动一直处于被压制的政治社会环境下。也就是说,直到"二战"结束,日本国内基本上不存在真正意义上的NGO部门。

因此,本书将关注点转移到了"二战"后时期。按照日本NGO的发展状况,可以将其分为四个阶段,分别是:"二战"后至1960年代的发展初始期、1970年代至1980年代前期的成长期、1980年代后期至1990年代的高潮期,以及进入21世纪以来的调整期。

"二战"后至1960年代,日本NGO的发展初始期与之前发生的"二战"有着密切的关联。对于日本NGO发展历程来说,这一阶段的主题是"战后复兴与回归国际社会"。零星出现的NGO代表着日本NGO发展的萌芽,这一阶段兴起的NGO主要是在日本国内市民社会接受国际规范传播的基础上产生的,并没有受到国家政治因素的推动。

1970—1980年代前期,随着日本迎来了经济高速增长期,各种社会运动的兴起,日本NGO进入成长阶段。印支难民问题为日本NGO的发展提供了最初的契机。这一阶段日本NGO的发展动力,仍然主要来自受国际规范传播影响下的国内市民社会,国家并未提供有效的刺激性动力。

1980年代后期至1990年代,日本NGO的发展迎来了高潮期。1995年的日本阪神·淡路大地震,进一步增强了日本国内市民社会对NGO兴起与发展的基础性推动力,还直接导致了1998年NPO法的制定颁布,使得日本政府开始从国家法律与制度层面重视市民社会活动的发展,并且从资金援助、交流对话等方面支持市民社会组织的发展。从这一阶段开始,国际规范传播与内化效应影响到了日本政府,国家政治因素推动 NGO 发展的影响力终于显现。借助国际国内两个层次的推动,日本 NGO 在 1990 年代不仅实现了数量上的增长,还成功跨越国家边界开始活跃于国际社会领域。

2000 年以后,日本 NGO 的发展从数量增长转向质量提高,网络化进程加快,与政府之间的关系也变得更加平等。日本 NGO 的发展进入第四个阶段,也就是调整期。目前,这一阶段仍在持续。结合第一章分析所述,日本 NGO 在调整期的总体现状是:日本市民社会对志愿者活动的认可度较高,比起亲自参与,更多的人选择通过资金捐助的形式支持志愿者活动;日本市民对灾害救援—国际协力、环保—应对全球变暖领域的捐助率最高,而从事这些志愿者、市民活动的也多是 NGO 组织,未来一段时间,日本市民社会中的志愿者活动仍然有着较大的发展潜力;绝大多数日本 NGO 具有 NPO 法人资格。在财政收入上,日本 NGO 并未得到充足的政府补助;在行动上,与政府及营利部门的合作较少,多利用日本自身拥有的先进技术与经验开展海外援助、协力活动,较少参与政策倡议型活动。

本章重点分析的是"二战"后至 1960 年代日本 NGO 发展的初始阶段情况。在这一阶段,日本 NGO 的兴起与发展,在国际层面上主要受到人道主义与和平主义两种国际规范传播所带来的外因影响;在国内层面上主要受到社会运动兴起所导致的市民社会发展这一基础性内因的影响。国内层面上的另一个内因——国家政治因素,对这一时期 NGO 兴起与发展不仅没有产生促进作用,反而通过压缩 NGO 的活动空间,阻碍了 NGO 的发展。本阶段成立的 NGO 组织数量较少,其中有代表性的 NGO 主要有 JOCS、OISCA 与 JOICFP。OISCA 与日本政府关系密切,而 JOICFP 则与联合国人口基金会(UNFPA)有关。这两个具有官方背景的 NGO 与日本政府有着密切的合作关系,也从侧面说明了日本政府对 NGO 的态度,既支持与国家政策推行密切相关的 NGO,也排斥大部分没有官方背景的 NGO 进入国家政治决策系统。

第三章
日本 NGO 发展的成长期
(1970—1980 年代前期)

1970—1980 年代前期是日本 NGO 发展的第二个阶段——成长期。1970 年代，伴随着孟加拉国独立、日本政府设立环境厅、罗马俱乐部发表"成长的界限"，以及联合国人类环境会议（斯德哥尔摩会议）的召开，日本市民社会不再仅仅将目光局限在身边所发生的事件，而是开始关注上述一系列国内外事件所引发的全球性问题。日本国内 NGO 部门从 1970 年代开始进入成长期，一批涉及全球性问题的日本 NGO 成立。1970 年代前半期成立的代表性日本 NGO 有市民海外协力会（Shaplaneer）、亚太资料中心（PARC）、大赦国际日本支部、世界自然保护基金（WWF）日本支部等。

1970 年代后半期至 1980 年代前半期，发生了一系列促进日本 NGO 发展的重要事件。尤其是 1979—1980 年的印支难民危机，直接导致了包括难民救助会（AAR）、日本国际民间协力会（NICCO）、日本国际志愿者中心（JVC）、香提国际志愿者会（SVA）等一批从事人道主义救援活动 NGO 的成立。此外，1978 年的阿富汗难民危机、1980 年代初的非洲大饥荒、1982 年的第五次中东战争等，进一步引发了日本市民对国际问题的关注。关于人道主义援助的国际规范开始影响日本国内市民社会，在这一外因的影响之下，日本 NGO 的发展进入了成长期。

在日本 NGO 发展的成长期阶段，国家政治因素对 NGO 发展的影响作用与前一时期基本相同。日本政府并没有与 NGO 进行广泛的互动,在法律法规、财政税收、政治准入方面都没有作出明显改变。日本 NGO 在这一时期的发展仍然主要受到国际规范传播,以及国内市民社会发展两项因素的影响,国家政治因素的推动作用微乎其微。

第一节　NGO 成长期的外因: 国际规范主题的多样化

从"二战"结束后到 1970 年代这 25 年间,在冷战影响之下的国际政治体系保持着相对稳定的状态。但是,自 1970 年代以后,随着中美和解、中苏关系恶化、美苏缓和等大国国际关系变动,原本稳定的冷战体系出现了动摇。与之相对应,世界经济体系也从 1970 年代开始进入变革阶段。布雷顿森林体系崩溃以后,国际货币市场动荡不安。1973—1979 年,石油输出国组织(OPEC)限制石油出口,最终引发两次石油危机,对世界经济造成了巨大冲击。战后逐渐成长的世界经济在 1970 年代一度出现了停滞。无论是国际政治体系还是国际经济体系,都从 1970 年代开始进入变动期。

国际政治经济体系的变动,在带来各种不确定性变化因素的同时,也为国际社会中各行为体突破东西方对立的壁垒,进行更多互动提供了可能。政府间国际组织与 NGO 的总数从 1970 年代开始显著增长。据国际组织协会统计,1972 年全球政府间组织共有 280 个,NGO 有 2 795 个。到了 1984 年,政府间组织的总数增加至 1 530 个,NGO 增加至 126 860 个。如果将各组织的分支机构计算在内的话,截至 1984 年,全球政府间组织有 7 073 个,NGO 则高达 797 860 个。[①] NGO 在 1970 年代的全球性增长现象,与当时

[①] Union of International Associations (ed.), *International Organizations: Abbreviations and Addresses*, 1984 - 1985, Belgium, 1985, p.508.

的国际政治经济状况有着密切的关联。

　　日本在进入1960年代以后,顺利完成了战后复兴,并且还超越法国、英国与联邦德国,一跃成为仅次于美国的世界经济大国。随后,日本平稳度过了1960年代经济高速成长期,顺利过渡到了1970年代所谓的"安定成长期"。1979年5月,日本总理府所进行的国民生活相关舆论调查显示,回答"相较于物质生活的丰富,更重视内心生活的丰富与宽裕"的人群数量首次超过了"更重视物质生活丰富"的人群数量。[1] 此外,伴随着日本企业的"全球化"脚步,日本国内各阶层开始更加关注外部世界的动态。例如,1976年开始,日本媒体关于洛克希德事件绵延多年的报道,就使得日本国内的普通民众体会到了,"全球化"与自身生活之间的距离正变得越来越近。

　　在日本NGO的成长期,对日本国内层次具有影响作用的国际规范,已经不再局限于前一阶段的和平主义。例如,1970年代后半期的印支难民问题,就对日本NGO的整体发展产生了重要的影响作用。以此为契机,针对难民人道主义援助的国际规范传播至日本国内,并逐渐在日本市民社会发生了内化。尽管日本政府针对印支难民问题,在国内外进行了一系列关于难民接收方面的工作,但是并没有与本国NGO就难民问题进行广泛的互动合作。因此,虽然在国家层面已经出现了关于难民人道主义援助的国际规范的内化现象,但是这种规范内化并没有直接导致日本政府改变对本国NGO的政策。

　　1970年代末冷战中后期开始,特别是1979年以后,尼加拉瓜、柬埔寨、尼日利亚、阿富汗、埃塞俄比亚等国纷争不断,关于难民问题的新闻报道频繁出现,引起了各国民众的关注。伴随难民问题出现的往往还有频发的人权侵害事件,因此,难民救助活动通常属于人道主义救援这一大的框架之内。

---

[1] 内閣府政府広報室：国民生活に関する世論調査（昭和54年）,内閣府ホームページhttp://www.cao.go.jp/, 2015年11月29日。

一般而言,难民援助包括两个方面:一是对难民进行身份认定等法律层面的保护;二是对难民进行物质或精神等实际需求方面的援助。针对难民的法律保护指的是以相关国际难民条约、难民所在避难国法律为基础,对申请避难的难民进行法律方面的保护。对难民法律方面的保护措施包括,敦促各国政府批准本国遵守相关国际难民条约、帮助再定居难民与第三国政府交涉、难民返还时协助难民国籍所在国与避难国之间达成有效协议,对难民政策不完备国家的政府进行政策建议与培训等。

针对难民的法律保护工作,主要由相关国家的政府或国际政府间组织进行协调沟通。例如,作为联合国下属的指导协调世界范围内难民问题的国际机构——联合国难民事务高级专员公署(UNHCR),就是目前最具影响力的难民救助组织。在国际法上,UNHCR 主要依据 1951 年《关于难民地位公约》、1966 年《关于难民地位的议定书》行动。UNHCR 不仅在指导和协调世界范围内保护难民与解决难民问题的国际行动方面有着领导地位,还积极推动关于难民问题相关国际规范的传播。

针对难民物质或精神方面的实际性援助,是指配发食品衣物等物质生活资料的援助、进行教育支援或卫生健康管理、支持难民在收容国独立生活的援助,以及为遭受心灵创伤的难民提供情绪干预等心理疗法的精神援助等活动。依据 UNHCR 的项目分类,难民救助主要具体针对以下四种情况:紧急事态的发生与难民流出、维持在避难国的临时生活、在避难国定居与社会性融合、归还国籍所在国与移居第三国。[①]

NGO 在难民援助领域具有重要作用。截至目前,UNHCR 有超过 9 300 名雇员,在 123 个国家进行难民救助工作。截至 2014 年上半年,UNHCR 已经救助了 1 300 万名难民。[②] 然而,面对世界各地频发的难民问题,单靠

---

① United Nations High Commissioner for Refugees, *Partnership: A Programme Management Handbook for UNHCR Partners*, Geneva: UNHCR, 1996, p.38.
② The UN Refugee Agency: About Us, UNHCR Website http://www.unhcr.org/, 2016 - 3 - 9.

UNHCR一个国际组织是无法完全应对的。并且，许多难民危机具有紧急性、地区性的特点，国际政府间组织或外国政府很难提供及时、高效且适应当地情况的援助。而NGO大多数具有当地工作经验，并且组织灵活性较高，又多坚持政治中立立场，因此，国际社会各方通常通过项目委托或提供业务资金的方式，与NGO合作开展具体难民援助工作。

在法律援助与实际援助两个领域都有NGO活动。在日本NGO发展的成长期设立的日本难民援助NGO，主要从事紧急救援活动，参与法律援助活动的倡议型NGO较少。这主要是由于1970—1980年代前期，日本政府还没有建立与NGO之间的正式沟通渠道，NGO很难获得足够的政治空间，进入国家政治系统参与政策制定过程，难以影响日本政府在难民问题上的行为与决策。而设立难民营、提供物资医疗服务等实际援助工作，并不像法律援助那样需要充裕的政治空间。在国际人道主义规范的传播与内化之下，通过市民社会的自发行动就可以实现。

日本NGO在发展的成长期，主要受到了印支难民危机这一外因的影响。从1975年开始，约有144万名越南、柬埔寨、老挝难民陆续从印支半岛地区流出。特别是随着1978年越南进攻柬埔寨，1979年波尔布特政权结束，大批难民沿着泰国与柬埔寨边境外逃，印支难民流出数量达到了顶峰。① 包括日本普通市民在内的，世界各国NGO与市民社会组织，开始自发参加针对印支难民的救援工作。（表3-1）

表3-1 印支难民问题相关国际动态（年表）

时间(年)	国 际 动 态	日 本 动 态
1975	4月，柬埔寨金边被攻陷，波尔布特政权建立。南越胡志明市被攻陷；12月，老挝人民民主共和国成立	5月，海路难民抵达日本，滞留在民间临时滞留所

---

① アジア福祉教育財団難民事業本部：インドシナ難民とは，財団法人アジア福祉教育財団難民事業本部ホームページhttp://www.rhq.gr.jp/japanese/know/i-nanmin.htm, 2015年11月29日。

续表

时间(年)	国 际 动 态	日 本 动 态
1976	1月,民主柬埔寨成立,大批难民外逃;7月,越南社会主义共和国成立	
1978		4月,日本内阁会议允许临时滞留日本的越南难民获得定居许可
1979	1月,波尔布特政权结束,柬埔寨人民共和国(韩桑林政权)成立;2月,中国对越自卫反击战开始;5月,UNHCR与越南政府间缔结《实施合法出国计划(ODP)相关备忘录》;7月,印支难民问题国际会议召开	4月,日本内阁会议设定500人的难民定居限额,开始接收滞留在海外难民营的印支难民;11月,受日本政府委托,亚洲福祉教育财团设立难民事业本部;12月,姬路定居促进中心开设(1996.3关闭)
1980		2月,大和定居促进中心开设(1998.3关闭);6月,日本内阁会议将500人定居配额扩大至1000人,允许难民邀请家属来日
1981		4月,日本内阁会议将1000人定居配额扩大至3000人,允许母国政变之前来日居住留学生定居日本;6月,加入难民条约
1982	6月,民主柬埔寨联合政权建立	1月,难民条约生效,《出入国管理及难民认定法》施行;2月,大村难民临时欢迎中心开设(1995.3关闭)
1983		4月,国际救援中心开设;7月,日本内阁会议将3000人定居配额扩大至5000人
1985		7月,日本内阁会议将5000人定居配额扩大至10000人
1989	6月,印支难民国际会议召开。一揽子行动计划(CPA)开始	9月,日本内阁会议决定开始实施海路难民审查(难民资格审查认定制度)

资料来源:亚洲福祉教育财团·难民事业本部网站。[1]

---

[1] 難民事業本部:インドシナ難民について知りたい!—インドシナ難民とは—・インドシナ難民に関する国際社会の動き(年表),アジア福祉教育財団難民事業本部 http://www.rhq.gr.jp/japanese/know/i-nan/01.htm,2015年11月29日。

从1980年代前半期开始,在日本市民社会主导下,一批从事印支难民援助的NGO相继成立。这段时期也被称为"日本NGO元年"。仅仅是1980年代前后两三年间,日本就新成立了难民救助会(難民を助ける会,AAR,1979年)、日本国际民间协力会(日本国際民間協力会,NICCO,1979年)、日本国际志愿者中心(日本国際ボランティアセンター,JVC,1980年)、儿童难民关爱会(幼い難民を考える会,CYR,1980年)、香提国际志愿者会(シャンティ国際ボランティア会,SVA,1981年)、莲华国际志愿者会(れんげ国際ボランティア会,ARTIC,1980年)等十几个NGO。

例如,据难民救助会(AAR)创始人相马雪香的自传所述,当时国际上有观点认为"日本人对难民态度冷漠",为了改变日本人在难民问题上的这种对外形象,"表达日本人自古以来就有的善意",于是在1979年,她动员日本教育界及福利界相关人士组建成立了AAR,马上开始了对在日印支难民的援助活动。1980年,AAR开始派遣日本志愿者,前往泰国与柬埔寨边境地区,开展难民营支援、医疗服务活动。现在,AAR已经发展成为从事难民及贫民紧急援助、残疾人支援、对地雷问题解决、传染病预防与治疗对策、意识启蒙等多领域志愿者活动的国际性日本NGO。[①]

第二节　NGO成长期的内因

一、市民社会因素：市民社会运动的发展

1970—1980年代前期的日本国内市民社会运动,主要是在1960年代反公害、反安保条约、反核、反越战等和平主义运动的延长线上继续发展的。然而,与前一时期不同的是,日本市民社会运动不再单纯地采取"反对"的姿

---

① AAR Japan 難民を助ける会：AARについて,特定非営利活動法人難民を助ける会ホームページhttp://www.aarjapan.gr.jp/about/,2015年11月29日。

态,而是逐渐向着"变革"的方向发展。例如,1960年代日本市民社会进行反公害运动时,通常侧重于使用告发、诉讼、抗议等直接向政府或企业表达不满的方式。进入1970年代以后,日本市民社会意识到,市民自身生活方式也会对地球与自然环境造成影响,开始自发追求更加环保的生活方式,并与地方自治体、企业进行合作,经营发展非营利的可替代能源事业。例如,致力于发展风力发电清洁能源的北海道绿色基金,就是这一时期日本新型市民社会活动的典型案例。除了环保运动之外,消费者运动、女性以及残疾人自立运动等市民社会活动也在这一时期兴起。

"二战"后日本在政官商铁三角的统治下,形成了国家主导的赶超型政治经济体制。从1955年日本经济复苏一直到1970年代,日本在经济高速成长的道路上疾驰了20余年的同时,其政治经济体制内部的问题也逐渐显露。关于国家精英阶层结构渎职、项目投标违规、企业犯罪的丑闻陆续被媒体披露,引起了日本市民社会对政府的不满。再加上1960年代日本企业频频引发的环境公害问题,日本市民社会开始关注企业的社会责任问题。

为了扭转公众对企业的负面印象,一些日本企业开始建立基金会,资助科技、教育、福利等市民社会活动的发展。尤其是到了1970年代以后,日本的企业基金会所资助的领域显现出多样化趋势,许多关注社会福利领域事业的基金会建立起来。其中,比较著名的有丰田财团(1974)、三得利财团(1979)和日本生命保险财团(1979)基金会,这些企业基金会将资助范围加以扩展,除了资助传统的科教及社会福利领域,还开始资助市民活动以及志愿者活动。然而总体而言,对NGO进行资助的日本财团数量很少。除了上述三个财团外,这一时期还有庭野和平财团、神奈川国际交流财团等个别企业财团对NGO进行资助。

与欧美国家相比,日本的民间财团对NGO的资助规模极小。主要有三方面原因:

第一,"二战"后日本政府采取高税收高福利的国家政策,再加上财阀被美国占领军解散，使得日本很难出现像卡耐基、洛克菲勒这样的大富豪，因此，日本的民间财团主要以企业财团为主。而企业财团尽管具有公益性质，但是在资助项目设定、资助对象选择方面，仍然会受到营利性目的的影响。所以，日本的企业财团资助的主要领域，多集中在科学研究、教育、国际交流等可能对行业发展或者对企业自身发展有利的领域。并且，日本经济从1970年代开始出现下行趋势，1980年代后更是进入了长期停滞阶段，企业盈利减少使得这些民间财团所能获得的资金也随之减少。这些财团在资金受限的情况下，必然选择优先资助更能看到直接效果的资助对象，而不是NGO。

第二，日本对财团法人有着严格的法律限制。按照日本法人法规定，日本的民间财团在申请法人资格时，需要确定资助行为所涉及的具体事业内容。与NGO申请公益法人认定一样，财团法人的设立需要依据中央官厅或地方自治体的许可制度，依据具体事业内容，分别向不同主管官厅递交申请。而不同主管官厅的认证标准并不统一。如果财团从事多个事业领域的资助活动，就需要分别依据不同的标准向不同部门申请，整个申请过程烦琐复杂。这在相当程度上导致了民间财团在设立之后，很难变更资助领域。但是1970—1980年代前期，日本NGO还处在成长阶段，社会认可度与自身影响力都还十分低下，所以很多民间财团在设立之初并没有将其视为资助对象。

第三，日本政府对NGO的消极性态度，限制了民间财团的资助热情。一直到1980年代末，日本政府对NGO的评价都很低。政府官员与国家政治精英，通常将NGO视为没有任何专业经验的"外行"。日本政府除了与几个特殊的半官方NGO之间有互动关系之外，并没有向大多数市民社会自发形成的NGO开放进入国家政治系统的渠道。这就造成了日本大部分NGO，无法获得参与国家决策过程的机会，在政治上的影响力微弱。并且如上文所述，日本政府对NGO实施严格的法律监管，没有意愿从国家层面上促进 NGO 的发展。因此，日本 NGO 直到 1980 年代末一直处于国家政治系统中的边缘地位。在政官商铁三角治下的日本社会，大公司大财团在运营决策方面往往与政府保持密切联系。考虑到政府对 NGO 的轻视态度，可以推断民间财团对 NGO 的资助态度也应该是消极的。

再来看日本民间财团的发展情况，1980 年代日本经济进入泡沫景气阶段，随后 1985 年《广场协议》签订，日本迅速开始了国际化的进程。1980 年代中期以后，许多民间财团迅速成立。据统计，整个 1980 年代日本新成立了约 330 个民间财团，总资产达到了 967 亿日元。[①] 其中，相当一部分的新成立财团，都将国际活动作为了主要业务领域，具体从事留学生、国际交流、国际研究活动领域的资助活动。虽然到了 1980 年代末至 1990 年代，日本政府转而支持 NGO 的发展，但是泡沫经济崩溃导致日本企业经营状况恶化，新设民间财团数量锐减，更没有以支援 NGO 活动为主要目的的财团成立了。

在日本 NGO 的成长阶段，尽管有一批从事难民紧急支援活动的 NGO 成立，但是这些 NGO 大多是由早已在柬埔寨、孟加拉国等国开展活动的志愿者或个人成立的（如 JVC）。难民支援 NGO 的组织者大多切身体验到了，印支难民危机等人道主义危机对当地所造成的伤害。出于帮助弱者的心理，他们创立了从事难民支援活动的 NGO。因此，这一时期成立的大部分日本 NGO，并不是在日本国内市民社会活动扩展至国外的情况下建立的，而是从一开始就直接受到了国际社会关于难民援助的人道主义规范的影响。

二、国家政治因素：依旧受限的 NGO 活动空间

在日本 NGO 发展的成长期，仍然难以发现国内政治因素对 NGO 发展的促进作用。日本政府仍然延续前一时期对 NGO 的法律法规，依旧封闭

---

① 文化交流研究会：『日本・アセアン国際文化交流・文化協力事業の歴史的経緯、現状、課題』，国際交流基金アジアセンター 1999 年版。

大多数 NGO 进入国家政治系统的渠道。不论是在政治空间还是在经济空间，日本 NGO 的活动都受到了国家政治因素的限制，国家与 NGO 间并没有建立良好的互动关系，甚至鲜有互动。

例如，依据从事印支难民支援工作的代表性 NGO——日本国际志愿者中心（JVC）的创始人星野昌子所述，日本外务省认为进行难民救援工作的日本 NGO 没有专业经验，在柬埔寨当地进行的医疗活动是擅自妄为，还给政府平添了困扰。并且，日本驻柬埔寨大使馆对进行难民救助的 JVC 等日本 NGO，不但没有提供帮助，反而故意设置诸多障碍。[1]

这一时期的日本 NGO 与国内的市民社会活动的发展，实际处于两条平行线之上。上文已经提到，以难民紧急支援 NGO 为代表的日本 NGO，主要是基于自身在危机发生国的体验，以及难民援助的人道主义国际规范的影响而产生的；而日本国内市民社会活动，则是在 1960 年代社会运动的基础上发展起来的。换句话说，即日本 NGO 在成长期的发展，并不是在国内市民社会活动向海外扩展的基础上形成的。这些日本 NGO 并没有像欧美国家的 NGO 那样，由国内工人运动、妇女解放运动、民权运动等社会运动国际化，或者教会进行跨国宗教社会活动演化发展而来。

1960—1980 年代，全世界都被笼罩在东西对峙的冷战阴影之中，日本则在这段时期享受着"五五年"体制下的高度经济繁荣。然而，以国家主导的政府与市民间权力关系为基础的日本政治与社会结构开始面临挑战。从 1970 年代开始，关于自民党政客的政治腐败丑闻被接连披露，日本国内民众对执政党的不信任感日益增强。

为了增强民众信心，日本政府在 1973 年发布国家年度预算时，对外宣布当年为日本的"福利元年"。日本的国家财政政策，从原来的只重视高度成长，转变为重点充实国家社会保障，建立福利国家。响应政府建立福利国

---

[1] 金敬默编：『NGOの源流をたずねて：難民救援から政策提言まで』，株式会社めこん2011年版，第 55—60 頁。

家的政策,日本社会福祉协议会(社协)①开始着手在全国设立志愿者中心(见表3-2)。1975年,中央志愿者中心成立,1976年,全国志愿者活动振兴中心设立。1977年,当时的日本厚生省开始对志愿者活动振兴中心提供国家补助。据表3-2所示,半官半民性质的日本社会福祉协议会,1979年,曾经向位于泰国边境的难民营,派遣柬埔寨难民救援医疗团。除此之外并没有其他支持NGO活动的举措。

表3-2 日本社会福祉协议会年表("二战"后至1980年代前期)

时间(年)	重要国际/社会事件	社会福祉协议会相关事件
1945	第二次世界大战终结	
1951		《社会福祉事业法》公布。中央社会福祉协议会创立
1953		全国社会福祉协议会"志愿者研究会"召开
1960	越南战争开始	
1961		开设"善意银行"(大分县、德岛县)
1962		大阪志愿者协会成立。青年海外协力队成立
1964	美国民权法案批准	日本青年奉仕协会成立
1965		全社协制定《志愿者育成基本要纲》
1967		广辞苑收录"ボランティア"(志愿者)词条
1968		全社协志愿活动研究委员会制定《志愿者活动育成基本要项》
1969		日本各地社协开始设立志愿者中心
1973	第一次石油危机	

---

① 社会福祉协议会是一个以推进民间地区福利事业与志愿者活动为目的而设立的民间团体,简称社协。在法律上受《社会福祉法》管理,拥有社会福祉法人资格。组织结构上包括一个位于日本首都东京的全国性的协议会,以及各都道府县、特别区、政令指定城市、市町村层级的分协议会。尽管社协属于民间团体,但是其本身是以《社会福祉法》为背景而设立的按照日本行政区划组织运营的全国性团体,大部分的运营资金来源于日本行政机关,因此,具有"半官半民""公私合办"的性质,是日本政府推进民间福利事业的重要合作机构。

续表

时间(年)	重要国际/社会事件	社会福祉协议会相关事件
1975	越南战争结束	
1977		全社协、全国志愿者/市民活动振兴中心创立。日本奉仕中心(现日本国际志愿者中心)设立
1979		开始向泰国边境难民营派遣柬埔寨难民救援医疗团。东京志愿者中心(现东京志愿者市民活动中心)设立
1981	国际残疾人年	国际残疾人年推进会议
1983	日本人平均寿命成为世界第一	市町村社会福祉协议会法律地位确定(10月1日施行)
1985	《男女雇用机会均等法》颁布	非洲/亚洲救援筹款运动实施
1986	日本内阁通过《长寿社会对策大纲》	第23届国际社会福祉会议召开(9月,东京)

资料来源：根据日本《社会福祉法》全国社会福祉协议会网站资料整理自制表格,具体参见http://www.zcwvc.net/,2015年11月17日访问。

再来看在国家层面上日本针对当时印支难民问题的应对行为。日本自"二战"后到印支难民危机为止,一直对国际难民问题持漠视态度。日本政府在外交活动中不重视难民问题,主要有如下两个原因：一是经济方面,战后初期的日本经济状况导致了政府财力不足,国家选择将主要精力放在国内经济发展与战后重建之上,不可能为解决难民问题投入过多资金;而且,对难民救助活动所进行的投资,并不会带来较多的经济利益,对于奉行"经济立国"战略的日本政府而言,这笔"生意"显然是不划算的。二是地理方面,因1950—1953年的朝鲜战争、1956年的匈牙利十月事件、1959年的古巴革命、1968年的布拉格之春等国际事件,引发了世界各地一系列的难民危机。但是,战后各国或地区出现的这些难民潮,并未波及日本本土。因此,日本政府及民众对于难民问题更多的是持一种"隔岸观火"的态度。

早在1950年,联合国就为应对巴勒斯坦难民问题设立了近东救济工程处（UNRWA），以及为协调解决世界难民问题的难民事务高级专员办事处（UNHCR）。但是，日本政府首次向 UNRWA 捐资却是在 1953 年，并且截至 1974 年，日本政府 22 年间的年平均捐资额仅为 18 万美元。另据 UNHCR 数据统计，直到 1978 年，日本才开始提高对 UNHCR 的资金捐助额度。（见图 3-1）

图 3-1　日本向 UNHCR 捐助金额（1972—1991 年）

资料来源：UNHCR。

日本政府首次设立处理难民问题的行政机构是在 1979 年。这一年，日本外务省在其内部的亚洲局下设了"东南亚难民问题对策室"。显然，这一部门的成立与当时的印支难民问题有着密切关联。但是，在 1984 年日本外务省联合国局人权难民科设立之前，日本政府关于向难民事务相关国际组织捐款、在联合国论坛处理难民相关事务的工作，都由外务省联合国局企划调整科与政治课分别管理。日本政府于 1980 年首次在《外交蓝皮书》中提及以印支难民危机为代表的难民问题，并在次年发布的《外交蓝皮书》中，将难民问题的处理划归到联合国活动的部分。[①]

如表 3-1 所示，印支难民危机首次与日本产生关联是在 1975 年 5 月。

[①] 角﨑利夫：「難民問題をめぐる日本の対応——過去の経緯と今後のあり方」，『国際問題』，1992 年 4 月号，第 49 頁。

1975 年共有 9 艘难民船搭载着 126 名印支半岛难民抵达日本,1976 年有 11 艘难民船共 247 人抵日,1977 年这一数字突然增加至 25 艘船 833 人。此后的 1979—1982 年,抵日印支难民数量每年都保持在 1 000 人以上,特别是在 1980 年,抵日难民潮达到了高峰,共有 1 278 人搭乘 32 艘难民船进入日本。①

日本作为一个岛国,在印支难民危机以前,从未经历过如此大规模的外来人口迁入问题。面对大量印支难民的涌入,日本不仅需要从人道主义出发,及时处理抵日难民安置等问题,还需要考虑国家利益与国内社会稳定,控制流入难民的数量。而只有消除难民问题产生的原因,才能从根本上控制不断涌入的难民潮。但是,印支半岛问题本身就是一个牵涉多个国家的多边政治问题,仅靠个别国家的力量显然无法应对,只能通过国际社会形成相关共识,构建相应的多边机制予以解决。例如,1979 年 5 月,面对不断增加的难民,为了保护渡海难民的安全,并减轻难民接受国的负担,UNHCR 就与越南政府间缔结了《实施合法出国计划(ODP)相关备忘录》。因此,这也就要求日本在国际层面上,必须参与到构建难民问题解决机制之中。

1979 年 6 月,在日本的主持下,关于应对印支难民危机的国际会议在当年的东京 G7 峰会期间召开。同年 7 月,当时的日本外务大臣园田直参加了关于难民问题的日内瓦国际会议,并承诺日本将就难民问题作出相应的国际贡献,宣布日本将负担 1979 年 UNHCR 印支难民救济计划所需总资金的 50%,约 6 000 万美元,另外,日本政府还将追加约 3 000 万美元资金,作为对国际难民合作活动的贡献。从 1979 年开始,日本成为继美国之后的第二大 UNHCR 出资国。并且,日本还通过 UNHCR 与联合国国境救援活动(UNBRO),为当时在泰国及柬埔寨避难难民,提供了大量的资金与食品援助,并且其援助数额还一度达到了世界第一水平。

---

① 日本外务省: 国内における難民の受け入れ, 外務省ホームページhttp://www.mofa.go.jp/mofaj/gaiko/nanmin/main3.html, 2015 年 12 月 18 日。

不过,虽然日本政府在解决印支难民危机问题上确实投入了大量的资金,但是在接受难民定居方面却表现不佳。在前面提到的日内瓦国际会议上,日本的园田直外相曾表示,针对难民救济国际合作活动,各国需依据本国国情行事。既可以通过促进难民在接受国本国的定居,也可以通过扩大资金支持的方式为难民问题的解决作出贡献。[1] 由于当时的日本国内法律限制,抵日难民获得移居第三国许可之前在日本的短期滞留期间,无法获得日本法律上的承认。这导致印支难民在日期间无法获得合法滞留身份,难以在法律上获得相应的难民保护。再加上日本在政府行政方面,并没有建立完备的难民接收体制,且没有为难民提供临时庇护的政府设施,因此只能依靠民间宗教团体与红十字会为难民提供救助服务。

这一情况在1979年东京峰会与日内瓦国际会议之后得到了改善,日本政府开始增加难民规模、放宽难民获得定居许可的条件,相继设置了一批政府运营的难民收容救助机构,并委托亚洲福祉教育财团下属的难民事业本部,负责促进印支难民定居的具体工作。上述这些措施很快就收到了成效,据UNHCR统计,截至1981年年末,在日定居的印支难民数量达到了1 379名。但是与当时欧美各国所接收的印支难民数量相比,日本在难民接收方面表现消极,受到了国际社会的批评。

日本政府的上述一系列行为,证明日本已经开始在外交活动中重视难民问题。而日本之所以从国家层面上转变对难民问题的态度,尤其是在印支难民问题上转而开始进行积极的国内外活动,主要出于以下几个原因:

首先,经过"二战"后20年左右的发展,日本的国家经济实力有了大幅提高,并跻身世界发达国家行列。与此同时,伴随着日本企业在国际市场上

---

[1] 日本外務省:インドシナ難民問題国際会議における園田外務大臣の演説,外務省ホームページ 昭和61年版「わが外交の近況」,http://www.mofa.go.jp/mofaj/gaiko/bluebook/1980/s55-shiryou-10205.htm,2015年12月18日。

的活动,日本与其他国家,尤其是美国之间的贸易摩擦问题日趋严重。美国不再允许日本继续"搭便车",只是享受其保护下的和平环境与丰富的资源供给,而不付出相应的成本。转而要求日本分担一定的国际责任,并提供相应数量的国际公共产品。因此在解决难民等国际问题方面,以美国为代表的西方国际社会,也开始要求日本承担更多地国际责任,作出更多的贡献,而不是继续置身事外。

其次,日本国内民众生活水平已经在1980年代初达到了相当高的水平,他们不再仅仅关注身边的日常琐事,而是在大众媒体的引导下,开始更多地关注全球事务。例如,印支难民危机发生之后,日本国内媒体对此所进行的大量报道,就引起了日本国内市民社会对于难民问题的关注,这也在相当大程度上,为这一阶段日本NGO的发展提供了一定的社会性基础。

再次,印支难民危机对整个东亚地区的安全稳定造成了影响,日本出于国家利益的角度,有意愿通过参与印支难民问题的解决,维护本国的周边安全环境。在此之前所发生的一系列难民问题,并未严重波及日本周边的安全环境。并且,在1975年日本昭和天皇访美之后,日美之间的安全保障关系已经从原先的"保护与被保护"关系,转变为所谓的"对等伙伴关系"。这也意味着,日本在面临安保问题时不能再像以前那样完全依赖于美国的保护,而是需要在一定程度上的"自保"。

日本政府在解决印支难民危机问题过程中的表现,充分体现了日本在国家层面上,接受(国际社会关于难民救助的)国际规范的影响,进而改变国家行为的过程。本书曾在第一章理论框架中提到,当国家决定采取某项国际规范,并开始通过改变自身对外行为,学习或内化这项规范时,其行为动机并不总是从理性主义角度出发的。某些国际规范可能并不能帮助国家实现自身国家利益的最大化,但是却能帮助国家获得国际社会的认同。

例如,接收印支难民定居日本,为解决印支难民危机问题而向联合国等相关国际机构捐款,向难民营提供食品及资金支持或者主持召开相关难民问题国际会议等行为,并不能为日本带来切实的"好处",反而在一定程度上还损害了日本的国家利益。因此,日本政府的上述举动,显然并不是基于"利益"而作出的选择。应该说,日本政府的行为动机,更多的是基于获得国际声望、建构日本自身在国际社会中的认同感的期望。曾担任联合国难民署专员的绪方贞子,在1983年日本首次举办模拟联合国大会时曾说,印支难民问题对日本产生了极大的刺激作用。自此,日本在人道主义问题上,开始将自身视作是国际社会的一员。[①] 这番话也在一定程度上再次印证了笔者的观点:国家在国际社会中的社会化行为模式,更多的是基于他们所处的社会环境而进行的,并非是物质或权力因素导致了这一结果。例如,日本在解决印支难民危机过程中的活动,更多的是希望获得国际社会的认同,树立自身"负责任大国"的新形象,而非为了获得切实的物质利益或权力。

根据前文提到的国际规范生命周期理论,可以发现,1970—1980年代前期,关于解决印支难民问题的国际规范,已经在国际社会当中诞生并开始向国家层次扩散。并且,这一扩散作用已经在国家层次上,影响到了当时的日本,并使之开始学习这一规范,改变其自身的对外行为。但是与此同时,这一规范的内化过程,并未在日本的国内层面最终完成。因为,在日本应对印支难民危机过程中,国家并未以制度化的方式,向日本国内社会"传递"关于解决印支难民问题的新国际规范,国家行为与国内市民社会行为实际上是发生在两条平行线之上的。两者之间没有就难民问题相关国际规范的内化形成制度化的互动模式,而是各自利用自身资源并以此为基准调适自身行为,以学习、模仿上述规范。

那么,关于难民救助的国际规范在日本的内化,是否遵循了另外一条路径——也就是未经国家"传递",而是直接由日本国内市民社会绕过国家,参与到难民援助这一规范的扩散之中呢? 在本章第二节关于日本NGO成长

---

① 日本模擬国連(GMUN):日本模擬国連(JMUN)とは,日本模擬国連(GMUN)ホームページhttp://jmun.org/index.html,2015年12月18日。

期的市民社会因素分析中提到,这一时期确实成立了一批从事难民紧急支援活动的日本 NGO 组织,但是这些组织是从被救援国当地发展起来的,并非是日本国内市民社会接受难民问题相关国际规范的影响,进而从日本扩散至受援国当地。也就是说,这些难民紧急支援 NGO 所拥有的市民社会基础并不在日本国内。不过,虽然这些难民紧急支援 NGO,从一开始就直接受到了国际社会关于难民援助的国际规范的影响,但是由于缺乏进入国家决策系统的政治机会与渠道,他们无法为这一国际规范在日本国内的内化提供有效推动力。

综上说明,在日本 NGO 发展的成长期,(以解决印支难民危机问题为代表的)国际规范在国际社会当中诞生之后,已经从国际层次扩散至日本国内,并分别对国家与市民社会的行为产生了相应的影响。日本政府期望提高自身在国际社会当中的声望,因此开始依据国际规范的要求进行学习、模仿,进而改变自身的行为,以获得国际社会的认同。但是,日本政府并未通过国家行为将上述国际规范"传递"至国内市民社会。日本国内市民社会开始组织 NGO 等市民社会活动,进行难民救援工作,并非受到了日本国家行为的影响。并且,市民社会也没有与国家合作,共同促进相关规范在国内的制度化。也就是说,在规范的内化阶段,该国际规范并未经由"国际→国家→市民社会"的传导路径,而是在跨国社会性因素的影响之下,直接影响到了日本国内市民社会。国际规范在日本国内的内化过程中,两个国内政治行为体分别受到了国际规范扩散效应的影响,但是国家与市民社会之间并未出现充分的互动。

接下来,笔者将从这一阶段日本的国家与 NGO 关系来验证上述现象。1989 年以前,从事国际活动的日本 NGO 很少受到来自国家的支持。与其他经济合作与发展组织成员国相比,日本针对 NGO 发展的官方支援项目相当稀少,只有很少一部分在外务省注册的具有公益法人资格的 NGO 可以获得政府补助金。1980 年代,日本只有 6 个公益法人团体获得了外务省提供的用于支持国际发展协力活动的补助金。

1986年,日本外务省向日本国际医疗团、OISCA、JOICFP、国际看护交流协会、国际协力推进协会提供了总额4.3亿日元的补助金。JSV(Japan Silver Volunteers)则以交通费补贴的形式获得了外务省的资助。① 在这6个公益法人团体中,日本国际医疗团与国际看护交流协会属于专业医疗服务组织,而国际协力推进协会则是一个半官方NGO(QUANGO),这一组织主要承接日本外务省相关项目进行太平洋岛国地区及加勒比海地区ODA项目实施工作,以及面向日本国内外进行ODA项目公关推广活动。② 也就是说,这些获得国家财政资金支持的极少数日本市民社会团体当中,只有OISCA、JOICFP(国際協力NGOジョイセフ)、JSV三个团体属于通常意义上的NGO。③

即使上述这三个勉强被认为符合NGO特征的团体,也与日本政府有着密切的联系。日本家族计划国际协力财团(JOICFP)从1968年成立之初,就开始接受日本政府的资金支持。从1975年开始,JOICFP就开始与日本半官方性质组织国际协力机构(JICA)进行项目合作。并且,JOICFP的历任会长都曾在政府或国际机构中担任要职。其中,JOICFP五任会长中有两位日本前首相,一位前参议院议员,而现任会长则是前联合国副秘书长明石康(参见表2-3,JOICFP历任会长)。

奥伊斯卡国际(OISCA,オイスカ)则与日本自民党有着密切的关系。1967年,在当时的日本首相佐藤荣作的支持下,以自由民主党议员为主要成员的OISCA国际活动推进国会议员联盟(简称"OISCA议联")成立。截至2007年,日本政坛中已经有140名日本国会议员参加了OISCA议联。现任OISCA议联会长是安倍内阁的地方创生担当大臣石破茂。④ OISCA

---

① 日本外務省:『我が国の政府開発援助』,外務省1987版,第87頁。
② APIC Japan:APICについて,一般財団法人国際協力推進協会ホームページhttp://www.apic.or.jp/about/,2015年12月18日。
③ 关于这三个NGO的相关情况可参见本书第二章相关内容。
④ OISCA:「TOPIC:オイスカ国際活動促進国会議員連盟 設立40周年記念式典盛大に」,『月刊OISCA』,2007年12月号,第8—9頁。

从1972年开始接受日本政府的补助金,[①]1975年OISCA还成为JICA的项目实施机构,1980年代更是进一步与JICA建立了项目层面的合作伙伴关系。[②]

日本银色志愿者组织(JSV)是由日本大藏省财务官、亚洲开发银行首任总裁渡边武提议创立的。JSV的主要业务是派遣退休技术专家到发展中国家进行援助活动。与前面提到的两个NGO相类似,JSV从1980年代开始,就一直接受日本外务省的补助金支持。

总体来说,在1989年以前,日本政府只向极少一部分与政府有着密切关联的NGO提供资金支持,并且整个资金提供过程缺乏竞争性与透明度。在所提供的NGO支持项目资金规模上,日本也远远落后于其他经济合作与发展组织主要成员国(见表3-3)。日本政府并没有将本国的NGO部门纳入国家对外援助计划中,也没有为日本NGO在海外开展活动提供积极支持。

表3-3 部分经济合作与发展组织成员国对NGO官方资金支持(1980—2001年)　　　单位:百万美元

国别 \ 年份	1980	1985	1990	1995	2001
加拿大	60	129	226	307	168
法　国	4	43	26	24	27
德　国	198	163	185	709	—
日　本	27	41	72	266	179
荷　兰	88	69	183	298	310
瑞　典	49	33	223	112	85

---

① Alan Rix, *Japan's Foreign Aid Challenge: Policy Reform and Aid Leadership*, London and New York: Routledge, 1993, p.65.
② Yoshiko Y. Nakano, *A Message from OISCA to Mother Earth*, Tokyo: OISCA-International, 1991, p.124.

续 表

国别 \ 年份	1980	1985	1990	1995	2001
瑞　士	20	41	138	154	32
英　国	4	13.2	12	66	189
美　国	605	803	—	1 442	—

资料来源：DAC - OECD。[①]

在日本 NGO 发展的成长期，国家开始向极少数 NGO 提供财政支持，有限地扩大了一定的经济空间，但是仍未向国内的 NGO 部门开放更多的政治空间。另外，国家与 NGO 之间的互动关系模式，较之前一阶段也发生了变化。两者之间的关系开始出现了向第四种模式——同化吸收模式发展的趋势。

之所以出现这种变化，主要是由于进入 1970 年代以后，日本国内外环境出现了变化，尤其是在世界各国完成战后复兴之后，国际规范的主题出现了多样化的趋势。再加上自身国家经济实力的增强与参与国际社会活动机会的增多，日本从 1970 年代以后，开始接触到更多的新兴国际规范。对于日本来说，在以处理印支难民危机为代表的一系列新国际规范的扩散阶段，国家与市民社会两个政治行为体分别受到了上述新规范的影响，两者开始主动或被动地参与规范的内化过程之中。

与此同时，虽然日本已经开始有意识地扩大极个别 NGO 的经济空间，但由于国家仍然没有意愿向国内 NGO 部门提供更多政治空间，因此，在日本 NGO 发展的成长期，其活动空间并未出现较大的变化。依然被压缩的活动空间使得日本 NGO 部门难以实现大规模的发展。这也导致了日本的 NGO 部门力量薄弱，无力影响国家的相关决策过程，也难以成为国家在内

[①] Development Assistance Committee (DAC)：*Development Co-operation Report*，OECD http://www.oecd-ilibrary.org/development/development-co-operation-report_20747721，2015 - 12 - 19.

化新国际规范过程中的协作伙伴。再加上日本的"大政府"政治体制,使得国家并没有意愿促进本国 NGO 部门的发展,并与之发展成为业务上的协作伙伴关系,而是更倾向于采取同化吸收模式来对待国内的 NGO 部门。

第三节　成长期的代表性日本 NGO

尽管日本 NGO 部门的活动空间依然处于被压缩状态,但是在一系列新兴国际规范扩散效应影响之下,在日本 NGO 发展的成长期,新成立 NGO 的数量较初始期有所增多。尤其是受印支难民危机影响,诞生了一批从事难民紧急支援活动的 NGO。不仅如此,日本 NGO 的活动领域从这一时期开始增多,涉及范围更加广泛。例如,1977 年由日本大藏省财务官、亚洲开发银行首任总裁渡边武提议创立的日本银色志愿者组织(JAPAN SILVER VOLUNTEERS,JSV,シルバーボランティアズ)。JSV 设立的目的主要是,倡议退休的日本中老年人发挥自身经验与技术所长,为发展中国家提供技术协力。[①] 以及 1972 年,在当时担任世界盲人福祉协议会(World Council for Welfare of the Blind)副会长、亚洲地区委员长的岩崎英行的呼吁下建立的亚洲眼科医疗协力会(Association for Ophthalmic Cooperation in Asia,AOCA,アジア眼科医療協力会)等。[②]

这一时期由自发的市民参加活动发展而来的代表性日本 NGO 是"市民海外协力会"(Shaplaneer,シャプラニール゠市民による海外協力会)。1972 年春,福泽郁文等 50 名日本青年志愿者,以"孟加拉国复兴农业奉仕团"的名义自发赴当时刚独立不久的孟加拉国开展志愿者活动。1973 年,

---

[①] JSV:財団の概要,公益財団法人日本シルバーボランティアズホームページhttp://www.jsv.or.jp/,2015 年 11 月 27 日。
[②] アジア眼科医療協力会:AOCAについて,特定非営利活動法人アジア眼科医療協力会ホームページhttp://www.aoca.jp/JP/greetings.html,2015 年 11 月 27 日。

这些志愿者返回日本，决定继续从事针对孟加拉国人民的援助活动。于是，志愿者们利用在新宿街头募集到的资金，组成了"援助孟加拉国协会"（ヘルプ・バングラデシュ・コミティ，HBC），也就是现在Shaplaneer（1983年更名。Shaplaneer是孟加拉语词汇，意思是"白莲之家"）的前身。Shaplaneer现在主要在孟加拉国、尼泊尔、印度等南亚地区，与当地的NGO合作从事农村开发、灾害对策、针对街头流浪儿童与从事家庭保姆工作少女的支援活动。而且，Shaplaneer不仅在海外从事支援活动，还在日本国内以售卖孟加拉国、尼泊尔特色手工艺品的方式，推广公平贸易（Fair Trade）活动。他们还将海外协力与保护地球环境活动相结合，通过二手书籍、CD回收售卖，将所得收益用于其他的海外援助活动。①

此外，日本最早的调查研究型NGO——亚太资料中心（アジア太平洋資料センター，PARC）于1973年成立，由日本社会活动家武藤一羊、政治评论家北泽洋子等创立。PARC发端于1969年日本反越战运动中诞生的英文杂志AMPO（杂志名来自第一期杂志的副标题"A Report From the Japanese People's Movement"）。这本杂志创立的初衷，是想将日本及亚洲地区国家的市民运动情况以及普通市民的声音传达到海外。然而，在杂志配发过程中，AMPO编辑部却意外收到了许多海外市民活动团体，以及个人寄来的出版物及资料，从而逐渐形成了一个分享国际NPO活动信息的国际网络。"亚太资料中心"的名称也由此而来。② PARC是以"非政府"的立场与观点，来看待日本经济高速增长阶段，在日本国内所发生的安保、氢弹/核试验、劳动、公害等问题，这一NGO承担了向海外传播日本市民社会发展情况的重要作用。

除了上述NGO，1970年代中后期至1980年代，日本NGO发展过程中

---

① Shaplaneer：シャプラニールとは，Shaplaneerホームページ http://www.shaplaneer.org/about/history_table.html，2015年11月28日。
② PARC：PARCとは，NPO法人アジア太平洋資料センターホームページ http://www.parc-jp.org/guidance/guidance_01.html，2015年11月28日。

还出现了四种新的 NGO 类型。

第一，日本首次出现了资金募集·公益信托型的 NGO——亚洲公益信托（アジア·コミュニティ·トラスト，Asian Community Trust，ACT，1979 年）。[1] ACT 本身并不直接从事国际协力活动，而是通过为从事亚洲各国社会开发、农业、教育、保健等活动的市民社会团体提供补助金的方式来进行 NGO 活动。

第二，出现了像亚洲保健研修所（アジア保険研修所，AHI，1980 年）、[2]PHD 协会（1981 年）[3]这样的本身并不进行海外现场援助活动，而是以培养海外地域开发工作者、指导者为主要业务的培养教育型 NGO。这种培养教育型 NGO 通常并不直接向受援助地区输送人力、物力及财力，而是通过向受援当地志愿工作者与志愿工作指导者，提供培训机会的方式开展 NGO 活动。

第三，开始出现从事维护女性、外国劳工权益活动的人权 NGO。例如，1983 年建立的亚洲女子劳动者交流中心（已解散）等。

第四，开始出现环境 NGO。例如，1980 年成立的日本地球之友（Friend of the Earth Japan，现已更名为日本国际环境 NGO FoE，国际環境 NGO FoEジャパン）、1986 年成立的热带雨林行动网络（熱帯林行動ネットワーク，JATAN）等。

此外，这一时期还有一批应国际组织要求而成立的日本 NGO。主要包括：1970 年 3 月成立的"社团法人　大赦国际日本"（アムネスティ·インターナショナル日本）、1971 年成立的"世界野生生物基金日本委员会"〔财

---

[1] ACT：ACT とは，公益信託アジア·コミュニティ·トラストホームページhttp://www.acc21.org/act/act/index.html，2015 年 11 月 29 日。
[2] アジア保健研修所：AHIってなに？，Asian Health Institute アジア保健研修所ホームページ http://ahi-japan.sakura.ne.jp/xcl/modules/pico/index.php?content_id=8，2015 年 11 月 29 日。
[3] PHD 协会：PHDの団体概要，公益財団法人 PHD 協会ホームページhttp://www.phd-kobe.org/gaiyou.html，2015 年 11 月 29 日。

团法人　世界自然基金会（WWF）在日本的前身，世界自然保護基金（WWF）ジャパン]。①

第四节　小　　结

综上，以参与解决印支难民问题为契机，日本 NGO 在成长期的活动主要围绕紧急救援这一主题展开。同时，它们还认识到，尽管紧急援助可以在短时间内，起到帮助受害民众的作用，但是内战、战争、自然灾害，以及难民问题此起彼伏、应接不暇，这些受灾害地区在危机过后依然面临着重重问题。针对特定国家/地区个别问题的援助，并不能彻底解决问题。南北差距才是造成这些国家/地区长期贫困、政局不稳，以及抗灾害能力差的根本原因。因此，许多日本 NGO 在从事救援活动的过程中，开始逐步扩展业务领域，从单纯的人道主义难民紧急救援活动，扩展到帮助难民问题发生国消除贫困、解决社会性问题、促进可持续发展等长期援助活动。

与此同时，尽管这些日本 NGO 从开始难民援助活动之初，就在援助第一线亲身体验到了，国际政治经济结构性不平衡对南北发展问题、难民问题等全球性问题所造成的影响，但是由于自身资金规模及影响力所限，它们并没有能力从政策倡议的政治角度，根本改变这种造成全球发展不平衡的结构性原因。并且，在日本 NGO 发展的成长期，那些有能力从事国际领域援助事务的 NGO，依然大部分与政府有着密切关联，有些甚至本身就是政府的外延团体。这类 NGO 在行动上多采取配合政府的立场，而不是企图影响或改变国家的对外决策。因此，日本 NGO 部门在成长期的发展依然偏重于操作型 NGO 的发展，而倡议型 NGO 的发展依然十分迟缓。

---

① 详情参见日本大赦国际网页：http://www.amnesty.or.jp/，日本 WWF 网页：https://www.wwf.or.jp/，2015 年 11 月 28 日。

从这一阶段影响日本NGO兴起与发展的诱因来看,国际层次的影响作用远远大于国内层次。一方面,以印支难民问题为契机,关于难民援助的人道主义国际规范影响了日本市民社会,促使日本民众以NGO的形式组织起来开展活动。但是值得注意的是,这些NGO并不是由日本国内工人运动、妇女解放运动、民权运动等社会运动的国际化发展而来的。这也证明了,在成长期阶段,日本国际协力NGO的活动,依然缺乏国内社会基础的状况。另一方面,日本政府同样受到了上述新国际规范的影响,并积极学习、模仿新规范的要求,期望通过自身在国家层次上对难民问题相关国际规范的内化,提高日本在国际社会当中的声誉,获得以美国为首的西方国家的认同。当时这种国家层次上的规范内化行为,并未经由国家"传递"至日本市民社会。也就是说,面对难民援助的人道主义国际规范在国际社会当中的扩散,日本从国家与市民社会两条不同的路径分别开始了对这一规范的内化过程,但两者并未发生明显互动。

从NGO的活动空间来看,日本在国家层次上基本延续了前一时期对于NGO的政策与态度,不论是从政治空间维度还是从经济空间维度来看,NGO的活动空间依然处于被压缩状态。尽管日本政府针对印支难民问题,依据国际社会的要求,在难民接收等方面进行了一系列国内外活动,但是,日本政府并没有与本国的NGO组织就难民问题进行广泛的互动合作。因此,笔者认为,关于难民人道主义援助的规范,在国家层面上已经出现了扩散与内化的现象,但是这种规范内化,并没有直接导致日本政府改变对本国NGO的政策,转而支持这些NGO的海外救援活动。以难民救助为代表的一系列新兴国际规范,并非经由国家的"传递"而内化至日本国内市民社会,而是经由跨国社会性因素,直接从国际层面上影响了日本国内的市民社会,进而刺激了日本NGO部门的发展进入成长期。

第四章
日本 NGO 发展的高潮期
（1980 年代后期—1990 年代）

随着 NGO 活动在日本国内外的发展，从 1980 年代后期开始，日本的 NGO 部门进入了发展的高潮期。

首先，伴随着 1980 年代后半期新成立 NGO 数量的增多，为了更好地交流信息与经验，网络化的日本 NGO 组织相继成立。这一时期，新成立的代表性网络化 NGO 组织有国际协力 NGO 中心（JANIC，国際協力 NGOセンター，1987）、关西 NGO 协议会（関西 NGO 協議会，1987）等。

其次，日本环境 NGO 参与全球性议题的能力增强，以热带雨林行动网络（JATAN，熱帯林行動ネットワーク，1987）、绿色和平组织日本支部（グリーンピースジェパン，1989）为代表的一系列新的环境 NGO 诞生。

再次，国际 NGO 在日本设立支部的现象继续增多，例如，日本救助儿童会（Save the Children Japan，セーブ・ザ・チルドレン・ジェパン，1986）、世界宣明会日本分会（World Vision Japan，ワールド・ビジョン・ジェパン，1987）等，都是在这一时期陆续成立。

1990 年代以后，1991 年的海湾战争以及同年发生的菲律宾皮纳图博火山大爆发事件，1992 年召开的地球峰会，1994 年的卢旺达种族大屠杀等影响重大的国际事件陆续发生。并且，西方发达国家在发展中国家进行援助活动时，屡屡发生破坏当地生态环境的损害性事件，使得原有援助政策的负面影响逐渐引起国际社会的关注。全球化与科技进步，使得信息的传播速度、覆盖面积大幅提升。NGO 在国际政治领域越发活跃。到了 1995 年日本"志愿者元年"前后，日本政府与市民社会，对于志愿者活动的认识进一步深化。在以上一系列国内外事件的推动下，涉及各种领域活动的日本 NGO 纷纷诞生。

1990 年代前期，国际社会开始改变关于发展援助、国际治理等问题的理念，开始倡导"人的安全保障"、可持续发展等新的国际规范，并鼓励包括 NGO 在内的市民社会组织参与新兴国际规范的扩散，以联合国为代表的国际组织继而召开的一系列国际会议是这一时期日本 NGO 发展的主要外因。日本政府官员在参加国际会议的同时，目睹了国际社会中各类国际组织，积极推动诸如促进 NGO 发展、与 NGO 建立合作伙伴关系等行动。另外，他们还切身感受到了本国 NGO 部门发展水平与西方 NGO 发达国家之间的差距。这一阶段，有利于 NGO 发展的国际规范，经由国家和市民社会两种途径，传播、内化至日本国内层面。并且，两者通过一系列的相关互动行为，最终使得日本政府对 NGO 的态度发生了根本性转变。日本政府从这一时期开始，推行了一系列促进 NGO 发展的政策。在国内层面，国家政治因素成为这一时期推动 NGO 兴起与发展的主要刺激性内因，日本 NGO 的活动空间达到了有史以来的最大限度。国家与 NGO 之间的互动关系模式逐渐向促进模式与协作模式转变。

第一节 NGO 发展高潮期的外因：国际规范的传播与内化

1980 年代后期至 1990 年代是日本 NGO 发展的高潮期。日本市民社会与国家在这一时期所经历的一系列国内外事件，深刻地影响着日本 NGO

部门的发展。

1991年海湾战争期间，虽然日本政府向以美军为主的多国部队提供了巨额资金，但是在战争结束之后，国际社会却并未对日本的贡献予以肯定。美国等参战国认为日本"只出钱不出力"，并且对于日本在海湾战争中的贡献评价极低。这一事件除了让日本政府深刻体会到外交上的挫败感之外，更使他们认识到，虽然当时的日本已经是世界经济第二大国，但在国际政治领域的影响力却依然非常微弱。因此，海湾战争结束之后，日本国会、媒体等国内各界开始就"日本应该怎样进行国际贡献"这个问题，展开了全国范围内的广泛讨论。普通市民阶层也开始关心如何才能参与国际社会活动。

除了海湾战争之外，1991年位于菲律宾吕宋岛的皮纳图博火山爆发、1994年卢旺达种族大屠杀等国际事件也被媒体大肆报道，有关这些事件的报道使得日本市民越来越关注国际问题，并开始表露出参与国际协力的意愿。

此外，随着冷战结束，国际社会内部隔阂逐渐消散，各国交往日益活跃。原来掩盖在东西对峙的紧张国际安全问题下的一系列全球性问题开始浮出水面。"人的安全保障"问题开始受到国际社会关注。在这样的背景之下，联合国在1990年代前半期，召开了一系列有关经济社会问题的国际会议。由于联合国将参与这些国际会议的NGO准入资格条件设定得比联合国经社理事会（ECOSOC）的NGO协议制度更为宽松，这使得NGO参与这些国际会议的机会大为增加。

例如，1992年在巴西召开的联合国环境与发展大会（UNCED，地球峰会），从会议准备阶段开始，联合国等相关机构就积极推动NGO的广泛参与。并且，大会还跳过ECOSOC协议制度的限制，允许大批并不具备ECOSOC协议地位的NGO也取得了参会资格。最终，超过1 400个团体获得了地球峰会NGO参与资格。其中，大部分NGO都是关注特定国家的人权或环境问题等个别领域的发展中国家NGO。

以地球峰会为开端,在此后召开的 1995 年联合国社会发展问题世界首脑会议(哥本哈根)上,共有 1 299 个 NGO 获得参会资格。第四次世界妇女大会(北京)中更是有 2 607 个 NGO 获得参加资格(表 4-1)。再加上各国媒体对这些 NGO 活动的积极报道,NGO 这一名词迅速在日本市民社会中普及开来。

表 4-1　1990 年代联合国主要国际会议与 NGO 的作用[1]

会议名称	时间、地点	主要议题	参会 NGO 数量与主要活动
联合国环境与发展大会（地球峰会）	1992 年 6 月,巴西里约热内卢	超过 100 个国家的元首参加。提出了可持续发展概念,讨论了气候变动与生物多样性丧失等问题,通过了作为各国政府行动目标的《21 世纪议程》等文件	超过 1 400 个。召开了与此会议平行的国际 NGO 论坛,约有 3 300 个 NGO 参加,制定了《国际 NGO 条约》。这次 NGO 活动成为以后联合国国际会议的范本
世界人权大会	1993 年 6 月,奥地利维也纳	171 个国家的政府参加。通过了《维也纳宣言与行动纲领》,声明自由权、社会权与发展权普遍、不可分割。决定设置联合国人权高等事务官	813 个。超过 3 000 名市民参加。主导了人权普遍性与个别性议题
国际人口与发展大会	1994 年 9 月,埃及开罗	179 个国家的代表参加。认识到女性教育与赋权是维持人口稳定与持续开发的关键,确定了未来 20 年世界人口发展目标	普及了生殖健康与权利概念,强调在实施行动计划时有必要推动与 NGO,尤其是女性团体伙伴关系的发展
联合国社会发展问题世界首脑会议	1995 年 3 月,丹麦哥本哈根	117 个国家首脑参加。各国共同确认了减少贫穷的全球目标	1 299 个。指出了经济全球化所带来的负面影响与贫富差距、雇用及社会服务保障低下等问题

---

[1] Marlies Glasius, Mary Kaldor, Helmut Anbheier (eds.), *Global Civil Society*, London: SAGE, 2005, pp. 160 - 161. Margaret P. Karns, Karen A. Mingst, *International Organizations*, Boulder, CO: Lynne Rienner Publishers, 2004, p.227. 馬橋憲男:『国連とNGO——市民参加の歴史と課題』,有信堂 1999 年版,第 96—98 頁。

续表

会议名称	时间、地点	主要议题	参会 NGO 数量与主要活动
第四次世界妇女大会	1995 年 9 月，中国北京	189 个国家的政府代表参加。讨论了女性的作用、生殖健康与权利、针对女性暴力等问题。确定了五年行动计划	2607 个。约 5 万名市民参加。NGO 论坛的活动对政府间会议议程及最终文件造成影响
第二次联合国人类居住大会	1996 年 6 月，土耳其伊斯坦布尔	以人居可持续发展为目标通过了《伊斯坦布尔宣言》与《人类居住议程》	在会议准备过程中参与宣言与行动计划的制作起草

资料来源：Marlies Glasius etc. "Global Civil Society"，Margaret P. Karns etc. "International Organizations"，馬橋憲男『国連とNGO——市民参加の歴史と課題』。

除了上述联合国召开的一系列国际会议之外，NGO 还在 1994 年的 G7 首脑峰会、G7 财长会议、国际货币基金组织（IMF）、世界银行、世界贸易组织（WTO）等国际会议上，积极进行政策提议或在会场外组织各种倡议游说活动。以 NGO 工作人员及市民参与为契机，一些新的日本 NGO 得以成立。并且，日本的 NGO 活动从 1990 年代开始，逐渐引起了国内及国际社会的关注。

例如，以日本 NGO 为中心所结成的"九二年联合国巴西会议市民联络会"（九二年国連ブラジル会議市民連絡会），参加了 1992 年召开的联合国环境与发展大会（地球峰会）。并且，在会议结束之后的第二年，也就是 1993 年，正式设立了主要进行开发与环境相关问题信息收集、调查研究的"环境・持续社会"研究中心（「環境・持続社会」研究センター，JACSES）。[①]

此外，继承了 1997 年《联合国气候变化框架公约》第三次缔约方会议上

[①] 「環境・持続社会」研究センター（JACSES）：団体のビジョン，特定非営利活動法人「環境・持続社会」研究センター（JACSES）ホームページhttp://www.jacses.org/about_jacses/vision.html，2015 年 12 月 2 日。

活动的"气候论坛"宗旨,在1998年设立的、从市民及NGO的视点来应对全球气候变暖问题的全国性网络化NGO组织——气候网络(気候ネットワーク,KIKO NETWORK)。KIKO通过与防止全球变暖国际网络NGO"气候行动网络"(気候行動ネットワーク,CAN)合作,参加了此后历年的联合国气候变化会议,并同时在日本国内开展宣传防止全球变暖活动,以及向日本政府提供政策建议。[1]

1980年代末至1990年代,日本政府突然改变了对NGO的态度,陆续出台了一系列鼓励NGO发展的政策。而造成这种变革的关键原因是支持NGO发展的国际规范开始在日本的国家层面内化。具体来说:

首先,日本NGO不像欧美NGO那样,有能力向政府施加政治压力,迫使政府转变对NGO政策。如第二、三章所述,1989年以前,日本政府与NGO部门之间几乎不存在互动关系。在国家层面上,日本的NGO部门一直受到轻视,被认为是反政府的、左翼的,或者虽对国家政权无害但却无用的业余团体。考虑到日本NGO部门自身微弱的政治影响力,以及政府对NGO所抱有的歧视性态度,可以确定日本政府改变对NGO政策,并非是受到国内政治压力的影响。

其次,日本国内市民社会没有意愿影响政府转变对国内NGO部门的政策。第三章提到,日本民间财团很少将NGO作为资助对象。而普通民众虽然从1960年代就已经开始进行各种针对国内问题的社会运动,但是大多数人对NGO的认知程度依然非常有限。虽然有一些日本NGO已经在开展国际协力活动,但是这些NGO组织的主要服务对象是难民等国外弱势群体,活动的场所也远离日本本土,日本民众在日常生活中很难接触到NGO,因此对NGO的支持度也有限。

再次,从功能主义的观点来看,NGO可以通过充当政府项目承包人的

---

[1] KIKO NETWORK 気候ネットワーク:気候ネットワークとは,KIKO NETWORK 気候ネットワークホームページhttp://www.kikonet.org/category/about-us/,2015年12月2日。

身份来体现自身的作用,从而进一步促使政府对 NGO 采取支持性的政策。具体来说,即 NGO 可以通过以下几种方式,为政府的援助项目提供有用的信息,或者降低项目运作成本:一是 NGO 可以帮助捐赠者绕过腐败的或官僚主义问题严重的受援国政府开展项目;二是如果捐赠国与受援国之间没有官方的外交渠道,NGO 可以充当项目资金的流通渠道;三是 NGO 更了解受援国或具体项目实施国或地区的情况,可以使 ODA 项目更直接地惠及当地的穷苦民众;四是 NGO 具有 ODA 项目实施的专业经验,能够使项目运作更加高效。

但是,上述观点无法用来解释日本 NGO 发展高潮期出现的原因。正如本书第二、三章所述,直到 1980 年代前期,日本 NGO 部门的整体发展规模依然较小,在国际政治领域的影响力有限,他们还没有足够的能力在日本政府的 ODA 项目中,充当政府中介的角色,或独立承担项目运营。如果日本政府基于功能主义的观点,意识到 NGO 对 ODA 项目实施能够起到有利作用,考虑到日本 NGO 的发展水平,政府早该开始发展本国的 NGO 部门。但事实上,日本政府一直到 1980 年代末,才开始推行促进本国 NGO 发展的政策,并开始允许 NGO 参与国家 ODA 政策改革以及具体的 ODA 项目实施活动中去。因此,上述功能主义观点并不是导致日本政府改变对 NGO 政策主要原因。

综上所述,日本政府转变对 NGO 的态度,开始积极促进 NGO 部门的发展,并与之建立合作伙伴关系,不是由于国内政治压力或政府功能主义的需要,而是因为国际规范的影响。1980 年代末以前,日本政府并不需要本国的 NGO 部门充当 ODA 项目的承包人角色,且不相信 NGO 具有足够的专业能力,能够为 ODA 项目实施提供相应服务。但是,国际社会关于发展援助的规范发生了变化,开始日益重视市民社会的参与及发展,最终国际规范的内化导致了日本政府改变对 NGO 政策。

如表 4-2 所示,从 1990 年代开始,日本的 NGO 部门才正式参与国家对外援助政策制定过程中。"二战"后相当长一段时期以来,不管是在ODA政策制定还是项目实施方面,日本市民社会都没有被国家纳入正式的决策机制之中。而ODA政策在日本外交政策当中具有重要地位,不仅可以帮助日本企业开拓海外市场,还可以提高日本在国际社会当中的软实力。长期以来,日本政府通常与日本的企业签订对外援助项目合同,而这些合同多涉及在海外特定区域所进行的基础设施建设等项目。获得这样的政府订单,能为企业带来较大的收益。并且,日本企业还可以借助政府ODA项目的实施,扩展自身国际业务,这又在一定程度上促进了日本公司整体实力的提高。同时,日本企业盈利水平的提高,对于日本经济的发展又产生了推动性作用。但是,日本的这种以经济为导向的援助项目,从1980年代开始受到国内外批评。

表4-2 日本NGO与政府间的正式/非正式沟通机制

名　　称	时间	主　要　内　容
关于GII的外务省/NGO定期恳谈会[1]	1994年至今	就日本政府GII(人口、传染病、全民健保、母子保健、营养改善等全球问题,Global Issues Initiative)项目进行调查研究与政策提案的定期意见交流会
日本地域主体型开发协力网络组织[2]	1996年至今	关心国际协力活动的地方自治体、学者与NGO组成的网络型NGO。主要为日本地方自治体与NGO合作提供各种正式及非正式机会
NGO/外务省定期协议会[3]	1996年至今	NGO与外务省官员之间就ODA政策制定与项目实施、NGO相关政策等议题进行讨论与信息交流的定期会议。下设全体会议(每年1次)、合作推进委员会(每年3次)和ODA政策协议会(每年3次)

---

[1] 日本外务省：GII/IDIに関する外務省/NGO定期懇談会(通称「GII/IDI懇談会」),外務省政府開発ODAホームページhttp://www.mofa.go.jp/mofaj/gaiko/oda/shimin/oda_ngo/taiwa/gii_idi.html, 2015年12月25日。
[2] CDI-JAPAN：CDI-JAPAN活動紹介,CDI-JAPANホームページhttp://www.jca.apc.org/cdi-j/, 2015年12月25日。
[3] 日本外务省：NGO・外務省定期協議会,外務省政府開発ODAホームページhttp://www.mofa.go.jp/mofaj/gaiko/oda/shimin/oda_ngo/taiwa/kyougikai.html, 2015年12月25日。

续表

名　称	时间	主　要　内　容
ODA改革市民/NGO联络协议会①	1996年至今	NGO向日本政府ODA管理机关就ODA基本法制定、政策改革等议题进行政策建言的NGO网络化组织
外务省/NGO联合评价②	1997年至今	NGO与外务省合作对ODA项目实施情况及NGO援助活动情况进行互相联合评价、互相学习的定期会议
大藏省（现改为财务省）/NGO定期协议会③	1997年至今	财政省官员与NGO就日本政府在多边开发银行、国际货币基金组织、国际开发银行等国际金融机构实施的政策与项目以及环境、人权、女性等领域的国际开发议题进行定期意见信息交流的会议
面向21世纪ODA恳谈会④	1997—1998	外务省设立的与NGO讨论ODA改革相关问题的咨询委员会
NGO-JICA协议会⑤	1998年至今	NGO与日本ODA实施机关国际协力机构（JICA）进行的关于国际协力相关问题讨论、信息交换、相互学习与提议的定期会议。原则上每年召开4次（其中一次在东京外其他地方）。下设两个分会，NGO-JICA联合事业检讨会、开发教育小委员会
市民国际广场⑥	1999年至今	自治体国际化协会（CLAIR）与国际协力NGO中心（JANIC）联合运营的地方自治体与NGO就国际协力活动进行信息沟通的实体组织

---

① JVC：ODA大綱見直しに関するNGOの意見緊急プレスリリース，特定非営利活動法人日本国際ボランティアセンター（JVC）ホームページhttp://www.ngo-jvc.net/jp/projects/advocacy/prj01detail04.html，2015年12月25日。
② 日本外務省：外務省・NGO合同評価，外務省政府開発ODAホームページhttp://www.mofa.go.jp/mofaj/gaiko/oda/shimin/oda_ngo/renkei/kyodo_hyoka.html，2015年12月25日。
③ JACSES：財務省・NGO定期協議の開催，特定非営利活動法人「環境・持続社会」研究センター（JACSES）ホームページhttp://www.jacses.org/sdap/mof/，2015年12月25日。
④ 日本外務省：21世紀に向けてのODA改革懇談会，外務省政府開発ODAホームページhttp://www.mofa.go.jp/mofaj/gaiko/oda/seisaku/kondankai/sei_1_9.html，2015年12月25日。
⑤ JICA：NGOとの定期会合，独立行政法人国際協力機構（JICA）ホームページhttp://www.jica.go.jp/partner/ngo_meeting/，2015年12月25日。
⑥ 市民国際プラザ：市民国際プラザとは，（一財）自治体国際化協会（CLAIR）市民国際プラザホームページhttp://www.plaza-clair.jp/plaza/index.html，2015年12月25日。

续表

名　　称	时间	主　要　内　容
关于日元借款制度恳谈会①	2000年	外务省举办的关于日元借款制度改革议题的政策咨询会
面向21世纪对中经济合作恳谈会②	2000年	外务省举办的关于对中国经济援助计划制定等相关议题的政策咨询会
第2次ODA改革恳谈会③	2001年	面向21世纪ODA恳谈会的后续会议。JANIC与JOICFP作为NGO参会代表与外务省官员、学者讨论ODA政策改革
NGO-JBIC协议会④	2001年至今	日本国际合作银行与NGO之间就国际协力、ODA等相关经济问题进行意见交换与讨论的定期会议。（原则上每年召开4次）

资料来源：各机构相关网站。

1952年,《旧金山和约》签订后,日本重返国际社会。随后,为了改善国际形象、履行国际义务,日本政府开始对曾经侵略过的东南亚地区国家进行战争赔偿,日本政府与东南亚各国间的战后双边援助项目由此开启。此后,日本政府将战争赔偿转变为经济机会,利用援助项目推动本国出口导向工业化的发展。

例如,日本政府在援助某一国家时,经常将在受援国实施的援助项目与日本企业的商品或服务相捆绑,以此推动本国企业产品与服务的出口。然后,日本政府又将通过上述援助活动所获得的资金用于国内战后经济复苏。例如,1970年代石油危机爆发后,日本政府为了确保本国的石油供应,迅速

---

① 日本外務省：円借款制度に関する懇談会報告書（外務省への提言），外務省政府開発ODAホームページhttp://www.mofa.go.jp/mofaj/gaiko/oda/seisaku/keitai/enshakan/sei_1_12_3.html，2015年12月25日。
② 日本外務省：「21世紀に向けた対中経済協力のあり方に関する懇談会」提言，外務省政府開発ODAホームページhttp://www.mofa.go.jp/mofaj/gaiko/oda/data/chiiki/china/sei_1_13_4.html，2015年12月25日。
③ 日本外務省：第2次ODA改革懇談会，外務省政府開発ODAホームページhttp://www.mofa.go.jp/mofaj/gaiko/oda/seisaku/kondankai/2/index.html，2015年12月25日。
④ JICA：NGO-JBIC協議会，独立行政法人国際協力機構（JICA）ホームページhttp://www.jica.go.jp/partner/ngo_meeting/ngo_jbic/2001/index.html，2015年12月25日。

增加了对中东地区国家的援助。日本政府利用ODA项目推动了本国战后重建,刺激了日本商品与服务的出口,满足了本国发展的能源需求,因此可以说日本ODA项目首先是基于国家利益(尤其是经济利益)而施行的,并没有首先基于人道主义或履行国际责任的立场。

日本对外援助主要包括两种方式:赠款援助与贷款援助。与其他诸多国家一样,日本的赠款援助项目的用途往往具有制约性。但日本的贷款援助项目与其他国家不同,一直到1980年代都具有制约性。国际社会批评日本政府实施ODA项目主要是为了本国商业利益,而不是为了受援国的发展。为了回应质疑,日本政府推出了针对最不发达国家的不附加条件援助政策。

但是,由于这一政策将发达国家公司排除在项目竞标之外,而最不发达国家的公司又没有实力在项目竞标中获胜。日本政府对援助项目竞标所采取的这种限制性手段,使得日本公司更容易中标。这也导致了日本政府所实施的ODA项目,多为能够为本国企业带来经济利益的基础设施建设等"硬件"援助,而对人才培养、制度建设等"软件"援助关注度不高。

1980年代中后期,日本市民社会逐渐成熟,NGO的数量也大幅增长。许多NGO通过调动公众舆论,反对日本以经济利益为中心的ODA政策。再加上国际社会对ODA的批评,日本政府在内外压力之下开始转变ODA政策方向,逐渐增加对受援国"软件"方面的援助,将"人道与道义"理念、相互依存等国际社会普遍认可的援助规范植入ODA政策中。

与进行基础设施建设方面的援助不同,如果进行人才培养、制度建设等社会开发方面的援助项目,除了与受援国政府有来往之外,还会与当地民众及市民社会产生各种接触。而日本负责ODA项目的官员,很难长期深入地与某一特定受援国地市民社会发生互动关系。因此,来自市民社会的NGO就成为ODA项目实施的必要伙伴。

事实上,日本政府对NGO政策的转变也发生在这一时期。尤其是在

1980年代末,日本开始从国家层面上扩大日本NGO的活动空间,并将其纳入政府ODA政策的实施与改革活动中去。1989年开始,日本政府设立了一系列官方资金援助项目,支持NGO的发展。1989年设立的"草根无偿资金协力"制度,就是由日本政府的驻外使馆,直接向发展中国家当地的NGO提供的资金支持。此后,日本外务省在1990年代初,建立了专门处理应对NGO关系的民间援助支援室。1990年代中期以后,日本外务省进一步建立了与本国NGO部门之间的正式对话机制,通过邀请NGO代表参与政策讨论会等形式,允许日本NGO参与到政府决策过程当中。

当时日本国内外环境的变化,造成了日本政府对国内NGO部门态度的转变(尤其是在ODA问题上)。

一方面,日本的NGO组织通过参与国际NGO网络活动,学习到了诸如人权、可持续发展等国际规范。他们通过海外开发协力活动,掌握了海外援助工作的技能,切身体验到了受援助的发展中国家所面临的困难和问题。因此,这些日本NGO有意愿改变日本ODA政策的不合理之处。与上述这些NGO不同,那些参与日本ODA项目中的日本企业,从对外援助项目中得到了经济利益之后,更倾向于保存现有ODA政策框架而不是改变现状。

并且,日本的政府官员、政治家与企业家,从1980年代中后期开始,接受到了国际化的冲击。他们通过国际贸易往来,参与国际多边援助会议、国际机制建设,以及开展ODA项目等跨国活动,逐渐意识到了国际援助规范的具体内容。随后,他们开始发现,国际社会当中关于援助的理念,已经从强调基础设施建设、关注经济发展,转变为关注人的发展、社会福利、环保等人类可持续发展问题。作为世界上最大的ODA援助国之一,日本并不愿在国际援助领域,给国际社会留下"唯利是图"的负面印象。随着日本的政府官员与企业家,越来越多地参与到国际事务中去,他们逐渐认识到日本在全球市民社会发展进程中的落后地位。受到国际援助领域新的国际规范的影响,日本政府开始转变对NGO的政策,转而促进NGO的发展并寻求与之建立合作伙伴关系。

另一方面,日本在1990年代遭遇国内泡沫经济崩溃的影响,国家财政赤字增加。1990年代后期开始,日本政府不得不削减ODA预算(见图4-1),将援助重点从成本较高的"硬件"建设,转向花费较少的"软件"建设。受到国际规范内化效应的影响,日本政府意识到较之政府行政官员或企业员工,发动市民社会组织与志愿者进行海外援助工作,显然更能节约人力资源成本。再加上日本的NGO大多具备海外实际援助经验,且了解受援当地的具体情况,在项目执行方面更有效率。因此,以1995年阪神·淡路大地震为契机,日本政府认识到了市民社会的力量,对NGO等市民社会组织的态度从漠视转为支持,日本的NGO部门与国家之间的互动关系,逐渐向本书所定义的第二类促进模式与第三类协作模式过渡。

但是,由于日本NGO自身发展情况不佳,其本身还不具备独立承担海外援助项目以及成为政府海外活动合作伙伴的能力,日本政府如果想要借助NGO来改善自身国际形象,减轻国家在ODA项目中的压力,也只能先着手发展本国的NGO部门,以提高日本NGO的业务工作能力。

如果我们从国家层面上来看日本促进本国NGO部门发展的具体政策行为,可以发现:一方面,它们将以外务省为代表的行政部门作为推动日本NGO部门发展的主要官方机构。另一方面,日本ODA政策的制定与项目实施,同样也是由外务省主导的。在日本的NGO部门当中,从事海外开发协力活动的操作型NGO占有非常大的比例。这证明日本在受到关于开发援助的新国际规范的影响之后,选择优先向本国从事开发援助活动的NGO开放政治及经济活动空间,通过促进这一领域的操作型NGO的发展,使其能够充当政府在ODA政策方面的协作伙伴或责任分担者。

如图4-1所示,日本政府的ODA预算,在1996年达到峰值之后,呈逐年下降趋势。尤其是日本外务省的ODA预算,从2000年开始也基本一直下降。但是,从预算占比来看,外务省ODA预算,在日本政府整个ODA预算当中的占比逐年增高,最近的2015年占比更是已经高达78.2%。这说明外务省作为日本ODA的主要实施部门的重要性正逐年增强。而与此同时,日本NGO与外务省在ODA项目实施、政策制定与修改方面所进行的互动越多,证明日本NGO在影响国家ODA决策方面的影响力也就越强。

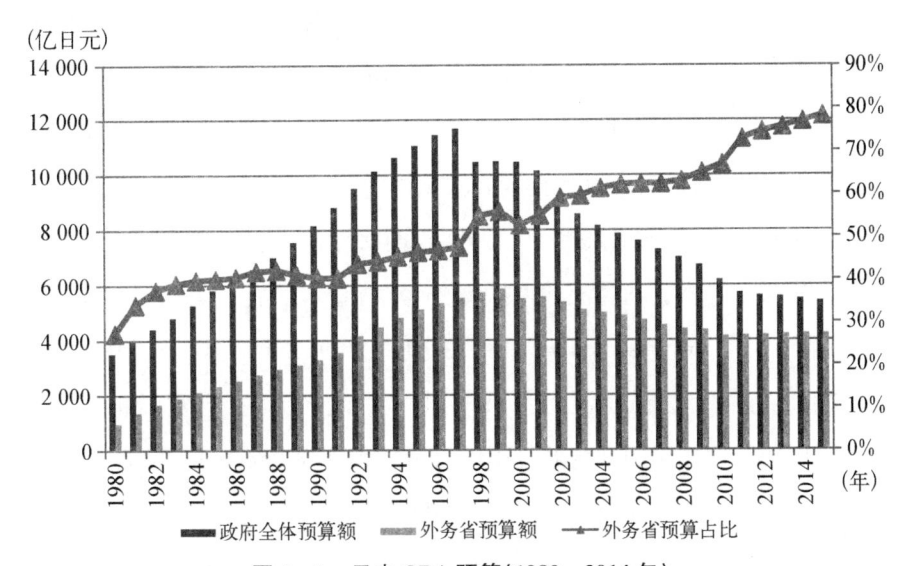

图4-1 日本ODA预算(1980—2014年)

资料来源:日本外务省网站。①

第二节 NGO发展高潮期的内因

一、市民社会因素:全球化时代的来临

1985年《广场协议》签订以后,日本的官僚系统不得不开始面对全球化所带来的外部压力。政治家与经济领袖们发现,沉重的官僚系统并不能迅

---

① 日本外务省:ODA予算,外务省・外交政策・ODA(政府開発援助)http://www.mofa.go.jp/mofaj/gaiko/oda/shiryo/yosan.html, 2015年12月26日。

速适应全球化所带来的改变。他们希望通过政治改革弱化官僚阶层的政治权力。然而,第二次桥本内阁自 1996 年开始的行政改革,并未收到很大成效。日本的政治、社会运作仍然被国家官僚阶层牢牢掌握,市民社会组织的影响力微乎其微。

《广场协议》的签订,在对日本国家政治与官僚系统产生重要影响的同时,也将日本社会推向了全球社会。出口导向的日本企业开始在美国建立海外工厂,政治与经济领导者们在与美国市民社会接触的过程中,了解到了市民社会的重要性,转而开始推动日本国内的市民参与活动发展。

日本经团联分别在 1986 年、1989 年两次派出社会贡献调查代表团赴欧美国家学习考察。通过上述两次海外考察,日本的企业家们第一次了解到"企业市民"(corporate citizenship)的概念。1990 年 7 月,经团联设立了企业社会贡献活动推进委员会(1992 年 5 月改名为"社会贡献推进委员会")。同年 11 月,经团联仿效美国的百分比俱乐部(percent club),在日本建立了包含 176 个法人会员在内的经团联 1% 俱乐部(1%クラブ,ワンパーセントクラブ)。① 尽管此后泡沫经济崩溃,使得日本陷入了长达 20 年的经济萧条期,但是日本的大企业却依然有意识地在公司内部建立推进企业公民活动部门以资助志愿者组织,或者直接与其进行合作。

1990 年代,日本国内围绕市民社会问题的讨论开始兴盛。之所以会出现这种局面,主要有以下几方面原因:一是伴随冷战的结束,东欧及拉丁美洲地区的民主化运动勃兴;二是新自由主义抬头,导致国家对市场的结构性功能失灵;三是世界发达国家开始将 1970 年代末以来的国内环境运动、女权运动、NGO 运动等市民社会运动的地位,提升到了与国家行为体相同的

---

① 1% 俱乐部是一个致力于支出相当于企业经常利润或个人可支配收入的 1% 的资金来从事社会贡献活动的企业及个人团体。1% 俱乐部的活动目的主要是希望通过捐赠或志愿者活动的方式使企业与 NGO/NPO、个人建立合作交流关系,响应社会的需求,共同推进社会贡献活动。目前已有 227 家法人会员,854 名个人会员。详细信息可参见经团联 1% 俱乐部主页 http://www.keidanren.or.jp/1p-club/。

层次。

日本的市民社会活动,在这一时期出现了五大变化:

第一,伴随着1998年6月《特定非营利活动促进法》(NPO法)的制定,2001年第一季度日本全国就有大约4 000个团体获得了法人资格认定,自1990年代末开始,市民社会活动组织化进程迅速发展。[1]

第二,以市民行政监督员制度为代表,日本的市民运动团体开始督促政府建立地方自治体级别的政府情报公开制度。此外,上述这些团体还开始监督行政机构的公共资金支出等活动。例如,1994年,由81个市民行政监督团体组成了日本"全国市民行政监督员联络会议"(全国市民オンブズマン連絡会議),主要工作目标就是监督及纠正日本国家、地方公共团体的不正当行为,促进市民行政监督员之间的信息、经验交流与共同研究。[2]

第三,地方自治体居民投票制度开始确立。1996年8月,围绕新泻县西蒲原郡卷町核电站建设问题所进行的居民投票,是日本历史上第一次依据地方自治体住民投票条例而举行的居民投票案例。最终,当地居民以60%反对的投票结果促使当地政府取消了核电站建设计划。[3]

第四,通过与专业人士、政府行政部门或企业进行合作的方式提出政策意见,从而影响政府决策的市民活动增加。例如,NPO法人北海道绿色基金(北海道グリーンファンド)结合国家与电力公司的"绿色电力制度",通过施行"绿色电费制度"筹集资金,然后再利用这些资金创立市民风力发电站,并资助从事风力发电等绿色能源产业的从业者。[4]

---

[1] 長谷川公一:「市民セクターの変容」,載日本法社会学会編:『法社会学第55号:90年代日本社会の変動と諸改革』,有斐閣2001年版,第40頁。
[2] 关于日本全国市民行政监督员联络会议(全国市民オンブズマン連絡会議)的详细情况介绍,可参见 http://www.ombudsman.jp/。
[3] 伊藤守・渡辺登・松井克浩・杉原名穂子:『デモクラシー・リフレクション- 巻町住民投票の社会学』,リベルタ出版2005年版。
[4] 具体信息参见:特定非营利活动法人(NPO)北海道绿色基金(北海道グリーンファンド)主页,http://www.h-greenfund.jp/。 市民風力発電株式会社(株式会社 市民風力発電)主页,http://www.cwp.co.jp/index.html。

第五,随着互联网应用的普及,普通市民能够更加便捷地获取海外信息,市民活动与社会活动的信息化、国际化程度提高。例如,1992年地球环境峰会召开之后,日本的NGO、NPO在日本环保领域的活跃度开始增强。1997年,在日本京都召开的气候变动框架条约第三次缔约国会议(COP3)上,有236个日本NGO,总计3663人参加。[1]

1995年1月17日发生的阪神·淡路大地震,对日本近畿地区造成了严重损害。此次地震导致超过6000人死亡,23000名受灾居民不得不搬入灾后避难所生活。此外,还有150万受灾人员在震后收容设施之外避难。[2] 日本国内外的许多NGO及志愿者参与了当时的灾后救援工作。据震中所在地日本兵库县的统计,截至1997年12月末,共有超过180万志愿者参与了救灾活动。[3] 以阪神·淡路大地震为契机,日本政府及市民社会,开始重视由志愿者及NGO组织所进行的紧急援助活动。此后,NPO法的制定也与此次影响深远的地震救援志愿活动有着密不可分的关系。

此外,阪神·淡路大地震,还极大地推动了日本市民社会与NGO活动的发展。灾难救援成为日本志愿者活动的重要内容。1996年11月,日本NPO中心(特定非営利活動法人日本NPOセンター)作为连接市民社会活动参与者与企业、行政机构间的中间支援组织而成立,这一组织还得到了日本经团联与经济企划厅(2001年1月取消,原业务由现在的日本内阁府相关部门承续)的支持。按照日本内阁府《平成13年度中间志愿组织现状与课题相关调查报告》的定义,中间支援组织指的是,"多元社会中以共生与协动为目标,作为把握地域社会与NPO变化与需求,作为人才、资金、情报等

---

[1] 松尾真:「気候フォーラムの成果と環境NGOの意味—環境政治学構築にむけての覚え書き(2)—」,『京都精華大学紀要』,1999年第十七号,第216頁。
[2] 日本国土交通省気象庁:「阪神·淡路大震災から20年」特設サイト,日本国土交通省気象庁ホームページhttp://www.data.jma.go.jp/svd/eqev/data/1995_01_17_hyogonanbu/,2015年12月2日。
[3] 長沼隆之:「被災地ボランティアの活動実態と分析」,『(財)神戸都市問題研究所都市政策』,1998年第92期,第29頁。

资源提供者与 NPO 之间的中介以及广义上协调各种服务需要与供给的组织。"①因此，我们可以将中间支援组织看作是协调 NPO 与行政机构、企业、市民等各个行为体之间，以及不同 NPO 组织之间关系的 NPO 活动支持组织。

日本 NPO 法设立之后，随着 NPO 法人的增加，在日本全国范围内相继成立了各种中间支援组织。这些组织通常叫作"NPO 中心"或者"NPO 支援中心"。上述这些组织在性质上有公设和民设两种。也有公设中间型支援组织，他们通常通过将业务委托给民间运营的 NPO 法人进行管理的方式开展活动。随着日本地方自治法的修订，以及制定管理者制度的引入，"公设民营"型中间支援组织呈现增多趋势。

与此同时，从 1990 年代后半期开始，日本经济陷入了长期低迷，NGO 筹集资金的环境恶化。1991 年，日本泡沫经济崩溃后，企业开始削减社会贡献活动预算。1996 年，日本银行为了刺激经济，开始实行超低利率政策的金融宽松政策。1993 年 3 月，日本的短期银行利率甚至降到了 0（零利率政策）。一些依靠利率收入的助成财团，以及日本原邮政省推行的"国际志愿者储蓄"开始缩小活动规模。

如图 4-2 所示，国际志愿者储蓄年度平均利率总体上呈现下降趋势，尤其是从 1996 年以后更是降到了 0.50% 以下。结合图 4-3 所示，1998 年国际志愿者储蓄增加数仅为前一年度的 47% 左右。并且，从这一年开始，每年加入的存款件数较 1990—1997 年也呈现大幅下降趋势。由此可见，利率下降与存款件数减少存在正相关关系。再加上日本经济不振，愿意在支持 NGO 活动上面花钱的会员及捐赠者数量减少，导致日本 NGO 赖以生存的主要财源大幅减少。

---

① 日本内閣府大臣官房市民活動促進課：平成 13 年度中間支援組織の現状と課題に関する調査，内閣府 NPO ホームページ https://www.npo-homepage.go.jp/toukei/2009izen-chousa/2009izen-sonota/2001nposhien-report，2015 年 12 月 2 日。

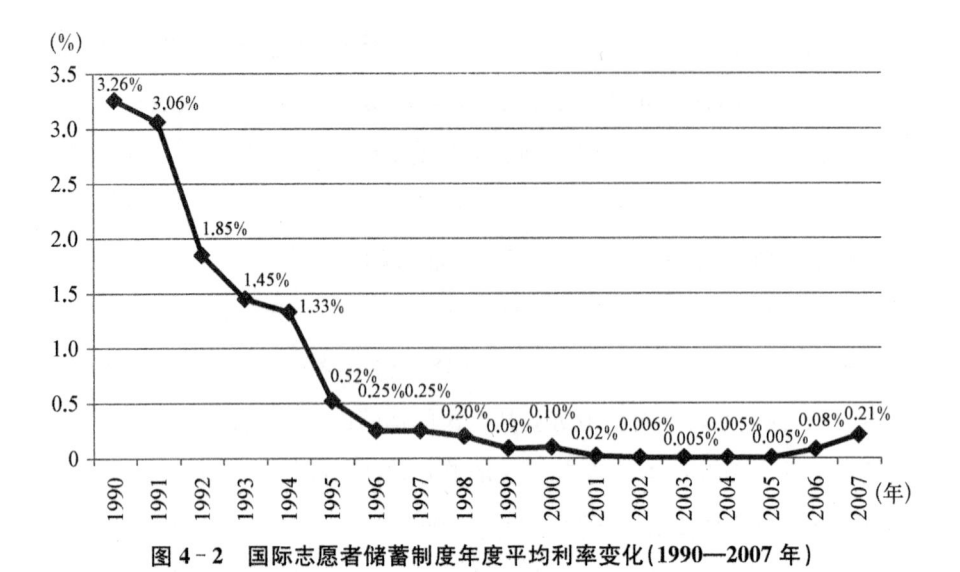

图 4-2　国际志愿者储蓄制度年度平均利率变化(1990—2007 年)

图 4-3　国际志愿者储蓄制度加入情况(1990—2007 年)

资料来源：日本总务省委托三菱 UFJ 研究指导株式会社所著《关于国际志愿者储蓄制度评价调查研究》(「国際ボランティア貯金制度の強化に係る調査研究（平成 25 年 1 月）」)。①

---

① 三菱 UFJ リサーチ&コンサルティング株式会社：国際ボランティア貯金制度の評価に係る調査研究，日本総務省 http://p99s009-001.cas.iijgio.jp/main_content/000258104.pdf，2015 年 12 月 2 日。

二、国家政治因素：国际规范影响下的政策转变

从 1980 年代后期开始，日本政府一改前两个阶段对 NGO 的态度，转而积极支持 NGO 的发展。日本 NGO 部门从这一时期开始进入发展的高潮期，并且无论是数量上，还是规模上都超过之前两个阶段。

日本外务省从 1990 年代开始大幅增加了对 NGO 的支援预算，日本 NGO 也因此在资金来源上变得愈发依赖政府的支持。一批在 1980 年代中后期建立的网络型 NGO，从 1990 年代开始逐步与日本政府建立起制度化的对话机制。1996 年，NGO 活动推进中心（现在的国际协力 NGO 中心）、关西 NGO 协议会、名古屋 NGO 中心共同寻求与日本外务省合作，"NGO—外务省定期协议会"得以设立并制度化。1998 年，这些网络型 NGO 与国际协力事业团（现在的国际协力机构）达成协议，形成了"NGO·JICA 协议会"机制。在这期间，日本大藏省（现在的财务省）于 1997 年就政府向国际金融机关等的捐款金额问题，与 NGO 相关人员进行了恳谈会。在这样的形势下，日本 NGO 与政府以及政府对外援助机关之间的对话渠道开始增多，NGO 开始参与甚至影响日本政府的海外援助行为。

受到 1995 年阪神·淡路大地震期间，灾难救援及灾后重建阶段大规模的全国性志愿者活动影响，日本的国会议员与行政相关人员，开始认识到市民活动的巨大能量。于是，在地震之后的第三年，也就是 1998 年，日本政府颁布了 NPO 法。在新的法律环境下，包括 NGO 在内的日本市民社会组织，申请相应法人资格的门槛大幅降低。并且，这些组织在获得国家法律的认可之后，除了能获得相应的税收优惠之外，还能更容易得到日本社会及普通民众的信任。

1989 年至 1990 年代前期，日本政府开始对本国 NGO 开展海外活动进行项目资助。而且这些项目的资助对象，不再仅仅局限于获得公益法人地位的 NGO，而是面向所有进行海外活动的日本 NGO。这段时期，日本政府

主要推出了四个支持NGO海外活动与能力建设的官方支援项目，分别是：外务省的国际开发协力关系民间公益团体补助金制度（简称"NGO事业补助金制度"。1989年开始，「国際開発協力関係民間公益団体補助金」、略称「NGO事業補助金制度」）、草根无偿资金协力制度（1989年开始，「草の根無償資金協力」）、邮政省的国际志愿者存款制度（1991年开始，「国際ボランティア貯金」）、环境省的地球环境基金项目（1993年开始，「地球環境基金」）。随着这些项目的实施，日本NGO所能获得的官方援助资金总额，从1988年的几乎为零上升到1999年的9.59亿日元（见图4-4）。

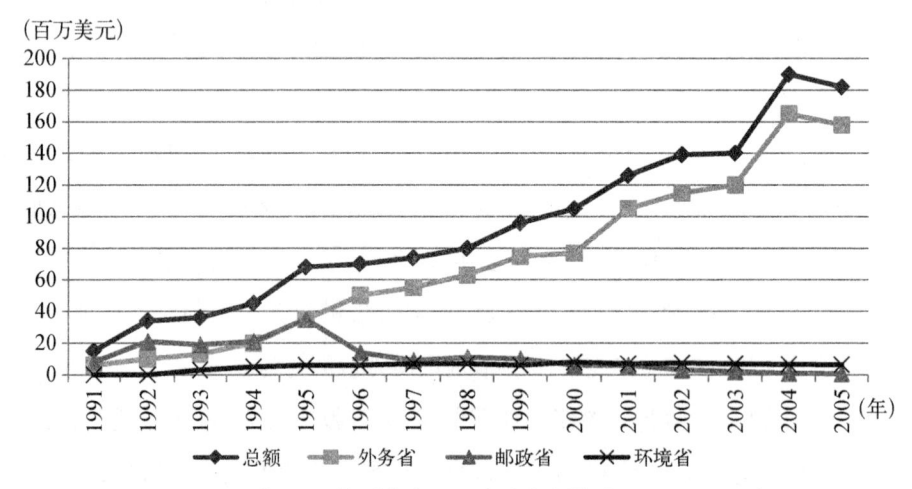

图4-4　日本NGO接受官方项目资助金额推移（1991—2005年）

注：1. 外务省数据来自外务省历年ODA白皮书，为NGO事业补助金与草根无偿资金协力制度合计金额；[1]2. 邮政省数据来自《日本总务省研究报告》，为国际志愿者储蓄历年项目分摊总额；[2]3. 环境省数据来自日本独立行政法人环境再生保全机构地球环境基金助成金额推移图；[3]4. 图表单位为百万美元。汇率按照1美元≈110日元计算。

---

[1] 日本外務省：ODA白書，外務省・外交政策・ODA（政府開発援助）ホームページhttp://www.mofa.go.jp/mofaj/gaiko/oda/press/index.html，2015年12月19日。
[2] 三菱UFJリサーチ＆コンサルティング株式会社：国際ボランティア貯金制度の評価に係る調査研究，日本総務省 http://p99s009-001.cas.iijgio.jp/main_content/000258104.pdf，2015年12月19日。
[3] ERCA：地球環境基金とは　助成金額の推移，独立行政法人環境再生保全機構ホームページhttp://www.erca.go.jp/jfge/about/situation/situation04.html，2015年12月19日。

(一)政府财政支持与 NGO 经济空间的变化

1. 日本外务省对 NGO 的财政支持项目

在所有日本 NGO 发展支持项目中,日本外务省最早开始对 NGO 进行补助金支持。同时,外务省也是日本 NGO 部门最主要的官方合作机构。1989 年,外务省开始施行 NGO 事业补助金制度,日本政府将这一制度视为 ODA 事业的一个环节。这一制度的主要目的是通过向在海外开展开发协力活动的日本 NGO,提供官方资金协力支援,提高日本 NGO 的能力以辅助政府 ODA 项目的实施与后续工作。

作为日本政府最主要的 NGO 资金支持项目,NGO 事业补助金制度所能提供的资金数额却很小。项目对每个进行发展中国家开发协力事业的日本 NGO,只能提供相当于其总事业费用的一半金额作为补助,每件资助金额控制在 30 万—200 万日元之间,且 NGO 项目相关行政成本并不在补贴范围之内。补助金按年度发放且不可延长。制度还规定,接受资助的 NGO 必须在当下财政年度使用补助金。

此外,同样在 1989 年,日本外务省还开始实施草根无偿资金协力制度。这一制度主要针对发展中国家的地方公共团体,或研究机构等在发展中国家活动的 NGO 进行小规模项目资助。这一制度直接由日本驻外使馆提供资金,日本的 NGO 并不是主要资助对象。草根无偿资金协力制度在实施首年(1989 年)共资助了 95 个项目,预算总额为 3 亿日元。此后,这一制度的援助金规模呈逐年上升趋势。到 2000 年,草根无偿资金协力制度的资助对象已扩展至 119 个国家/地区,资助项目达到了 1 523 件,总预算增加至 85 亿日元(图 4 - 5)。

1989 年起,随着 NGO 事业补助金制度与草根无偿资金协力制度的逐渐推广,日本外务省在与 NGO 互动的过程中,也根据实际情况对这两项制度进行了相应改革。1994 年,外务省将原本隶属于经济协力局政策课的 NGO 担当分离出来,单独成立了专门进行 NGO 支援工作的民间援助支援

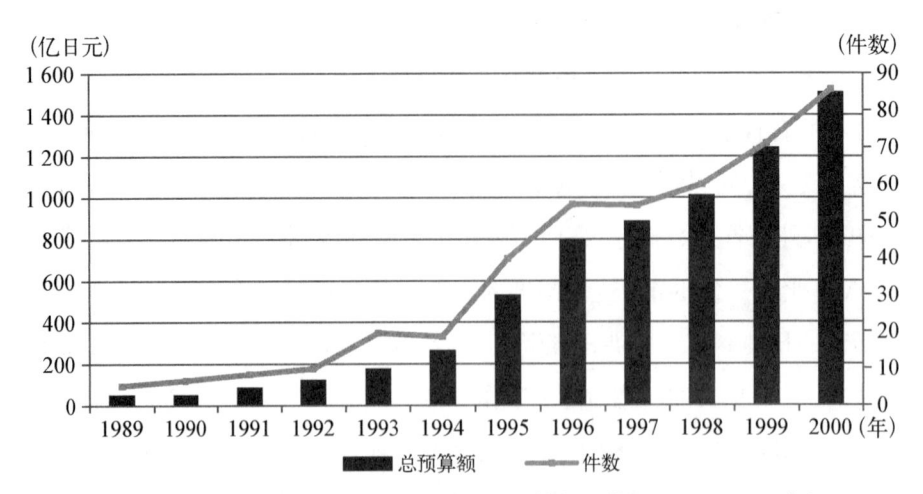

图 4-5　日本草根无偿资金协力制度总预算额·件数（1989—2000 年）

资料来源：日本外务省「我が国の政府開発援助」（2000 年度）。①

室。同时在国际协力机构（JICA）内，还新设了专门从事 NGO 对应部署的联合协力推进室，由此建立起了外务省经济协力局、JICA 与 NGO 对话的双向通道。

援助制度所覆盖的 NGO 活动领域，也从 1989 年的医疗、农渔村开发、人才培养三个领域，扩展至 1996 年的 11 个领域。这些领域具体包括：农渔村开发、人才培养、女性自立支持、保健卫生、医疗、地区产业促进、生活环境、环境保护、民间援助物资输送、地区综合振兴、事业促进支援制度。

并且，以联合国志愿者中田厚仁在柬埔寨被害事件为契机，外务省开始对从事海外活动的 NGO 员工与志愿者参加海外旅行损害保险所需经费进行部分补贴。由此，国际志愿者保障支援制度从 1994 年开始实施。据外务省资料显示，1996 年，国际志愿者保障支援制度共为 14 个 NGO 的 288 名

---

① 日本外务省：我が国の政府開発援助（2000 年度），外务省·外交政策·ODA（政府開発援助）ホームページ http://www.mofa.go.jp/mofaj/gaiko/oda/shiryo/hakusyo/01_hakusho/ODA2001/html/siryou/sr20600.htmX，2015 年 12 月 19 日。

成员提供了旅行保险费用支持。① 1999年开始，NGO事业辅助金制度内部又增加了NGO海外研修支援制度。

1990年代中期以后，外务省对NGO事业补助金的支付速度加快，日本NGO申请政府资助变得更加便利。并且，外务省对NGO的资助预算额也逐年增长，1989年开始时只有1.1亿日元，1997年则达到12亿日元的高峰。资助对象团体也从1989年的15个团体23项事业，增长到1997年的116个团体224项事业。1997年以后，受到日本政府削减补助金预算的影响，外务省对NGO的资助金额也呈减少趋势，1999年度资助预算缩减至9.76亿日元，2000年继续减少到了6.84亿日元（见图4-6）。

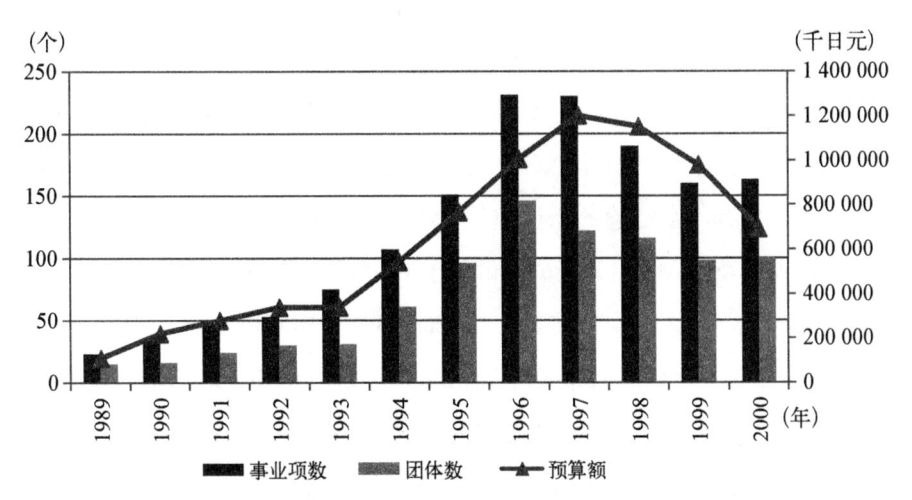

图4-6　日本NGO事业辅助金交付实绩（1989—2000年）

资料来源：外務省「ODA個別評価報告書」。②

---

① 日本外務省：我が国の政府開発援助の実施状況に関する年次報告（1997年度），外務省・外交政策・ODA（政府開発援助）ホームページhttp://www.mofa.go.jp/mofaj/gaiko/oda/shiryo/hakusyo/nenji97/index.html，2015年12月20日。
② 日本外務省：ODA個別評価報告書，政府開発援助ODAホームページ・広報・資料http://www.mofa.go.jp/mofaj/gaiko/oda/shiryo/hyouka/kunibetu/gai/philippines/gd02_01_0301.html#k3，2015年12月20日。

1999年，外务省经济协力局民间援助支援室开始对NGO事业辅助金制度进行改革，逐步扩大对NGO的资助范围。外务省除了继续对原有的NGO项目花费进行财政支持外，还将人力资源与能力建设等相关项目花费纳入资助范围之内。此外，日本政府还加强了对日本国际协力机构（JICA）的资金支持。如图4-6所示，虽然日本政府对NGO事业补助金制度的财政预算，自1997年开始呈下降趋势，但这并不意味着日本政府对NGO的支持态度发生了改变。事实上，日本政府自1990年代后期开始，从制度建设方面为日本NGO发展提供了更多的支持。换句话说，在日本，国家—NGO的关系从1989—1998年的"NGO事业支援时代"转入了"NGO体制强化支援时代"。[1]

1999年开始，日本外务省推出了三个旨在推动NGO能力建设的项目，分别是NGO咨询员制度、NGO调查员制度与NGO研究会制度。[2]

（1）NGO咨询员制度，主要通过企划竞争的方式，选拔在国际协力领域有丰富经验与成就的日本NGO团体，由日本外务省委托这些NGO，指定本团体内具有丰富经验的职员担任"NGO咨询员"。咨询员的主要工作是为普通市民及NGO相关人员提供关于NGO国际协力活动、NGO设立、组织管理与运营等方面的咨询服务。同时，咨询员还可以提供"外派服务"，为与地方自治体、教育机关等部门合作的、国际协力相关推广活动提供咨询业务或演讲。外务省通过NGO咨询员制度，向这些NGO咨询员提供每月约24万日元的收入补贴，相当于为具有咨询员任命资格的NGO提供了一定额度的人员费用支持。1999年，有14名NGO雇员担任咨询员工作，

---

[1] 池住義憲：「NGOの歩みと現在」，載若井晋・三好亜矢子・生江明・池住義憲編：『学び・未来・NGO——NGOに携わるとは何か』，新評論2001年版，第72頁。
[2] 日本外務省：我が国の政府開発援助の実施状況に関する年次報告（1999年度），外務省・外交政策・ODA（政府開発援助）ホームページhttp://www.mofa.go.jp/mofaj/gaiko/oda/shiryo/hakusyo/nenji99/，2015年12月21日。日本外務省民間援助連携室：国際協力とNGO——外務省と日本のNGOのパートナーシップ，外務省・外交政策・ODA（政府開発援助）ホームページhttp://www.mofa.go.jp/mofaj/gaiko/oda/files/000071852.pdf，2015年12月21日。

2000年，这一数字上升到了20名。①

（2）NGO调查员制度，主要募集NGO的年轻雇员或从事开发领域研究的研究生等参与NGO日常工作，鼓励他们对NGO所面临的问题进行调查研究，并提交探讨NGO未来发展问题书面研究报告的制度。这项制度主要目的是为日本NGO的发展储备人力资源。并且，如同上述咨询员制度一样，日本外务省同样会为有NGO调查员的NGO团体提供一定的财政支持，约合每人每月30万日元（资助时间不超过10个月）。②

（3）NGO研究会制度，主要鼓励NGO为提高自身专业性以及事业实施能力，以NGO面临的共同课题为中心，在外务省的主持下召开各种NGO调查研究会议。这些会议通常对公众开放。并且，外务省会为参加研究会的NGO相关人员，提供一定数额的业务补贴。③

除了上述三种NGO能力建设制度之外，1999年，日本政府还创设了NGO海外研修员制度。这一制度的主要资助对象为日本NGO团体中的骨干职员。项目通过为这些职员提供6个月以内的资助，鼓励他们到海外NGO机构学习或业务培训。④ 这一制度不仅为NGO提供了财政支持，还有助于提高日本NGO雇员的外语及业务水平，促进日本NGO与海外NGO组织之间的网络化建设。

2000年，日本NGO、经济界与政府三方合作成立了国际人道支援组织

---

① 关于NGO咨询员的详细情况可参见，日本外务省：NGO相談員年次報告，外務省・外交政策・ODA（政府開発援助）ホームページhttp://www.mofa.go.jp/mofaj/gaiko/oda/shimin/oda_ngo/shien/nenji_houkoku.html，2015年12月21日。
② 日本外务省：NGOインターン・プログラム，外務省・外交政策・ODA（政府開発援助）ホームページhttp://www.mofa.go.jp/mofaj/gaiko/oda/shimin/oda_ngo/shien/intern_p.html，2015年12月21日。
③ 日本外务省：NGO研究会，外務省・外交政策・ODA（政府開発援助）ホームページhttp://www.mofa.go.jp/mofaj/gaiko/oda/shimin/oda_ngo/shien/kenkyukai.html，2015年12月21日。
④ 日本外务省：NGO海外スタディ・プログラム：外務省・外交政策・ODA（政府開発援助）ホームページhttp://www.mofa.go.jp/mofaj/gaiko/oda/shimin/oda_ngo/shien/study_p.html，2015年12月21日。

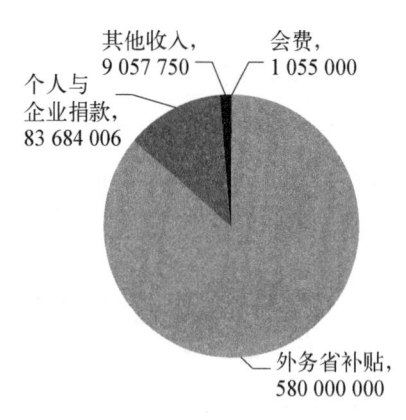

图 4-7 2001年度 JPF 收入分布图
（单位：日元）

资料来源：JPF 历年事业年报与会计年报。

其他收入，9 057 750
会费，1 055 000
个人与企业捐款，83 684 006
外务省补贴，580 000 000

"日本平台"（Japan Platform, JPF）。JPF 主要利用政府基金以及企业与市民捐款，为从事紧急援助活动的日本 NGO 提供初期活动基金，以保证这些 NGO 能够尽快前往受援地区开展救援活动。根据 2001 年度《JPF 会计报告书》显示，当年收入总额为 673 796 756 日元，其中外务省提供资金为 5.8 亿日元，企业及个人捐赠收入为 83 684 006 日元，其他收入为 9 057 750 日元，来自日本政府的收入占比高达 86%（见图 4-7）。

再从 2001—2014 年 JPF 的收入情况来看，除了 2007 年与 2011 年，由于政府补助金盈余结转下期，导致日本政府减少了当年补助金捐助额之外，其余年度政府补助金部分，基本都占到了 JPF 当年总收入的 80% 以上，平均占比 83.1%（见图 4-8）。由此可见，JPF 是日本政府资助紧急救援领域 NGO 的主要机制之一。NGO 事业补助金制度的资助对象，除了原先的国际开发协力领域的 NGO 之外，又增加了海外紧急援助 NGO。

2. JICA 对 NGO 的财政支持

独立行政法人国际协力机构（JICA）是根据 JICA 法（独立行政法人国际协力机构法，平成 14 年法律第 136 号），在 2003 年 10 月 1 日设立的。外务省管辖的独立行政法人，是日本政府实施 ODA 政策的部门之一。

JICA 主要通过草根技术协力制度对 NGO 进行资助。具体操作方式是由 JICA 与日本 NGO 订立委托业务合同，JICA 负责提供项目资金，合作 NGO 负责具体开展业务。JICA 具体项目类型有两种：草根协力支援型与草根伙伴型。草根协力支援型项目主要为那些虽然有国内活动经验，但是缺乏在发展中国家开展国际协力活动的日本 NGO、大学以及公益法人等，

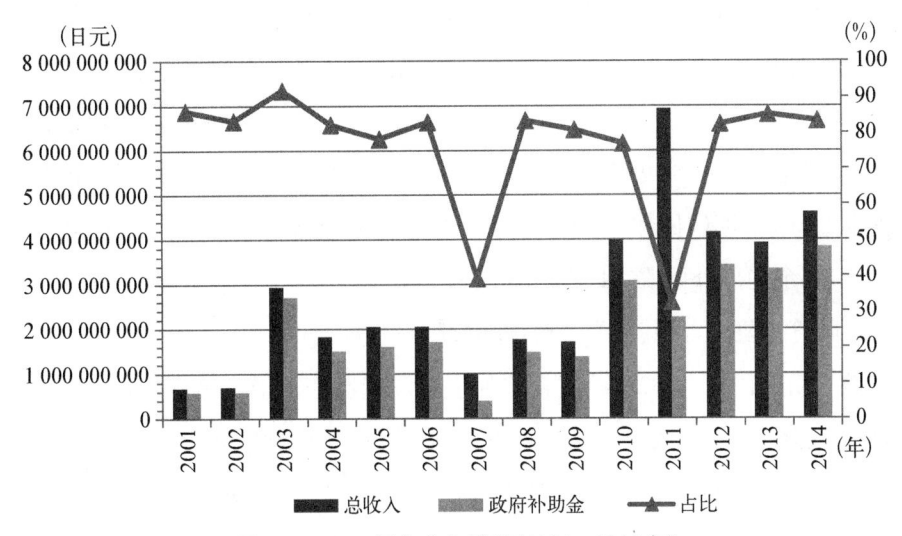

图 4-8　JPF 历年收入推移(2001—2014 年)

资料来源：JPF 历年事业年报与会计年报。①

提供期限在 3 年以内，资助总额 1 000 万日元以内的项目。而草根伙伴型项目主要为有一定发展中国家援助经验的日本 NGO，提供期限在 3 年以内，总额不超过 5 000 万日元的合作项目。②

此外，草根技术协力制度还有针对地方自治体实施的地域提案型项目，但是这些项目与 NGO 的关系不大。总体而言，JICA 的草根技术协力制度对于 NGO 的财政支持度有限（最高额度不超过 5 000 万日元），并且资助对象有一定的局限性，只资助在设有日本政府驻外机构的国家与地区进行协力活动的日本 NGO。

3. 邮政省国际志愿者存款项目对 NGO 的资助

日本邮政省是继外务省之后，第二个向日本 NGO 提供资助的政府部门。与外务省不同（将 NGO 事业补助金制度与 ODA 预算挂钩），邮政省的 NGO

---

① Japan Platform：事業会計報告・年次報告書，JPFホームページhttp://www.japanplatform.org/about/report.html，2015 年 12 月 21 日。
② JICA：草の根技術協力事業って何?，独立行政法人国際協力機構ホームページhttp://www.jica.go.jp/partner/kusanone/what/index.html，2015 年 12 月 21 日。

支持资金并不属于政府财政预算的一部分,而是通过存款利率捐赠的方式,将市民社会的资金用于资助 NGO 活动,这一制度被称为国际志愿者存款制度。

日本的邮局从 1991 年开始办理国际志愿者存款业务(依据存款者的意愿,将通常邮政存款税后利息的 20%—100% 捐赠出来,用于支持进行海外活动的日本 NGO 团体)。2007 年,日本邮政民营化改革后,这一存款业务终止,剩余的部分捐款(21 亿日元)转移至独立行政法人邮政存款•简易生命保险管理机构,由其代为管理,并继续全额资助日本 NGO 团体开展海外援助活动。1991—2007 年,国际志愿者存款制度获得捐赠总额约为 207 亿日元(见图 4-9),截至 2014 年,共资助了在 99 个国家进行援助活动的 2 943 个日本 NGO 团体,资助项目总数为 3 530 个。[1] 依据 1998 年 JANIC 出版的《国际协力 NGO 名录——国际协力日本市民组织要览》统计,在接受调查的 217 个日本 NGO 中,有 107 个 NGO 接受了来自国际志愿者存款的捐助。这其中有 70 个 NGO 都是在 1980 年代中期以后成立的。[2]

国际志愿者存款制度除了起到充实日本政府对 NGO 官方财政援助体制的作用之外,还对日本 NGO 的发展有着另一重要意义。因为日本市民通过到邮局存款这样的日常生活活动,就能参与到"国际协力"的活动中来,这无疑为 NGO 概念在日本国内市民社会的普及产生了积极的影响。而且,如图 4-9 所示,自国际志愿者存款制度实施以来,尽管捐赠金额受到日本银行汇率政策的影响有所起伏,但是捐赠件数基本上一直呈上升趋势。从 1996 年开始,捐赠件数持续稳定在 2 000 万件以上并一直持续到 2007 年这项业务终止。这说明日本市民对这种以存款利息捐赠支持 NGO 活动的制度,一直保持着持续较高的热情。

---

[1] 独立行政法人郵便貯金・簡易生命保険管理機構:国際ボランティア貯金寄付金による海外援助,独立行政法人郵便貯金・簡易生命保険管理機構ホームページ http://www.yuchokampo.go.jp/yucho/new-volpost/New-index.html, 2015 年 12 月 21 日。
[2] NGO 活動推進センター(JANIC):『NGOダイレクトリー 98——国際協力に携わる日本の市民組織要覧』,東京:NGO 活動推進センター(JANIC)1998 年版。

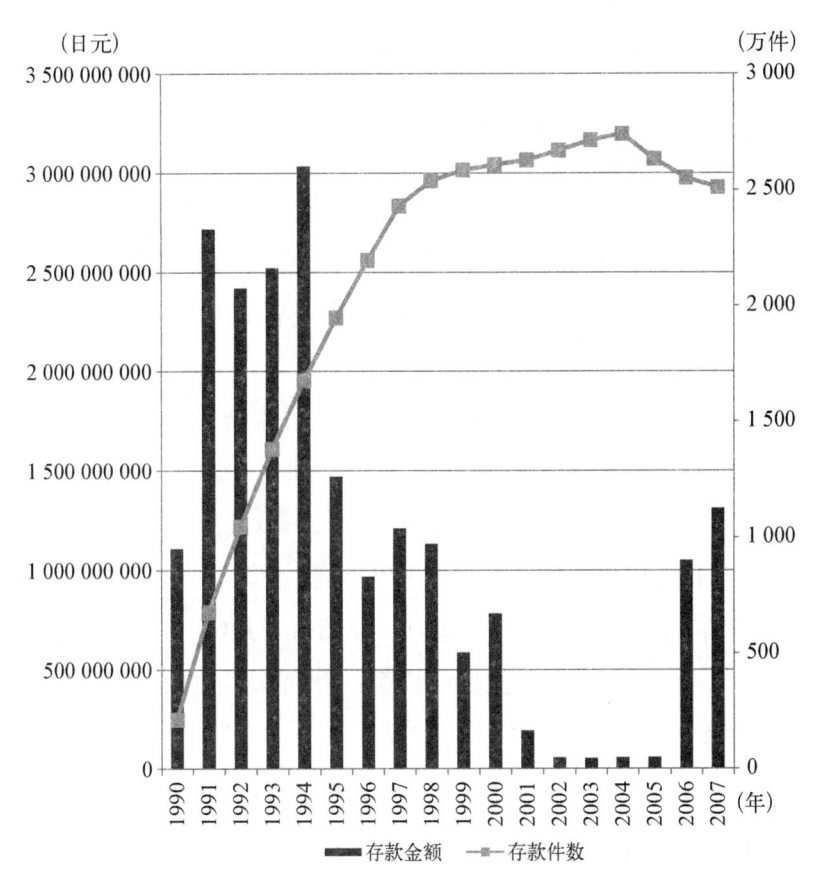

图 4-9 国际志愿者存款捐赠金额(1990—2007 年)

资料来源:"独立行政法人郵便貯金・簡易生命保険管理機構"「寄付金の発生状況」。①

4. 环境省地球环境基金助成金项目对 NGO 的资助

1992 年,日本政府在参加地球峰会时表示,将建设针对民间环保活动的资金支持体制。随后,以当时的日本环境厅为主导,日本政府在对日本的环保 NGO 状况进行调查后,开始考虑将地球环境基金体制制度化。1993 年,日本国会批准《环境事业团法部分修正法律》。同年 5 月,环境厅管辖下

---

① 独立行政法人郵便貯金・簡易生命保険管理機構:国際ボランティア貯金寄付金に発生状況,独立行政法人郵便貯金・簡易生命保険管理機構ホームページhttp://www.yuchokampo.go.jp/yucho/new-volpost/pdf/donations.pdf, 2015 年 12 月 21 日。

的特殊法人环境事业团设立了"地球环境基金"(JFGE)。2004年4月1日开始,地球环境基金移交日本环境省管辖下的独立行政法人环境再生保全机构(ERCA)管理。

地球环境基金的主要资助对象是从事环境保护活动的日本NGO/NPO。资助方式有两种,一种是直接向环保NGO/NPO提供环保活动助成金,另一种是为环保NGO/NPO提供调查研究、信息提供、培训等服务,间接地推动环保NGO/NPO基础建设。①

从JFGE的具体实施情况来看,1990年代后半期到2005年以前,地球环境基金历年来对环保NGO的资金支持额度都在8亿日元以上,近年则大约保持在6亿日元的水平。尽管基金在创设之初,是由政府与民间双方各出资10亿日元,但是此后日本政府出资比例一直远高于民间出资。近年来,JFGE的基金总规模大约维持在140亿日元。JFGE自创立以来,所资助的项目已经超过4 000件,但是对于国内环保活动的资助比例高于国外环保活动(见图4-10、图4-11)。②

随着上述四个主要的日本官方财政援助制度的实施,日本NGO与国家的关系在1990年代也发生了显著变化。不同于1989年以前只有少数从事国际协力活动的日本NGO能够获得国家财政支持,1991—2000年的10年间,针对日本NGO的官方财政支持项目实施数量超过了2 000件(见图4-12)。并且,1989年以前,只有具备公益法人地位的日本NGO,才有资格申请官方财政支援项目,而从1989年之后开始,这些官方项目逐渐向不具备公益法人地位的一般NGO组织开放。例如,1995年获得外务省NGO补助金制度、国际志愿者储蓄制度与地球环境基金资助的日本NGO当中,

---

① 独立行政法人環境再生保全機構:地球環境基金とは・基金のしくみ,独立行政法人環境再生保全機構(ERCA)ホームページhttp://www.erca.go.jp/jfge/about/outline/outline02.html, 2015年12月22日。
② 独立行政法人環境再生保全機構:地球環境基金とは・地球環境基金の実施状況,独立行政法人環境再生保全機構(ERCA)ホームページhttp://www.erca.go.jp/jfge/about/situation/index.html, 2015年12月22日。

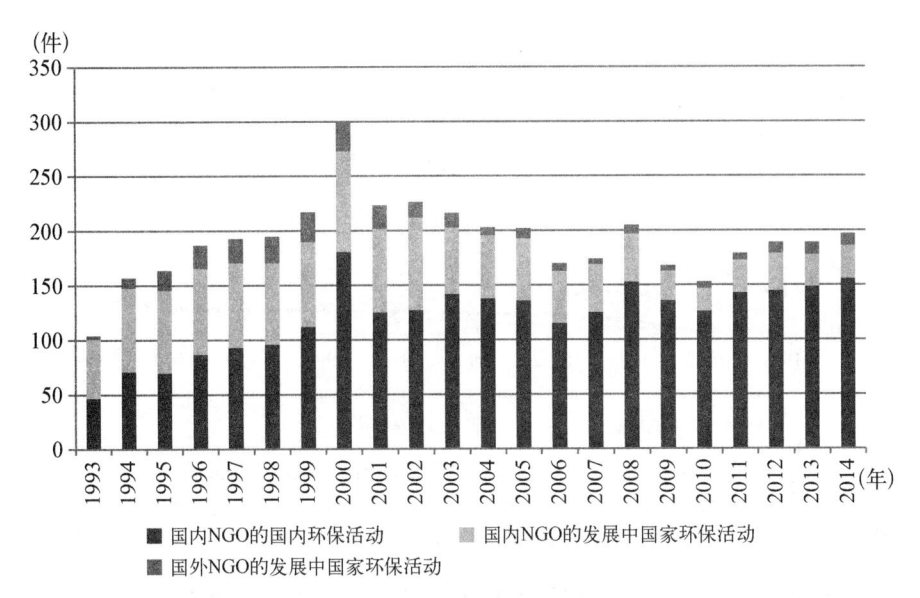

图 4-10 地球环境基金资助项目数(1993—2014 年)

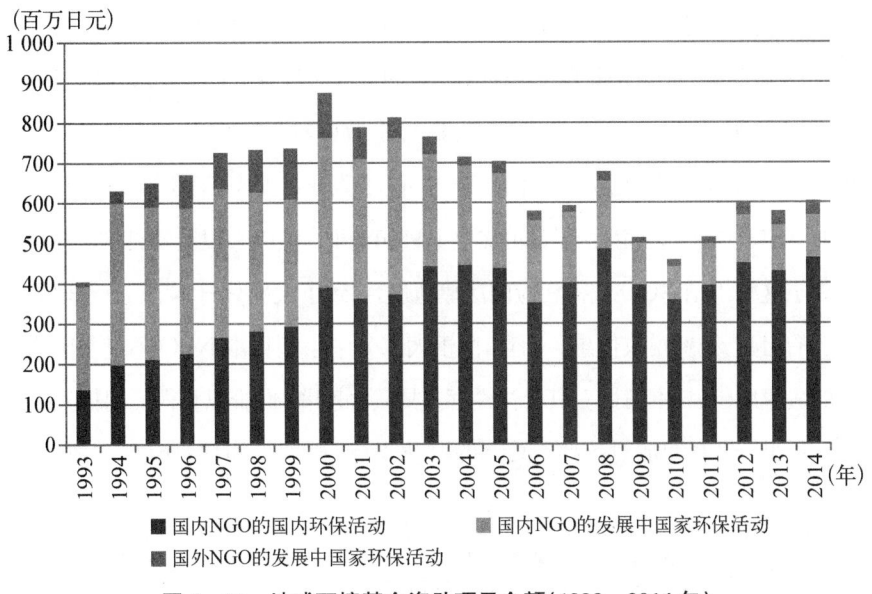

图 4-11 地球环境基金资助项目金额(1993—2014 年)

资料来源：独立行政法人環境再生保全機構、地球環境基金とは・地球環境基金の実施状況。

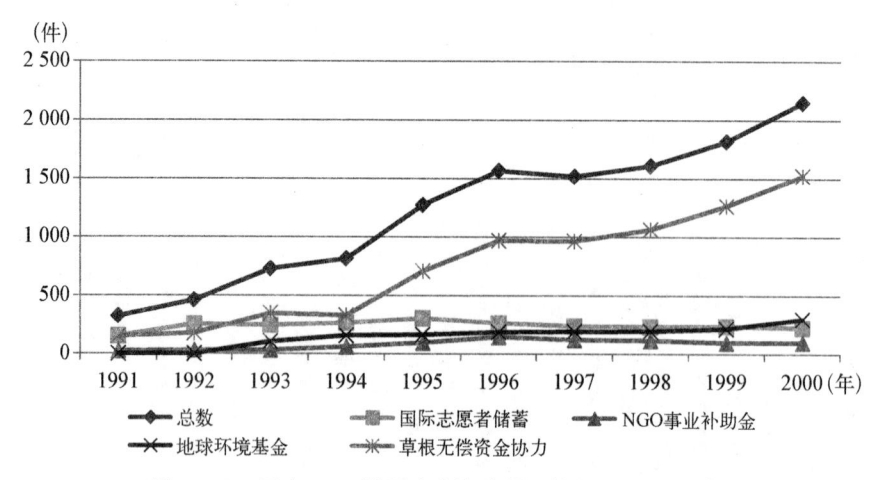

图 4‑12　日本 NGO 接受官方资助项目数(1991—2000 年)

资料来源：1.国际志愿者储蓄制度实施项目数据来自独立行政法人邮便贮金•简易生命保险管理机构；①2.NGO 事业补助金、地球环境基金、草根无偿资金协力数据分别来自图 4‑6、图 4‑10、图 4‑5。

分别有 80％、79％、65％的团体不具备公益法人资格。② 1998 年 NPO 法颁布之后，越来越多的日本 NGO 获得了 NPO 法人资格认定，官方资助项目也转而重新要求受资助的市民社会团体具备相应的法律地位。

1990 年代，大量增加的官方财政支持项目，对日本 NGO 在这一阶段的发展起到了重要作用。换言之，这一时期日本政府给予 NGO 的经济空间呈现扩大趋势，这在相当大程度上有利于 NGO 的发展。1989 年以前，许多规模较小的 NGO 本身筹款能力有限，再加上 1998 年 NPO 法颁布以前的日本法律环境不利于这些小型 NGO 获得相应的法律地位，导致了大部分日本 NGO 难以获得政府的财政支持、税收优惠。而且，由于大部分中小型日本 NGO 不具备国家承认的法律地位，日本市民对其合法性存在质疑，使得它们难以获得民间捐款。

因此，政府增加对这些 NGO 的财政支持，相当于间接推动了日本 1980

---

① 独立行政法人邮便贮金•简易生命保险管理机构：邮政民营化までの年度别配分状况，独立行政法人邮便贮金•简易生命保险管理机构ホームページhttp://www.yuchokampo.go.jp/yucho/new-volpost/pdf/01_past_data.pdf，2015 年 12 月 22 日。
② MPT：『平成 8 年度国际ボランティア贮金 NGO 活动状况报告书』，东京：MPT1996 年版。JFGE, *Environmental Protection Activities in Developing Countries by Japan-Based NGOs*, Tokyo: JEC, JFGE, 1996.

年代中后期至 1990 年代 NGO 发展高潮的到来。据日本国际协力 NGO 中心（JANIC）的 NGO 名册统计数据显示，1990 年代，日本 NGO 部门当中有 52％的 NGO，接受了政府提供的官方项目资金援助。其中，政府补助金收入占比达到总收入的 25％的 NGO，占到了 22.6％。[①] 尽管大多数接受官方资金援助的日本 NGO，都没有将政府补助金收入作为最主要的财源，但是日本 NGO 数量增长与政府对 NGO 补助金规模扩大之前确实存在正相关关系，两者数据的增长在时间节点上相吻合。

NGO 的经济空间由国家给予的直接或间接税收、金融与财政支持程度所决定。上述分析已经证实了日本政府对于 NGO 的直接金融与财政支持，扩大了 NGO 活动的经济空间，与 1980 年代中后期至 1990 年代日本 NGO 发展高潮的到来有着正相关的关系。由于测量 NGO 活动的经济空间大小的另一个指标——国家给予 NGO 的间接税收与金融支持程度，主要通过控制免税待遇、捐赠所得收入税费减免等财政税收优惠措施来实现，而这些措施往往与国家财政税收方面的法律法规密不可分，因此关于这部分的讨论将在以下内容中体现。

（二）国家法律政策环境与 NGO 政治空间的变化

1. 日本政府对 NGO 的法律及财政监管

国家管理在其国内活动的非营利部门的法律及财政法规、国家政治系统对社会行为体的开放程度（国家给予 NGO 的政治机会），决定了 NGO 活动政治空间的大小。国家通过法律法规，控制国内非营利组织与慈善组织的成立与运营，从而影响 NGO 的形成与发展。除了法律之外，国家还可以把财政监管措施，作为影响非营利组织或 NGO 成立与发展的重要政策工具。[②] 国家选

[①] NGO 活動推進センター（JANIC）：『NGOダイレクトリー 96、98、2000——国際協力に携わる日本の市民組織要覧』，NGO 活動推進センター（JANIC）1996、1998、2000 年版。

[②] Anita Dehne Peter Friedrich, Chang Woon Nam, Rüdiger Parsche, "Taxation of Nonprofit Associations in an International Comparison," *Nonprofit and Voluntary Sector Quarterly*, Vol.37, No.4, 2008.

择放弃大量税收收入，对非营利组织收入部分，或对个人捐赠者对非营利组织捐赠部分实施减税政策，有助于促进国内非营利部门的成长。减税政策可以降低非营利组织在财源运作方面的门槛，还可以为市民社会成立或支持非营利组织发展，提供经济方面的推动力。例如，美国的许多富人更偏好于将他们的收入捐赠给 NGO，而不是向国家纳税。[1]

1998 年 NPO 法实施以前，日本 NGO 想要获得合法地位，只能依据 1896 年《民法》第 34 条申请公益法人资格。与本书选取的其他经合组织西方发达国家相比，日本非营利组织合法资格认定的法律体系十分复杂。

尽管日本《宪法》第 21 条规定结社自由，但是这些志愿者或非官方组织在成立之后，并不能自动获得相应的法律地位。1896 年，《民法》第 34 条仅规定，"祭祀、宗教、慈善、学术、技艺及其他公益相关社团或财团、不以营利为目的的其他团体，经主管官厅许可后可成为法人"，但对法人资格的申请没有明确的认定标准。也就是说，主管官厅有自由裁量权，可以任意决定申请团体是否具有"公益性"。这在相当大程度上导致了那些与政府关系密切的团体更容易获得法人资格认定。而这些团体在获得公益法人资格之后，除了可以享受非营利事业收入免税的政策外，较之不具备公益法人资格的"任意团体"，还更容易得到政府的财政资助。

另外，每个独立的政府部门都有权根据《民法》，以及有关建立与监督公益法人团体的法规，颁布相应的法律认定条款。而一个团体申请公益法人资格时，必须得到其业务所涉及领域所有主管官厅的批准。并且，中央主管官厅还可以将公益法人团体管理权委托给地方行政部门。这就意味着申请公益法人资格的团体，还需要得到地方行政部门的批准。也就是说，如果某个公益团体打算申请公益法人资格，而该团体的业务领域同时涉及几个中

---

[1] Peter Dobkin Hall, *Inventing the Nonprofit Sector and Other Essays on Philanthropy, Voluntarism and Nonprofit Organizations*, Baltimore and London: Johns Hopkins University Press, 1992.

央主管政府部门,那么这个团体就需要获得所涉领域所有主管政府部门的批准;如果其活动区域主要在某个县或市,则需要获得这个县或市的地方政府有关部门的批准。然而,并没有确切法律规定主管官厅需要公开具体审查信息,也没有规定具体的审查期限。因此,日本的民间团体想要获得公益法人资格认定,不得不面对漫长又烦琐的行政审批过程。这也导致了包括NGO在内的日本民间非营利组织难以获得相应的法律地位。

即使这些团体顺利得到了公益法人资格认定,仍然要接受主管官厅的长期监督与审查。依据《民法》第34条规定,公益法人团体除了制作关于组织章程与捐赠行为书面文件、设立登记、财产目录等文件之外,还需要每年向主管官厅提交年度报告。具备一定规模的公益法人(资产总额在100亿日元以上、负债额在50亿日元以上、收支决算额在10亿日元以上),每年还需要接受公认会计师的财务审查。如果主管官厅裁定公益法人团体有违规行为或不符合公益法人认定条件,还可以取消其公益法人资格。因此,即使日本的非营利组织获得了公益法人地位,也需要每年应对严厉的行政审查。

再来看日本法律对于非营利组织的税收优惠。根据日本《法人税法施行令》第5条规定,对于公益法人的非收益事业所得不课税,仅针对其33种收益事业所得按照22%的税率征税。此外,依据《法人税法》第37条第5项规定,对于公益法人收益事业收入,按照"视同捐赠制度"(指将转入公益事业支出的收益事业收入视为收益事业部门向非收益事业部门的捐赠),对其总收益事业收入的20%免于课税。对于从事公益事业的无人格团体(非法人团体、任意团体、NPO法人、政党法人、工会)的税收政策与公益法人相同,只针对33种收益所得按照30%的税率征税(收益不超过800万日元的,按照22%税率征税),非收益事业收入部分不课税。1998年,NPO法颁布后,日本针对NPO法人原则上也是非课税的,仅对其33种收益事业所得收入课税。800万日元以内的收益事业收入部分的税率与对公益法人税率相同,都是22%。超过800万日元的收益事业收入部分的税率与普通法人相同,都是按照30%征收。

日本关于非营利法人的税收政策,除了针对法人本身的课税政策之外,还包括对捐赠者的税收优惠政策。捐赠者在进行"指定捐赠金"或向特定公益增进法人捐赠时,可以享受税收优惠。

"指定捐赠金",是指向公益法人等捐赠的捐赠金当中,经由广泛一般募集、充实以增进教育与科学振兴、促进文化进步、为社会福利作出贡献等的其他公益活动急需开支为目的、经由财务大臣制定的捐赠金(《法人税法》第37条第4项2、《所得税法》第78条第2项2)。

特定公益增进法人,是指公共法人、公益法人以及其他经特别的法律规定设立的法人当中,对振兴教育与科学、促进文化进步、为社会福利作出贡献的以及为增进其他公益作出显著贡献的,原则上经主管大臣与财务大臣协商认定的法人(《法人税法》第37条第4项2、《所得税法》第78条第2项3)。个人进行的"指定捐赠金"与向"特定公益增进法人"的捐赠视为"特定捐赠金",其满足设定条件的数额(年所得的25%—1万日元)可以从应税收入中扣除(《所得税法》第78条第2项);法人捐赠时,其满足设定条件的数额(资本金的0.25%加年所得的2.5%,总额的0.5%)的2倍可以在税前扣除(《法人税法》第37条第4项)。1998年NPO法颁布以后,认定NPO法人的捐赠者享受以上相同税收优惠。

1998年NPO法颁布以前,日本政府长期对非营利部门施行严格的法律限制与较少优惠的税收政策。由此可以进一步推论,在日本,国家从法律与财政税收法规方面给予了NGO较少的政治空间。而这也是造成日本NGO在兴起阶段与发展水平上落后于其他西方发达国家的主要原因之一。尽管1998年NPO法颁布之后,日本NGO获得法人资格认定的手续与门槛都大为降低,但是据日本NGO活动推进中心(JANIC)统计显示,截至1990年代末,JANIC名录当中近90%的服务与倡议型NGO都不具备法人资格。①

缺乏法人资格认定会对 NGO 的活动造成严重影响。例如,无法以法人身份签订合同、开设银行账户,难以得到公众认可与信任,募集资金手段受限等。并且,许多中小型日本 NGO 本身财政规模、资金筹措能力有限,再加上无法获得法人资格认定,无法享受到国家对公益法人(1998 年后,增加了 NPO 法人)的税收优惠政策,因此,在财源上受到很大的限制。

2. 日本政府对民间财团的监管环境

国家除了直接制定法律监管非营利组织之外,还可以通过塑造国内慈善环境影响 NGO 可获得的资源。民间财团就是非营利组织获得资金来源的重要渠道之一。尤其对许多政策倡议型 NGO 来说,过多依赖政府资金容易影响其活动的自由度,而接受来自市民社会的民间财团的资金支持,则能够在一定程度上避免政府过度干预 NGO 活动。② 各国关于民间财团的法律法规与政策环境各不相同,例如美国、英国与加拿大对民间财团的监管环境较为宽松,不论是对财团成立还是税收优惠方面都采取了支持性的政策,因此,这些国家有着较为良好的国内慈善环境,有利于 NGO 获得更多的资源。

"二战"后相当长一段时间,民间财团都不是日本 NGO 的主要财源之一。尽管日本民间财团在 20 世纪初就已经诞生,但是他们的主要资助对象不是日本的 NGO 或非营利组织,而是与国家利益密切相关的科研领域。因此直到 1980 年代早期,许多基金会都是由日本企业或某一政府部门建立的研究基金,几乎没有涉及资助社会变革与国际关系领域的项目。③

---

① NGO 活动推進センター(JANIC):『NGOダイレクトリー 98、2000——国際協力に携わる日本の市民組織要覧』,NGO 活动推進センター(JANIC)1998、2000 年版。
② Kim D. Reimann, "A View from the Top: International Politics, Norms and the Worldwide Growth of NGOs," *International Studies Quarterly*, Vol.50, No.1, 2006.
③ 相关研究可参见 Y. I. Frost and G. J. Frost, "Japan," in Thomas Harris (ed.), *International Fund Raising for Not-for-Profits, a Country-by-Country Profile*, New York: John Wiley and Sons. Nancy R. London, *Japanese Corporate Philanthropy*, New York: Oxford University Press, 1991.

本书第三章已经分析了日本民间财团对 NGO 资助较少的原因。其中,日本法律对民间财团设立的严格规定与复杂手续,客观上降低了日本民间财团资助 NGO 的可能性。此外,日本的税收法规还限制了民间财团对 NGO 的资助。

1998 年 NPO 法颁布以前,许多日本 NGO 都不具备法人资格。民间财团向这些不具备法人资格的 NGO 捐款无法享受国家税收优惠,因此,NGO 很难引起民间财团的资助热情。再加上日本特定公益增进法人制度下,一般的财团法人虽然属于日本税法规定的非课税团体,但是这仅意味着对于财团的基金利息收入部分不课税,收益事业收入部分仍然需要课税。而从事特定公益事业的财团法人除了自身享受税收优惠政策外,向这些从事特定公益的财团法人捐款的捐赠者同样可以享受税收优惠,因此,日本政府可以通过规定哪些事业属于特定公益事业,来引导建立符合自身偏好的财团法人。

例如,日本《法人税法施行令》第 77 条列举了具体的"特定公益"事业,第 3 项中将"以对海外发展中地区经济开发协力(包含技术协力)为主要目的的法人"列为特定公益增进法人,但是却没有将进行 NGO 活动资助的法人纳入其中。截至 1998 年,有 33 个从事开发协力活动的财团被认定为特定公益增进法人,这些财团都没有对 NGO 的资助项目。[①]

总体而言,日本民间财团自设立之初就受到政府的严格管制,而且受到国家政策的引导,难以资助政府规定的"公益"团体以外的 NGO。除了制度上的限制之外,日本政府还限制了民间财团对"公益"的认识,使得他们认为只有从事紧急支援、开发协力活动才是"公益"(资助开发协力领域的操作型 NGO),而促进社会变革、影响国家决策的活动却难以得到肯定(极少资助政策倡议型 NGO)。

---

① 财团法人公益法人協会:『特定公益増進法人一覧』,财团法人公益法人協会 1998 年版。

3. 政治机会的增加与日本 NGO 政治空间的扩大

除了国家法律与财政税收政策之外，国家政治结构及其对社会行为体的开放程度、有无影响国家决策的渠道，也会对 NGO 活动的政治空间大小产生影响。社会部门所能获得的政治机会多寡，影响着特定国家中社会部门的形态与市民社会组织的层次。如果一个国家实行较为开放的政治体制，并且为社会部门提供较为充分的政治机会环境，这个国家的 NGO 就能在支持性的政治环境中成长，并容易发展成为较高层次的市民活动组织。政治机会，主要是指正式参与国家政治活动、与各层级政府机构建立沟通渠道、与国家精英阶层保持正式或非正式关系、有权通过媒体调查获取公众信息等允许 NGO 作为独立行为体，参与国家政治过程以及给予 NGO 政治合法性的机会。

政治机会变量可以用来解释，为什么有些国家拥有更多发展水平较高的 NGO，而另外一些国家则没有。具体到日本而言，国家供给政治机会长期不足，且对 NGO 参与政治活动设置障碍，这导致日本 NGO 难以获得充分的政治可信度与合法性。也就是说，这在很大程度上限制了日本 NGO 活动的政治空间。由于缺乏政治机会与公共合法性，日本 NGO 在社会中，长期处于边缘性位置。尽管已经具备了一定的市民社会基础，但是它们却难以进一步提升自身能力与活动水平。不管是对操作型 NGO 还是倡议型 NGO 而言，获得政治机会都是扩展政治空间的重要条件。对于政策倡议型 NGO 来说，充分的政治空间尤为重要。因为倡议型 NGO 往往以影响政府决策为行动目标，仅仅通过街头集会抗议或非制度化的渠道很难有效与政府沟通。

日本在"二战"后形成了带有"大政府"特征的政治体制，社会服务供给主要由政府承担。并且，大多数普通国民也都认为，政府应该承担更多的社会责任，而行政机构则是社会服务的直接供应者。行政机构服务无法覆盖的剩余部分，则由以政府的外围团体（gaikatudantai）为代表的各种公益法人代为承担。町内会与自治会之类的居民组织,则通常与基层行政机构合作处理地区性问题,或提供小范围的社会服务。日本有着规模庞大的基层市民社会组织,但这些组织只充当了政府行政部门的项目承包者或辅助执行者的角色。政府是这些市民社会组织的操纵者与管理者,两者之间的关系是等级制的。日本政府没有意愿让这些外围团体参与到政治决策的过程中来,因为后者本身就处于从属的地位而不是相对平等的地位。

1990年代以前,NGO在日本没有参与政府决策过程的正式机制,也没有正式的制度化的国家—NGO间对话渠道。除了极少数与外务省及政治家有关的NGO之外,绝大多数日本NGO都极少与政府或政府官员互动。随着1990年代各种政府官方财政支援项目的实施,日本NGO逐渐获得了与外务省及其他政府部门沟通的机会。各种允许NGO表达自身诉求与观点的正式或非正式的机制得以建立。NGO开始被纳入制度化的政府咨询委员会当中。尽管日本政府为NGO提供的政治机会仍然有限,但这些政治机会的出现,对NGO政治空间的扩展仍然有着重要的作用。根据日本政府相关部门公布的信息统计,1990年代中后期至2000年左右,日本NGO与政府间建立了一系列正式与非正式沟通机制(见表4-2)。

综上可知,日本NGO在1980年代中后期至1990年代的快速成长,与这一时期日本政府提供给NGO的活动空间扩大现象几乎同时发生。因此可以认为,国家通过制度供给扩大了日本NGO的活动空间,促使它们在市民社会自发形成的基础之上,迅速实现了大规模的增长。此外还可以注意到,日本政府从1980年代中后期开始,不再仅仅把NGO看作市民社会组织中处于边缘化地位的非正规团体,而是受国际化的影响转变了对NGO的看法,日益将其视作合作伙伴之一。两者之间的合作关系在ODA政策实施与改革议题上表现得最为明显。

第三节　发展高潮期的代表性日本 NGO

日本 NGO 从 1980 年代后期开始进入发展的高潮期，这一时期一直持续到 1990 年代。较之前两个时期，日本 NGO 的数量出现大幅增长（参见图 1-19），所涉及的活动领域增多，部门 NGO 开始进入国家政治系统，参与政府决策过程。

除了印支难民危机之外，受 1978 年西孟加拉洪水灾害、1985 年菲律宾内格罗斯岛饥荒、1987 年苏联进攻阿富汗引发阿富汗难民潮等国际事件影响，日本国内又创立了一批主要从事国际援助活动的 NGO。例如，亚洲协会亚洲友之会（アジア協会アジア友の会，JAFS，1979 年）、日本内格罗斯运动委员会（日本ネグロス・キャンペーン委員会，APLA，1986 年）、灯台（燈台 アフガン難民救援協力会，1988 年）等。[①]

此外，日本在 1980 年代还诞生了一批，如国际保健协力市民会（国際保健協力市民の会，SHARE，1983 年）、白沙瓦会（ペシャワール会，1983 年）等保健医疗协力 NGO，以及一批环境、孤儿收养、农村地区开发、教育、福利等领域的 NGO。

一些欧美大型 NGO 组织也开始纷纷在日本设立分部。例如，日本国际计划（Plan，プラン・ジャパン，1983 年）、日本救助儿童会（セーブ・ザ・チルドレン・ジャパン，SCJ，1986 年）、日本世界宣明会（ワールド・ビジョン・ジャパン，World Vision，1987 年）、日本国际关怀组织（CARE，

[①] 详细介绍参见各 NGO 网站：JAFS：アジア協会アジア友の会とは，公益社団法人アジア協会アジア友の会ホームページ http://jafs.or.jp/，2015 年 11 月 29 日。 APLA：APLAとは，日本ネグロス・キャンペーン委員会ホームページ http://www.apla.jp/aboutus/outline/jcnc，2015 年 11 月 29 日。 燈台：燈台のご紹介，特定非営利活動法人燈台アフガン難民救援協力会ホームページ http://www.jca.apc.org/~todai87/，2015 年 11 月 29 日。

ケア・インターナショナル　ジェパン,1987 年)等。①

从 1990 年代后半段开始,日本 NGO 还开始参加全球市民社会活动,逐渐融入全球治理机制。例如,以参与国际禁止地雷运动(The International Campaign to Ban Landmines)为目的,日本 NGO 也在 1997 年组织了"日本禁止地雷运动"(地雷廃絶日本キャンペン,JCBL)。由于 JCBL 积极开展对日本政府的游说,并且进行了大量旨在唤起日本市民社会对禁雷问题关注的公共宣传活动,最终促使日本政府在 1998 年 8 月签署了《全面禁止对人地雷公约》(《渥太华公约》)。②

同年 10 月,"国际减债运动(大赦 2000)"日本执行委员会成立,参与减债运动的日本 NGO 通过收集市民签名、在冲绳 G8 峰会期间举行宣传活动、联络国会议员等方式最终促成了日本政府在 2002 年宣布放弃对 32 个重债务贫困国家共 9 000 亿日元的债务,这一组织也于当年解散。③

日本市民社会力量在战后呈现逐渐增强趋势,再加上 1980 年代中后期至 1990 年代日本政府对 NGO 政策的转变,在日本 NGO 发展的高潮期,NGO 与国家间的互动关系也出现了转变。NGO 等市民社会组织不仅实现了数量上的增长,还利用不断扩大的政治空间与经济空间扩展了自身的影响力。2000 年以后,日本 NGO 的发展也从数量增长阶段过渡到了质量提升阶段。笔者之前提到,在 NGO 活动空间中,国家与 NGO 之间存在五种不同的互动关系模式,分别是:自由放任模式、促进模式、协作模式、同化吸收模式、镇压或对抗模式。尽管本书对 NGO—国家互动模式进行了具体分类,但是并不意味着两者之间关系只会表现为其中一种。实际情况下,两者之间的互动关系更可能是其中一种或几种的混合模式。

---

① 详细介绍请依据名称搜索各 NGO 组织网页。
② JCBL:JCBLについて,特定非営利活動法人地雷廃絶日本キャン(JCBL)ホームページ http://www.jcbl-ngo.org/JCBL,2015 年 12 月 2 日。
③ ジュビリー 2000 日本実行委員会事務局:JUBILEE2000について,ジュビリー 2000 日本実行委員会事務局 http://www.jyunrei.net/nets/jubilee.htm,2015 年 12 月 2 日。

此外，来自市民社会的观点通常认为，NGO 应该与国家及市场部门保持一定的距离，避免行政介入或商业利益的干扰，才能保持 NGO 的独立性。例如有观点认为，NGO 的收入来源状况与其独立程度密切相关。[①] 会费/捐赠和自身事业收益在所有财源中占比越高，NGO 的活动自由度越高、越能保持独立性；官方补助金和政府委托事业收入占比越高，NGO 的活动自由度越低、越容易依赖国家（见表 4-3）。

表 4-3 NGO 的资金来源

种 类	特 征
会 费	NGO 可以自由设定金额与募集时间；稳定性最高；需要吸引会员关注或认同
捐 赠	NGO 无法控制金额与募集时间；稳定性较高；资金用途有可能受限
事业收益	物品贩卖（公平贸易、慈善义卖会等）、提供服务等 NGO 自身营利活动；稳定性较低；需要前期投资，且有一定的商业风险；可能会引起公众质疑（是否背离非营利特征）
补助金	对 NGO 资格有要求；申请及资金使用手续较多；资金用途受限；可能受到行政干涉；稳定性视与政府关系而定
受 托（委托）	接受行政部门委托，进行具体项目操作（可能需要竞标）；对 NGO 资格有要求；资金用途受限；稳定性视竞标实力及与委托方关系而定；有丧失独立性成为项目承包者的风险

资料来源：笔者自制。

从日本 NGO 与国家关系来看，1980 年代中后期至 1990 年代，日本政府转变了原有对 NGO 政策，两者间关系由自由放任模式转为促进模式，并逐渐向协作模式过渡，日本 NGO 发展的高潮也出现在这一时期。尽管日本政府在这一时期显著增加了对 NGO 的财政支持，并为 NGO 提供了参与政治决策的各种渠道，但是从日本 NGO 部门的整体情况来说，日本的大部分中小型 NGO，在财政收入上对国家的依赖程度较低，在国内外活动中与

[①] 片山信彦：「NGOの基盤強化」，載『［連続講義］国際協力 NGO——市民社会に支えられるNGOへの構想』，日本評論社 2004 年版，第 189—210 頁。

政府部门的合作比例也不高。这也可以说明，国家对日本 NGO 发展的积极干预推动了 NGO 部门的发展，且没有影响到日本 NGO 部门整体的独立性。刻意避免与国家发生互动关系，并不一定有利于 NGO 的发展，并且双方发生互动行为的机会越低，不仅会减少两者之间的冲突，也会使两者间的合作机会越低。例如在自由放任模式下，尽管 NGO 在不受国家干预的环境下享受到了最大限度的自由度，但是 NGO 的活动空间并没有实现最大化。

为进一步考察日本 NGO 在与国家互动中是否保持了相对独立性，现举两个案例加以说明。

第一个案例是日本 NGO 为反对纳尔默达项目所进行的活动。反对纳尔默达项目实施，是日本 NGO 第一次成功向日本政府施压，导致日本政府最终改变 ODA 项目实施方案。1987 年，日本 ODA 贷款的执行机构——海外经济协力基金（1999 年与日本进出口银行合并，改称为国际协力银行）决定，向纳尔默达大坝建设项目提供 20.008 5 亿日元的 ODA 贷款，以支持 1985 年世界银行向这一水力发电项目提供的 4.5 亿美元融资项目。[1] 以 FoE Japan（日本地球之友）为代表的日本环境 NGO，发起了各种反对纳尔默达大坝建设的活动，最终迫使日本外务省在 1990 年宣布终止对纳尔默达大坝建设项目提供 ODA 贷款。

纳尔默达项目是印度政府制定的大型水利开发项目，这个项目计划在印度西部纳尔默达河上建设 3 000 座以上不同规模大坝以及其他水利灌溉、发电设施。尽管印度政府声称这一项目建成之后，可以为常年干旱的古吉拉特邦提供 180 万公顷的水利灌溉，并使当地实现全年耕种，即纳尔默达项目一旦实施，就能提高当地贫困阶层（年收入 1 000 卢比）的收入；宣称纳尔默达大坝建成后，能为约 3 000 万人提供饮用水；配套水力发电站的建设，能

---

[1] 鷲見一夫：『きらわれる援助—世銀・日本の援助とナルマダ・ダム』，築地書店 1990 年版。

消除当地供电不足的问题;此外,印度政府认为大坝建设项目还可以为70万人提供就业岗位,项目完成后还能确保60万人继续被雇用。

但与此同时,据专家测算,仅仅建成这个总蓄水量95亿吨的巨型水坝,就会淹没周围350 000公顷的土地,其中包括大量的森林与耕地。① 项目建设还会造成约24万人迁移,其中10万人为库区移民,剩余14万人则是因为项目附属运河、灌溉网建设不得不迁移。而印度政府对于这14万人并没有准备替代耕地,只向他们提供货币补偿。印度政府的土地政策,只保障缴纳土地税的居民的土地所有权,而库区移民多为当地少数部族,所有土地世代相传,并没有被征收过土地税。因此,印度政府不承认这部分库区移民的土地所有权,也没有将这14万人定为土地补偿对象。②

纳尔默达项目对当地环境与居民所造成的严重负面影响引起了印度国内外的关注。国际社会对纳尔默达项目问题的关注,继而发展成为世界性的反纳尔默达项目运动。位于项目实施所在地的中央邦与马哈拉施特拉邦的库区移民及社会活动家,最早组织起来反对大坝项目建设。以"纳尔默达河谷复苏委员会"与"纳尔默达移居者委员会"为代表的社会运动组织,通过唤起受项目影响的少数部族民众的反抗意识、封锁道路举行抗议活动等方式,动员社会大众力量反对纳尔默达项目的实施。③ 同时,支持项目实施的社会运动团体,也开始举行游行活动。在古吉拉特邦地区,不同意见双方还发生了激烈的冲突。然而,印度国内激烈的反对运动,并没有使政府改变项目计划。④

此后,反对纳尔默达项目运动,从印度国内逐渐扩展到了国际社会。世

---

① 渡辺利夫・草野厚:『日本のODAをどうするか』,日本放送出版協会1991年版,第155—157頁。
② 鷲見一夫:「建設中止の可能性生まれたナルマダ・ダム」,『週刊エコノミスト』1992年8月11日号,第80—85頁。
③ 鷲見一夫:『きらわれる援助—世銀・日本の援助とナルマダ・ダム』,築地書店1990年版,第194—196頁。
④ John R. Wood, "India's Narmada River Dams: Sardar Sarovar Under Siege," *Asian Survey*, Vol.33, No.10, p.974, 1993.

界各国的 NGO 开始纷纷向本国政府施压,要求他们的政府不要支持世界银行与日本政府对这一项目的融资计划。地球之友、绿色和平组织、环境防卫基金等国际 NGO,将美国联邦议会作为主要游说目标,最终促成了 1989 年美国下院针对世界银行对纳尔默达大坝项目融资问题,召开特别听证会。[1]

同时,日本 NGO 在纳尔默达项目问题上,也对政府表示不满。因为当时的日本是世界银行的第二大出资国,并且日本海外经济协力基金,还为纳尔默达项目配套水电站建设提供了 ODA 贷款。日本政府内部四个负责 ODA 贷款决定的行政部门,都对纳尔默达项目表示了支持态度。日本经济企划厅与大藏省共同管理下的海外经济协力基金,负责推动贷款协议的签署执行;通产省则由于住友商事、日立制作所与东芝三家日本公司赢得了纳尔默达项目水电站建设合同,而竭力促成这一援助项目的实现;而外务省则是日本政府内部,推动纳尔默达贷款援助项目实施的主要协调部门。日本 NGO 的主要工作目标是,改变这些部门对纳尔默达项目的支持态度。

于是,FoE Japan 与其他日本 NGO 联合起来,与纳尔默达河流域的当地社会团体、印度国内外的环境组织合作,在日本国内组织了反对大坝及水电站建设项目的公开集会、举办了以纳尔默达项目为主题的讨论会,它们还将项目实施可能造成的环境危害,通过国内媒体向普通民众披露。日本 NGO 还对纳尔默达项目的主要官方融资机构——日本政府与世界银行进行游说活动,希望它们改变融资决定。[2] 1990 年 4 月 21 日,FoE Japan 等日本 NGO 共同主办了名为"地球日研讨会 援助为了谁?——发自印度纳尔默达项目现场的信息"公开研讨会。[3] 除了日本的 NGO 以外,

---

[1] 鷲見一夫:『きらわれる援助—世銀・日本の援助とナルマダ・ダム』,築地書店 1990 年版,第 205 頁。
[2] 同上。
[3] 川名英之:『世界の環境問題＜第 11 巻＞地球環境問題と人類の未来』,緑風出版 2015 版。

FoE Japan 还邀请了印度及一些西方国家的反对大坝项目建设的活动家共同参与这次研讨会。① 在这次研讨会召开前,日本 NGO 为参会的印度活动家举办了一场特别的新闻发布会,这些印度活动家在发布会上,呼吁日本公众向本国政府施加压力,迫使其取消对纳尔默达项目的 ODA 贷款计划。②

1990 年 4—6 月,日本国会在野党议员们,也加入 NGO 反对纳尔默达项目的同盟中来。一些议员要求外务省与海外经济协力基金的官员,核实有关部门批准纳尔默达项目的调查报告。例如,在 1990 年 4 月 17 日参议院外务委员会上,日本社会党的堂本晓子议员和日本联合会的中村锐一议员,质询日本政府批准向纳尔默达项目提供 ODA 贷款之前是否进行过事前调查。外务省经济协力局局长木幡昭七回应,项目批准之前曾依据世界银行与印度政府提供的材料进行项目审查,但是并没有派日本调查团实地调查。③ 1990 年 5 月 9 日,在众议院预算委员会上,日本共产党三浦久议员质询日本政府在批准向纳尔默达项目提供开发援助贷款之前,没有充分考虑项目可能造成的严重环境破坏问题;批评日本虽然号称世界 ODA 援助大国,但实际上其中附带商业利益的贷款项目比例远远高于无偿赠与;此次政府推动纳尔默达项目 ODA 融资项目,也与住友商事投标获得了 290 亿日元的纳尔默达附属项目水电站建设的合同有关。④

通过以上日本国会议员对纳尔默达项目 ODA 融资项目的质询,可以发现两个问题:一是日本政府在批准这一 ODA 开发援助项目之前,并没有进行详细负责的评估调查。他们仅仅依据世界银行及印度政府提供的资料,

---

① FoE Japan: FoE Japanについて, FoE Japanホームページhttp://www.foejapan.org/about/history.html, 2015 年 12 月 28 日。
② 朝日新聞:「日本援助のダムの是非:インド公使も出席しシンポ」,『朝日新聞』1990 年 4 月 20 日。 朝日新聞:「ODAダム中止させて」,『朝日新聞』, 1990 年 4 月 20 日。
③ 日本国国会図書館:参議院外務委員会 2 号平成 02 年 04 月 17 日, 国会会議録検索システムhttp://kokkai.ndl.go.jp/SENTAKU/sangiin/118/1110/11804171110002a.html, 2015 年 12 月 28 日。
④ 日本国国会図書館:衆議院予算委員会平成 2 年 5 月 9 日, 国会会議録検索システム http://kokkai.ndl.go.jp/SENTAKU/syugiin/118/0380/11805090380017a.html, 2015 年 12 月 28 日。

片面评价项目的利好一面,完全忽视项目将带来的环境破坏、强迫移居等严重负面问题。二是日本企业从这一 ODA 开发援助项目中获得的巨额订单,正是日本 ODA 相关行政部门支持纳尔默达项目建设的原因。这也反映出了日本政府在推行 ODA 项目时,过于重视经济利益,违背国际援助规范的问题。

此外,还有一点需要注意的是,在 1990 年 4 月 17 日参议院会议上,质询纳尔默达项目问题的堂本晓子议员,她同时还是日本地球环境国际议员联盟(GLOBE)的成员。并且,她于 1993 年还成为 GLOBE 的总裁(现担任名誉顾问)。① GLOBE 成立于 1989 年,是由欧盟议会、美国议会、日本国会中关注地球环境问题的政府立法者组成的,推动维护地球环境国际合作的国际议员联盟。GLOBE 反对纳尔默达项目的建设,以詹姆斯·朔伊尔(James Scheuer)为代表的 6 名美国众议院议员,曾联名致信当时的世界银行行长巴伯·科纳布尔(Barber Conable),指出,世界银行向纳尔默达项目相关大坝建设提供贷款,违反了世界银行融资·信用贷款协定中关于再定居与环境问题的条件限制与世界银行环境相关问题方针,并要求世界银行重新审定此项贷款决定。②

因此,日本政府在 NGO 与内外政治压力之下,决定终止关于纳尔默达大坝的 ODA 融资项目。1990 年 6 月,日本外务省宣布,冻结对纳尔默达大坝的追加融资。③ 因环境与移居问题而冻结融资的案例,在日本 ODA 历史上是非常少见的。尤其是在这一融资项目已经开始 3 年之久,且项目建设已经过半的情况之下而被冻结更是少见。

并且,日本政府的决定还影响到了世界银行对纳尔默达大坝建设的态

---

① 地球環境国際議員連盟:メンバーリスト,地球環境国際議員連盟ホームページhttp://www.globejapan.org/,2015 年 12 月 28 日。
② 鷲見一夫:『きらわれる援助―世銀・日本の援助とナルマダ・ダム』,築地書店 1990 年版,第 208—210 頁。
③ 朝日新聞:「住民反対のインドダム建設追加借款見送る」,『朝日新聞』1990 年 6 月 20 日。

度。1991年,世界银行总裁批准成立独立调查团,对纳尔默达项目建设可能造成的环境破坏、移居者人权以及土地赔偿等问题进行第三方调查。1992年6月,以原联合国开发计划署总裁布拉德福德莫尔斯(Bradford Morse)为团长的调查团经过半年的实地调查,向世界银行行长巴伯·科纳布尔的后任者刘易斯·普雷斯顿(Lewis Thompson Preston)行长提交了长达360页的调查报告——《莫尔斯报告》,使得世界银行最终于1993年3月停止了对这一项目的融资。[1]

上述反对纳尔默达项目的案例,反映了日本NGO如何联合政治家与国外NGO,成功地向日本民众披露了政府ODA项目在预先评估方面的漏洞,以及日本ODA项目盲目追求商业利益而不顾受援国当地环境安全与民众福利的弊端,最终通过参与国际社会反纳尔默达项目斗争,迫使日本政府冻结了纳尔默达项目融资。

第二个案例是日本NGO在反对柬埔寨农药援助项目活动中与国家的互动。与反纳尔默达项目运动不同,在反对日本政府针对柬埔寨的农药援助运动中,日本NGO仅仅将以外务省为代表的日本政府作为批评对象,并不牵扯其他国际机构(例如,纳尔默达项目中的世界银行)。并且,这次反农药援助运动并没有借助国际NGO的力量,而是在日本NGO——日本国际志愿者中心(JVC)主导下,成功迫使日本政府停止了这个对当地民众身体健康与当地生态环境有着严重损害的ODA援助项目。

由于1970年代的内战及越南入侵,柬埔寨出现了大量难民。当时柬埔寨国内政局复杂,除了韩桑林政权之外,还有三股政治势力(波尔布特派、西哈努克亲王派、宋双派)分属东西方阵营。受到冷战时期东西方对立局势影响,尽管在1979—1981年,西方阵营各个国家曾对柬埔寨进行紧急救援,但

---

[1] 段家誠:「世界銀行の開発援助レジームの形成と変容——ナルマダ・ダム・プロジェクト中止過程とインスペクション・パネル設立を事例にして—」,『坂南論集·社会科学編』,2015年51卷1号,第6—7頁。

是从 1982 年开始，西方国家对柬埔寨实施孤立政策，对柬埔寨采取禁运与经济制裁。而这一政策还影响到了联合国开发计划署等国际机构对柬埔寨的政策，柬埔寨国内人民的生活只能依靠东方阵营的援助与国际 NGO 的民间援助维持。

柬埔寨纷争发生后不久，乐施会（Oxfam）等国际 NGO 就形成了针对柬埔寨援助问题的国际 NGO 网络，但是由于西方阵营国家对柬埔寨实施孤立政策，导致上述 NGO 在进行必要的资源调配时面临各种困难，民间援助活动难以独立开展。[1] 为了游说西方阵营国家的政府解除对柬埔寨的经济制裁与禁运，1986 年 9 月至 1992 年 12 月，15 个国际 NGO 组成了名为"柬埔寨国际 NGO 论坛"（International NGO Forum on Cambodia）的 NGO 网络。在这一网络化组织中起主导作用的 NGO 包括乐施会（Oxfam）、荷兰国际援助组织（Novib）、美国公谊服务委员会（AFSC）以及世界基督教联合会（WCC）等欧美大型 NGO。而这一组织中只有一个日本 NGO 成员，就是 JVC。[2] JVC 通过参与柬埔寨国际 NGO 论坛，与欧美国家的先进 NGO 进行信息交流，不仅学习到了如何针对政府进行有效的政策游说活动，还能够实地参与关于柬埔寨复兴、开发的调查研究活动，获得了关于柬埔寨问题的专业知识与第一手资料。这些经验都为 JVC 此后开展的反农药援助活动提供了重要经验。此外，这也是日本 NGO 首次真正参与到全球治理的框架当中。

随着国际形势的缓和，1989 年，针对柬埔寨问题的巴黎国际会议召开。冷战结束后不久，1990 年 6 月，柬埔寨和平会议在东京召开，1991 年 10 月 23 日，各国在巴黎签订了《巴黎和平条约》，绵延 20 年的柬埔寨内战宣告结束。柬埔寨国内随后进入复兴重建阶段，以联合国等国际组织为开端，各国

---

[1] Joel Charny and John Spragens, Jr., *Obstacles to Recovery in Vietnam and Kampuchea: US Embargo of Humanitarian Aid*, Washington, DC: Oxfam America, 1984.
[2] International NGO Forum on Cambodia: About Us, International NGO Forum on Cambodia homepage http://www.ngoforum.org.kh/，2015 - 12 - 29。

政府纷纷与柬埔寨缔结双边援助或多边援助协议，NGO 针对柬埔寨国内复兴开发的民间援助活动也开始勃发。

日本政府从 1989 年巴黎和平会议开始，就积极参与了解决柬埔寨问题的各种国际会议，针对柬埔寨战后复兴的 ODA 项目也是从 1989 年开始的（见表 4-4）。

表 4-4　日本对柬埔寨 ODA 实绩（1989—1993 年）

年度	赠款			政府贷款		合计
	无偿资金协力	技术协力	合计	支出总额	支出净额	
1989	1.81(92)	0.16(8)	1.97(100)	—	—	1.97(100)
1990	—	0.15(100)	0.15(100)	—	—	0.15(100)
1991	—	0.48(100)	0.48(100)	—	—	0.48(100)
1992	0.65(14)	4.06(86)	4.71(100)	—	—	4.17(100)
1993	52.00(85)	9.19(15)	61.19(100)	0.15	0.15(0)	61.34(100)
合计	88.15(79)	19.31(17)	107.46(97)	3.84	3.84(3)	111.30(100)

注：1. 金额单位为百万美元；2. 支出净额为支出总额减去回收额（被援助国向援助提供国的贷款归还金额）；3. 括号内数字为该项在 ODA 合计总额中所占比例，单位为%；4. 数据来自外务省 ODA 実績。[1]

在 1992 年 6 月日本与联合国开发计划署联合主持召开的东京"柬埔寨复兴阁僚会议（MCRRC）"上，与会国家决定，为了协调国际柬埔寨中长期复兴援助计划，将设立部长级别的"柬埔寨复兴国际委员会"（ICORC），委员会主席国由日本及法国交替担任。同时，日本政府还在 MCRRC 上宣布，将在此后 3 年间为支援柬埔寨复兴提供 1.5 亿至 2 亿美元的援助资金（见表 4-5）。[2]

---

[1] 日本外务省：国别援助实绩，外务省政府开发 ODA ホームページ http://www.mofa.go.jp/mofaj/gaiko/oda/shiryo/jisseki.html，2015 年 12 月 29 日。
[2] 日本外务省经济协力局编：『我が国の政府开発援助：ODA 白書（下卷）』，外务省 1994 年版，第 65 頁。

表 4-5　对柬埔寨 ODA 实绩

年度	有偿资金协力	无偿资金协力	技 术 协 力
1988（含之前年度ODA援助额累计）	15.17 特诺河（Prek Thnot River）流域开发计划（1968年度）	26.37 根据特诺河电力开发灌溉工程赠与协定进行的援助(1969,15.17) 河流用渡轮 2 艘(1970,1.00) 粮食援助（1970,1.08。1972,2.46。1973,3.86) 金边公共运输用巴士(1972,0.57) 难民住宅建设资材(1972,2.23)	16.63 研修员接收 443 人 专家派遣 195 人 调查团派遣 98 人 协力队派遣 16 人 器材提供 4.738 技术项目 5 件 开发调查 7 件
1989	—	—	0.25 研修员接收 9 人
1990	—	—	0.18 研修员接收 9 人
1991	—	0.39 亿日元 灾害紧急援助（经由日本红十字会提供,1.29) 小规模无偿(2 件,0.10)	0.97 研修员接收 21 人 专家派遣 9 人 调查团派遣 18 人 器材提供 0.163
1992	—	61.20 克洛伊断桥(Chroy Changwar,也翻译为水净华桥)修复计划（1/2 期,27.94） 金边市医疗器材配备计划(5.17) **粮食增产援助(5.00)** 小规模无偿(2 件) 粮食援助（泰国大米,经由 WFP 提供)(23.00)	7.51 研修员接收 54 人 专家派遣 11 人 调查团派遣 206 人 协力队派遣 6 人 器材提供 0.377 开发调查 3 件
1993	—	84.27 克洛伊断桥修复计划(2/2 期,1.95) 金边市电力供给设备改善计划(1/2 期)(22.28) 粮食援助（泰国大米,经由 WFP 提供)(5.00) 无针对项目融资(20.00) 金边市上水道整修计划(1/2 期)(9.80) 道路建设中心改善计划(1/2 期)(5.90) 6A 号国道修复计划(1/2 期)(14.18) **粮食增产援助(5.00)** 小规模无偿(3 件)(0.16)	10.13 研修员接收 85 人 专家派遣 10 人 调查团派遣 67 人 协力队派遣 17 人 器材提供 1.532 开发调查 5 件

续　表

年度	有偿资金协力	无偿资金协力	技　术　协　力
合　计	15.17	173.23	35.67 研修员接收 621 人 专家派遣 225 人 调查团派遣 389 人 协力队派遣 39 人 器材提供 6.81 技术项目 5 件 开发调查 12 件

注：1. 金额单位均为亿日元；2. 数据来自"外务省 ODA 实績"。

粮食增产援助项目是在 1964 年的《关税与贸易总协定》(GATT)肯尼迪回合(Kennedy Round)缔结的《国际谷物协定》(1949 年)框架下，以小麦为主的粮食援助计划。为了防止依据这一援助计划所进行的谷物出口，对一般农产品或发展中国家国际贸易造成负面影响，包括日本在内的 16 个发达国家在 1967 年召开了世界粮食会议，确定了"粮食援助章程"，确立每年向发展中国家提供一千万吨谷物援助的目标。同时，会上还确定了"小麦贸易章程"，两个章程于 1968 年开始实施，正式确立了 KR(Kennedy Round)粮食援助体制。日本政府在会上签署声明文件称，日本政府保留以大米或受益国要求的农业物资形态履行援助义务的权利。1977 年，日本政府设立了预算总额为 60 亿日元的，提供农药、农业机械器具、肥料等农业物资的一揽子援助计划，这个计划也被称为粮食增产援助项目(2KR)。[①]

如表 4-5 所示，1992 年，日本与柬埔寨缔结了价值 5 亿日元的关于提供粮食增产援助(2KR)的双边协议，而农药援助项目就属于 2KR 项目中的一部分，并且这部分的援助金额高达 3.5 亿日元。[②]

关于农药援助项目的主要争议在于，日本政府向柬埔寨提供的农药主

[①] JICA 研究所：『食糧増産援助（2KR）実施計画手法にかかる基礎研究』，JICA 研究所 2003 年版，第 4—20 頁。
[②] 独立行政法人国際協力機構農業開発部：『カンボジア王国平成 20 年度貧困農民支援調査（2KR）調査報告書』，独立行政法人国際協力機構 2008 年版，第 3 頁。

要包括二嗪农、氰戊菊酯和杀螟硫磷三种杀虫剂,而一些环境、国际开发协力 NGO 以及相关国际机构,都认为这三种农药对于生态环境与人体健康存在极大危害。联合国粮农组织的亚洲稻米病虫害专家皮特·肯莫尔(Peter Kenmore)指出,二嗪农和杀螟硫磷属于有机磷农药,如果在使用时不穿着防护服,将会破坏人体的神经系统。而柬埔寨属于热带气候,农民又缺乏相关专业知识,他们可能在使用这两种农药时因不愿穿戴防护衣物而中毒。① 他们还提到,氰戊菊酯属于综合性的合成拟除虫菊酯类农药,对鱼类和水生无脊椎动物有毒性。②

此外,JVC 等反农药援助项目的日本 NGO 还指出,柬埔寨国内没有农药管理的相关立法,政府也无法保证这些对人体及生态环境有害的农药能够被恰当使用,并且柬埔寨农业部管理能力有限且存在腐败问题。③

最早对日本农药援助项目进行批评的组织,主要是柬埔寨合作协议会(CCC)、国际水稻研究所(IRRI)、联合国粮农组织(FAO)等在柬埔寨当地驻有办事机构的国际组织或者有派驻志愿者的 NGO,这些组织纷纷质疑日本对柬埔寨农药援助项目的安全性问题。其中,最具代表性的反农药援助项目组织是 CCC。实际上,CCC 并不是一个 NGO 个体,而是由 300 多个在柬埔寨开展活动的外国 NGO 登记组成的 NGO 网络化组织。据在柬埔寨 NGO 日本人网络(JNNC)名册显示,有 14 个日本 NGO 或市民社会组织参与了 CCC,JVC 就是最早在柬埔寨进行援助活动的日本开发协力型 NGO。④

1992 年 12 月 18 日,包括 JVC 在内的柬埔寨合作协议会,分别向日本驻金边大使馆、柬埔寨农业部递交了陈述日本对柬埔寨农药援助项目中所

---

① V. Mallet, "Poisoned Chalice — A Japanese gift of 35,000 liters of pesticide to Cambodia has caused uproar," *The Financial Times*, Vol.3, No.24, 1993, p.17.
② JVC:『ストップ! 危険な農薬援助:カンボジア社会に、今、何が必要か』,日本国際ボランティアセンター 1993 年版。
③ Richard J Tobin, "Pest management, the environment, and Japanese foreign assistance," *Food Policy*, Vol.21, No.2, 1996.
④ 在カンボジア日本人会:「NGO 紹介」,『在カンボジア日本人会会報』1998 年第 14 号。

提供农药的危害性,并提出了包括:要求日本政府延缓援助项目实施,直到公众掌握关于日本政府将要提供的具体援助农药种类与数量的充分信息;要求日本政府提高柬埔寨"综合病虫害防治(IPM, Integrated Pest Management)"水平,而不是给柬埔寨农药援助;要求日本政府与联合国粮农组织、国际水稻研究所以及其他在柬埔寨的 NGO 合作,帮助柬埔寨农业部寻找适合柬埔寨水稻、蔬菜种植使用的农用化学品在内的三条具体改进意见。[1]

同时,JVC 还与其他日本 NGO 合作,在日本国内开展反农药援助项目运动。ODA 改革网络组织、日本消费者联盟、热带雨林行动网络组织(JATAN)、亚太资料中心(PARC)等日本 NGO 虽然没有在柬埔寨当地开展活动,但是也在 JVC 的组织下,在日本国内开展了反农药援助项目的运动。[2] 1993 年 2 月 27 日,JVC 在东京举办了"日本的农药援助与柬埔寨问题"研讨会,他们不仅邀请了 NGO 等市民团体作为专题讨论者参会,还邀请了外务省经济协力局无偿资金课首席事务官参与公开讨论。研讨会结束之后,参会 NGO 与普通民众立即向外务省提交了正式声明,要求政府立即停止对柬埔寨的粮食增产援助项目,并对整个项目进行重新评估。[3]

JVC 还通过发动在柬埔寨的外国农学家制作联名备忘录,证明农药援助项目所提供的有毒农药会导致柬埔寨农民健康问题、对水生生物产生毒性作用,引发病虫害再猖獗,污染水井、池塘等主要饮用水源。1993 年年末,在 JVC 向日本驻金边大使馆和柬埔寨政府提交这份备忘录后不久,日本驻金边大使馆就邀请了日本外务省、IRRI、JVC 和基督教世界救济会(Church World Service)代表就农药援助项目进行讨论。[4]

---

[1] JVC:『ストップ!危険な農薬援助:カンボジア社会に、今、何が必要か』,日本国際ボランティアセンター 1993 年版,第 24—26 頁。
[2] 同上。
[3] Yoichi Kuroda, "Challenging Japan's Pesticide Aid," *Global Pesticide Campaigner*, Vol.3, No.2, 1993.
[4] D. Loring, "Struggling to Keep Cambodia off the Pesticide Treadmill," *Global Pesticide Campaigner*, Vol.5, Iss.4, 1995.

尽管日本外务省及 JICA，对于以 JVC 为代表的日本 NGO 的反农药援助运动一直持抵制态度，然而面对来自国内外社会的质疑，日本政府不得不开始重新评估这一援助项目。1993 年 11—12 月，JICA 派遣调查团赴柬埔寨进行实地调查，面对柬埔寨国内缺乏对农药使用与监管的安全体系这一现实，调查团终于意识到，向柬埔寨提供农药援助是错误的。JICA 最终制定的调查报告采纳了日本 NGO 之前的观点，认为日本政府的农药援助项目并不适合柬埔寨。调查报告中还进一步提出，由于柬埔寨国内并不需要使用农药，建议日本政府应适当延缓农药援助项目的实施。[①] 随后在 1993 年 12 月，日本政府援引 JICA 的调查报告，声称由于柬埔寨国内缺乏农药管理相关立法，决定结束对柬埔寨的农药援助项目。[②]

JVC 在反农药援助项目中的表现，对于日本 NGO 来说是一次重要的成功。这是日本 NGO 首次在没有借助国外 NGO 影响力的情况下，直接影响了日本政府的外交决策。并且，与日本 NGO 反对纳尔默达大坝建设项目不同，以 JVC 为代表的日本 NGO 并没有过度依靠国会议员的力量，而是通过彼此间网络化协作与日本的政府官员正面交涉，最终引导 JICA 对农药援助项目重新进行实地调查，使日本政府认识到日本 NGO 在反农药援助运动中所坚持观点的正确性。

第四节　小　　结

国际规范的传播与内化作为外压性因素，对日本政府改变对 NGO 的国内政治环境、扩大 NGO 的活动空间起到了主要影响。日本出于改善自

[①] Mainichi Daily News, "JICA admits sending agro-chemicals to Cambodia was mistake," *Mainichi Daily News*, 1994-7-28.
[②] Agrow, "Japan to reconsider Cambodian pesticide aid?," *Agrow*, Issue 213, 1994.

身国际形象的目的,接受了关于国际援助的规范并逐渐将其内化。

1980—1990年代,NGO作为重要的行为体在国际政府间组织中地位的上升,使得"国家才是国际治理领域中唯一的重要行为体"这一概念受到挑战。随着这一理念在国际社会当中逐渐被各国所接受,新的国际规范开始形成。日本在参与国际社会活动的过程中,接触到了新的国际规范,并且发现自身已经成为这一规范传播过程中的"落后者"。为了显示自身并不只是追求本国利益,而是愿意承担全球公共产品供给的义务,日本的决策者开始改变国家行为,转而支持NGO的发展。

本章针对以下三个问题进行了探究:为什么日本NGO兴起时间是在1980年代中后期至1990年代?是什么因素促成了日本NGO发展高潮的到来?这些因素对于日本NGO的发展具有怎样的影响?

首先,本章利用NGO发展的活动空间这一理论框架,通过对日本政府以制度供给的方式,对NGO活动的经济空间、政治空间所造成的影响进行分析后发现,日本政府在1989年后施行的国际开发协力关系民间公益团体补助金制度(外务省)、草根无偿资金协力制度(外务省)、国际志愿者存款制度(邮政省)、地球环境基金(环境省)等针对NGO发展的直接财政支持制度,扩大了日本NGO所能获得的经济空间。随着上述一系列NGO财政支持制度的实施,较之1989年以前,日本NGO与国家之间产生了更多的互动。并且日本NGO还开始获得政治机会,表达自身利益与诉求。而日本的相关行政部门,也转变了对NGO的漠视态度,转而将NGO视为能够对政府工作起到辅助作用的"伙伴",并开始建立一系列正式或非正式的对话机制,扩大了日本NGO活动的政治空间。但是,日本的法律及财政税收法规对日本NGO活动空间的扩大作用依然有限,直到1998年NPO法颁布以后,这一情况才开始改善。经过对日本政府给予NGO的活动空间状况进行分析后发现,日本的NGO部门恰恰是在日本政府开始扩大NGO的活动空间的时间点,也就是1980年代中后期至1990年代开始快速发展的。

这也为上述第一、第二个问题提供了答案。日本 NGO 在 1980 年代中后期至 1990 年代兴起的主要原因乃是日本市民社会发展到了一定程度基础之上,国家扩大了 NGO 的活动空间,即国家供给相应的支持性制度,扩大了 NGO 的经济空间和政治空间,促成了日本 NGO 发展高潮的到来。

此外,从外因方面来看,国际规范的内化理论也解释了,为什么在 1980 年代末至 1990 年代日本 NGO 进入了发展的高潮期这一问题。经过"二战"后 30 年左右的发展,日本 NGO 经历了初始期与成长期两个阶段。但是截至 1980 年代前半段,日本 NGO 不论是在规模还是能力上都十分弱小,NGO 的发展水平与经济合作与发展组织中主要欧美国家有着巨大的差距。整体而言,日本 NGO 的活动空间被严重压缩,它们没有进入国家政治系统的渠道,无力通过院外游说活动,迫使日本政府改善对 NGO 政策。同时,日本 NGO 由于自身发展状况不佳,无法成为国家 ODA 项目实施的得力合作伙伴。再加上日本社会精英阶层长期以来对 NGO 持轻视态度。因此,可以认定,国内因素并不是推动日本 NGO 发展进入高潮期的主要原因。

其次,1980—1990 年代,国际社会逐渐形成新的规范,开始将 NGO 作为参与式发展的理想推动者。关于发展援助的新型国际规范通过国际组织扩散至全球,欧美国家率先成为践行这一国际规范的"优等生",而日本则成为"落后者"。随着新国际规范的生命周期进入内化阶段,日本为了建立符合规范的"良好形象",开始学习新规范并改变自身行动方式。最终,新的国际规范内化至国内层次,导致了日本政府的政策转变。

而且,内化关于促进 NGO 发展的新国际规范,恰好符合日本当时的需求。当日本成为世界第二大经济体之后,日美之间的摩擦日益增多,美国开始要求日本承担更多的国际责任。此时,日本主动接受新国际规范的内化,采取促进本国 NGO 发展并与之合作的行为,有助于使国际社会看到,日本在 ODA 实施过程中不仅有"钱的贡献",更有"人的贡献",有积极的意愿为国际社会提供更多的公共产品。

尽管日本改变对本国 NGO 的态度与政策，以及接受新的国际规范的内化有着战略性的考虑，但是并不能从功能主义的观点来看待日本的这一行为。因为当时日本 NGO 的发展程度，决定了其本身并不能为日本实施 ODA 项目带来实际帮助。并且，即使日本不接受新国际规范的内化，并不一定会遭到国际社会其他行为体的惩罚。日本也可以用其他方式，化解国内外对本国 ODA 项目实施的批评，因此，日本转变对 NGO 政策更多的是一种社会化行为，国际规范的内化起到了关键作用。

再次，本章通过对日本 NGO 与 ODA 政策实施之间的关系进行分析，来回答国家扩大 NGO 的活动空间会对 NGO 的发展产生怎样的影响，以此作为第三个问题的答案。日本 NGO 在海外所进行的活动，实际上与日本政府的 ODA 项目有着相近之处：一是两者活动的区域基本都是发展中国家或地区；二是两者所提供的服务内容，基本都是为了改善这些发展中国家或地区的经济及社会发展状况；三是两者在活动过程中，都需要与本国及受援国的市民社会产生互动。因此，日本 NGO 在进行海外活动时，常常会与日本政府的 ODA 政策实施发生关联，它们与日本政府（尤其是外务省）在 ODA 项目实施、政策制定等方面所进行的互动越多，就越有可能获取更多的政治机会。尽管双方互动程度越低，两者之间就越难以发生冲突，但是这也同时降低了两者合作的可能性。而双方互动频繁尽管可能会产生更多的冲突，但是鉴于国际规范的影响力作用，以及日本政府对 NGO 发展的支持性态度，本书认为两者在互动过程中发展出协作性关系的可能性更高。

最后，1980 年代中后期至 1990 年代，日本政府对 NGO 进行的支持性制度供给是否会影响日本 NGO 的独立性？换句话说，即日本 NGO 是否会被国家同化或吸收？为了回答上述内容所引发的第四个问题，本章选取了日本 NGO 反对纳尔默达项目的活动与反对柬埔寨农药援助项目的活动这两个案例来证明，尽管这一时期的日本政府对 NGO 提供了一系列的支持性制度，但是这些制度并没有使日本 NGO 被同化或吸收进国家体系之中。

反而由于活动空间的扩大,日本NGO发展得更加成熟,能够在保持自身的独立性的同时,与国家建立一种批判性的合作模式。

具体到这两个案例的区别性来说,日本NGO反纳尔默达项目运动从属于国际社会反纳尔默达项目运动的一部分。在这一活动中,日本NGO并没有起到主导作用。第一,进行反纳尔默达项目运动的主要日本NGO——日本地球之友(FoE),本身就是国际NGO组织地球之友的分支机构。因此,他们在这项运动中,主要是受到以美国NGO为代表的、欧美大型国际NGO的示范性作用影响。其在具体行动上,只是起到了配合国际反纳尔默达项目运动,进而向本国政府施压的作用。第二,在这一案例中,日本NGO并没有直接在国际层次上,对主导纳尔默达项目贷款的世界银行的决策过程产生直接影响。因此,从行动过程来看,日本NGO在反纳尔默达项目案例中,首次成功向日本政府施压。但是从结果上来看,促使日本政府放弃对纳尔默达项目提供ODA贷款的主导性力量,来自以美国NGO为代表的国际NGO,而非日本NGO本身。

而在反柬埔寨农药援助项目中,以JVC为代表的日本NGO,首次在没有借助国外NGO影响力的情况下,直接影响了日本政府的外交决策。并且,JVC等日本NGO并没有过度依靠国会议员的力量,而是通过彼此间的网络化协作与日本的政府官员正面交涉,最终引导JICA对农药援助项目重新进行实地调查,迫使日本政府认识到,日本NGO在反农药援助运动中所坚持观点的正确性。这一案例同时还表明,日本NGO经过20余年的发展之后,终于在1990年代迎来了初步的成熟。而这一成熟过程,是市民社会自然发展的结果,来自国家的支持性政策仅起到了推波助澜的辅助作用。

第五章
结　语

　　NGO自19世纪诞生于西方以来,经过两个世纪的发展,已经遍布世界的各个角落,并且还成为当今国际政治当中不可忽视的重要行为体之一。无数关于NGO的研究文献,已经证明了这个事实。正如本书研究所示,尽管NGO的兴起与发展是一种全球性的现象,但是各个国家的NGO发展水平并不相同。国际与国内两个层次的变量,影响着特定国家的NGO发展状况。本书试图解答的问题是,特定国家的NGO部门是如何兴起与发展的。为此,在前文论述的基础上,提供一种在国际与国内双层视角下观察NGO发展的新路径。

　　笔者对日本NGO兴起与发展过程的研究,证明了日本NGO的成长模式与欧美发达国家NGO的成长模式并不相同。笔者发现,日本NGO是在国际规范扩散与国内政治、社会环境变化的双重作用下成长起来的。尤其是在日本NGO发展的高潮期,较之市民社会发展所提供的基础性推动力,国家政治因素甚至起到了更为重要的作用。

　　也就是说,NGO所运行的环境受到了国际规范内化这一自上而下作用力的影响。国际规范不仅能够影响国家的行为,促使其改变国内政治制度与结构转而支持NGO的发展,还可以通过社会行为体的国际化活动,从国际层次扩散至国内层次并实现规范的内化。并且,西方国家与国际政府间组织所推行的一系列支持NGO发展的新国际规范,本质上反映的是西方国家的意识形态。这种西方意识形态企图改造的是国家的社会结构，而不是经济或政治结构。

第一节　NGO 的发展：国际规范影响下的国家与市民社会

　　国际关系理论通常这样描绘关于 NGO 兴起与发展的图景：在强烈的自由民主主义传统、资本主义经济与开放的政治体制影响下，NGO 首先在西方国家诞生。随着资本主义的全球扩散，西方国家通过创设新的国际组织与机制，主导建立了一种符合西方价值观的国际规范。遵循这种西方观念与价值规范的扩展，NGO 开始在世界其他地区陆续出现。经过一段时间的发展，尤其是到了冷战结束之后，西方国家的政府与社会精英，转而要求 NGO 承担更多的全球治理功能，并且支持 NGO 的发展，以推动西方自由民主价值观与资本主义的全球扩散。尽管 NGO 作为这一进程中的重要行为体，在一定程度上参与塑造了西方价值规范全球传播的图景，但是它毕竟只是众多行为体当中的一员。只有当他们所追求的目标与国际政治主导国家相一致时，或者在多边利益共存的情况下，NGO 的影响力才会显现。

　　基于以上假设，本书强调 NGO 这一行为体所运行的环境，受到了自上而下作用力的影响。继而分析了这种环境是如何随着国际规范的内化而逐渐变化的，环境的变化又是如何影响特定国家 NGO 的兴起与发展的。NGO 在绝大多数人的印象中，通常是一种与国家权威对抗的、重视个人权利与自由的人道主义慈善组织。它自发成长于市民社会，与政府保持着适当的距离。实际上，NGO 确实也经常强调自身独立于政府之外的特性。但是这并不意味着所有的 NGO 都是与国家机关相对立的行为体。当我们回顾日本 NGO 的发展历史，发现日本 NGO 的成长模式与西方国家 NGO 的成长模式并不相同。它们是在国际规范扩散与国内政治、社会环境变化的双重作用下成长起来的。在日本 NGO 发展的高潮期,较之市民社会发展所提供的基础性推动力,国家政治因素甚至起到了更为重要的作用。

一、国家政治因素对 NGO 发展的影响

已经有许多国际关系研究文献,向我们展示了 NGO 等非国家行为体是如何通过自下而上的影响力,推动全球范围内的社会与政治变革的。与之不同,本书关注的是 NGO 如何兴起并发展起来。财富、教育与科技水平,以及其他现代工业社会发展指标的发展,为 NGO 提供了重要的资源。这些资源可以支持 NGO 跨越国家的边界在全球范围内开展活动,却不能用来解释 NGO 是如何兴起的。

包括国家与市民社会关系在内的国内政治环境,塑造着特定国家 NGO 的发展模式与发展状态。NGO 最早出现在西方国家,那些拥有较发达 NGO 部门的国家,往往有着自由多元主义的政治环境、开放的政治系统、松弛的国家与市民社会关系。

如本书第一章表 1-3 所示,国家政策、国内市民社会—国家互动结构,直接影响着 NGO 所能获得的物质与政治资源。美国、英国、加拿大等国所采取的自由多元主义政治制度,为本国市民社会组织的发展,提供了友好的法律环境、更多的财政支持与税收优惠政策。这些国家还为 NGO 等市民社会组织参与政府决策,提供了更加开放的环境。同时,这几个国家的 NGO 的发展状况,也比其他国家更好。而有着法团主义特征的日本与上述几个国家恰好相反,其国内 NGO 部门的发展状况比上述国家要差。

这说明国家在政治与经济两个方面为本国 NGO 所提供的活动空间的大小,影响着该国 NGO 部门的发展状态。具体来说,国家作为制度的供给方,通过控制国内立法、税收与财政政策、政治系统开放程度,塑造着本国 NGO 的活动空间。国家与市民社会之间的关系,通常会呈现某种动态变化

的状态。而两者关系的变动,会造成国家政策行为的变化。国家通过调整对本国非营利部门的制度供给来影响 NGO 活动空间的大小。

二、国际规范对 NGO 发展的影响

如上所述,国家政策行为的变化会影响该国 NGO 活动空间的大小。而国家政策行为变化的原因,则可能是受到了国际规范自上而下的"外压式"影响。从 NGO 的发展历程来看,1980 年代,部分西方资本主义国家与国际政府间组织,开始把 NGO、市民社会定义成为诸多全球性问题的解决者。各种双边或多边国际组织,开始利用国际发展援助、环保、妇女权益、人道主义救援等项目资助 NGO,邀请更多的 NGO 参与上述相关议题的国际会议。

这些行动逐渐发展成为一种支持 NGO 发展的国际规范。符合这种规范的国家,会"显得"更符合资本主义的自由民主标准。那些不符合规范的国家为了不被当作"落后者",选择接受国际规范的内化。"落后者"的选择可能是主动地学习,也可能是被动地接受。支持 NGO 发展的国际规范并不具备强迫性,即使抵制这种规范的内化也不会遭到"惩罚",国家更多的是从维持声誉的角度来接受国际规范的。

与支持 NGO 发展的国际规范相关联,人的安全保障、参与式发展、善治、社会责任等战后新国际规范,成为许多国家追求的目标,或者转化为评判国家在国际社会当中形象的新标准。这些新兴国际规范促使国家改变与国内市民社会之间的关系,并提供更加开放的政治系统,以促进本国 NGO 部门的发展。

国际规范不仅能够影响国家的行为,促使其改变国内政治制度与结构,转而支持 NGO 的发展,还可以通过社会行为体的国际化活动,使规范从国际层次扩散至国内层次并实现规范的内化。这些社会行为体包括:社会活动家、NGO、学者、基金会的管理运营者、劳工组织成员、国际组织官员,以及其他一些利用自身专业知识或经验设立的 NGO、发起 NGO 活动的西方

社会活动人士。非西方国家的社会行为体，通过与上述西方社会活动人士的互动接触，逐渐学会了如何成立NGO、如何与国际社会行为体建立关系。

支持NGO发展的国际规范在扩散过程中，为国家行为体参与全球治理活动提供了更多机会。当那些非西方国家的社会行为体，逐渐参与到关于全球治理议题的国际会议当中时，就有机会接触到那些来自NGO发达国家的参会者，这些NGO发达国家的参会者向他们提供建立NGO的经验与模型。在国内层面，"学成归来"的NGO落后国家的社会行为体，开始模仿或实践他们所学习到的国际规范，传播所学到的西方价值理念，发动国内市民社会活动，成立NGO组织，甚至试图影响重塑与国家间的关系。

综上所述，西方发达国家、来自这些国家的社会行为体、受这些国家控制的国际政府间组织三者联合推动了国际层面上支持NGO发展的国际规范的诞生与扩散。这一国际规范扩散的路径有两条：一条是自上而下作用至国家行为体，促使国家内化新的国际规范并转变对NGO的政策；另一条是突破国家的界限，直接作用至国内市民社会，通过国内社会行为体的国际化，最终实现规范的内化。

西方国家与国际政府间组织所推行的上述一系列新国际规范，本质上反映的是西方资本主义国家的意识形态。冷战时期，国家依据政治制度的不同被划分为东西阵营。在外交政策上，西方资本主义阵营对不符合其意识形态的社会主义国家，采取更多的是威慑政策或遏制政策。

冷战结束以后，美国等西方资本主义国家，放弃了冷战时期"硬的"外交政策，开始更多地使用接触政策等"软的"外交政策。接触政策主要通过标榜市场经济、自由民主的优越性来同化非西方国家。这种外交政策在本质上是企图使用软实力，改变非西方国家的经济与政治制度。而1980年代以来，以美国为首的西方资本主义国家，将发展NGO/市民社会与西方资本主义价值观挂钩，实际上是在推行一种新型接触战略。不同之处在于，这种新型接触战略，企图改造的是国家的社会结构，而不是经济或政治结构。

三、国际规范影响下的日本 NGO 发展

日本 NGO 兴起与发展的过程,很好地体现了上述国际规范内化模型。纵观"二战"后日本 NGO 的发展历程,可以将其分为 1950—1960 年代的发展初始期、1970—1980 年代前期的成长期、1980 年代后期至 1990 年代的高潮期,以及进入 21 世纪以来的调整期四个不同的阶段。1980 年代后期开始到 1990 年代的高潮期,将日本 NGO 发展的整个过程划分为两个部分。

本书第一章中,关于欧美国家 NGO 部门发展状况与日本状况的对比,向我们证明了法国、意大利、日本三个更偏向于国家主义或法团主义的国家,对本国 NGO 及其他非营利部门提供的法律政策环境较为严苛,阻碍了非营利部门的发展。从 NGO 发展的现状来看,日本落后于美英等 NGO 发达国家的现实状况也印证了这一点。

"二战"后长期以来,烦琐且缺乏透明度的法律结构、贫乏的财政资金援助、封闭的参政议政渠道、薄弱的市民社会基础等国内不利因素,阻碍了日本 NGO 的发展。"二战"后日本的发展型国家政治经济结构,导致了日本的政治系统与国家政策,更有利于营利部门的发展。消费者与市民社会活动者,却时常成为国家盟友(企业)的反对者,他们甚至还会质疑国家的政策,鼓励社会变革,而这些举动都有可能妨碍国家追求经济发展的大业。

因此,日本政府更偏好支持那些与国家目标相符的或能满足国家需求的市民社会团体的发展,对其他的那些企图进行社会变革或质疑国家权威的市民社会组织或倡议型 NGO,则通过限制性的法律、政治机会与国家政策阻碍其发展。[①] 本书第二、三章的分析证明了上述观点。日本 NGO 在"二战"后发展的前两个时期,主要是通过市民社会接受相应国际规范的内化,从而推动国内 NGO 发展的。国家政治因素并没有起到推动 NGO 发展

---

① Robert Pekkanen, *Japan's Dual Civil Society: Members without Advocates*, Stanford: Stanford University Press, 2006.

的作用,反而在很大程度上起到了阻碍作用。然而,"二战"后一直到经济高速成长期为止,在国家的阴影之下的日本市民社会,并没有充分地发育,有限的力量还不足以独立推动 NGO 发展高潮的到来。

日本在国内层面上的偏好影响了国家的对外行为(偏好发展营利部门,而不是引起社会变革的市民社会部门)。在国际政治领域,日本战后外交政策带有明显的重商主义特点,战略行为的选择也多基于本国的经济利益,追求普世价值规范、社会变革与社会公正并不是日本外交政策的核心目标。[①] 日本在绝大多数国际政治场合,都是以一种国际规范的追随者身份出现的,并没有成为某种国际规范的领导者,也没有使用积极的战略手段,鼓励或迫使其他国家遵守规范。例如,日本一直标榜自身和平主义非核国家的国际形象。但是在国际社会中,日本从来不是推动和平主义或核规范的全球领导者。在环境、人权与人权发展等领域,日本的国际形象,同样还是一个国际规范追随者。再比如,日本在经济发展领域所提倡的东亚发展模式,倡导的仍然是一种强国家与私人部门的联合发展,并没有明确 NGO 或者其他社会变革行为体在发展当中的地位。

本书第一章与第四章的相关内容显示,日本 NGO 从 1980 年代后期开始进入发展的高潮期,这一时期一直延续到了 1990 年代结束。2000 年以后日本 NGO 的发展,基本上还是在高潮期发展基础上的进一步延伸。正如上文所述,日本在国际政治领域,一直是以一种规范追随者的形象出现。并且,日本国内市民社会的发展状况,并不足以独立诱发 NGO 的发展高潮。因此,日本 NGO 发展高潮的到来,必然是由国际规范所产生的自下而上的作用力所导致的。

冷战结束以后,国际体系出现了重大变革。一方面,原先东西方对立的政治壁垒消失,国际系统开始扩展。同时,全球治理结构的形成,为非国家

---

① 佐藤英夫:『対外政策』,東京:東京大学出版会 1996 年版,第 153—158 頁。

行为体参与国际活动提供了机会。另一方面,国际体系的变动,使原来那些被东西对峙所压抑的政治、民族或社会问题爆发出来,地区动荡与人道主义危机频繁出现。对这些国际事件关注度的提高,促使日本市民产生了跨越国家边界参与国际事务的意愿。本书中提到的许多NGO(例如,难民紧急救援NGO等),都是由日本市民自发成立以应对特定国际事件的。

日本市民社会开始热衷建立NGO的行为,还受到了1990年代前半期支持NGO发展的新国际规范的影响。联合国、经济合作与发展组织等国际政府间组织,在这一时期开始推行关于发展援助的新国际规范。与此相呼应,一系列全球治理领域的国际会议的召开,使日本市民有机会接触到支持NGO发展的国际规范。在参与国际交往活动中,日本市民认识到了本国NGO发展水平与世界NGO先进国家的差距。随着国际规范在日本市民社会中的内化,日本市民开始要求国家改善NGO发展的国内环境,同时自发模仿、适应新的国际规范,成立了一批新的NGO。此外,国际NGO在日本建立的分支机构,也起到了推动国际规范内化的作用。

1980—1990年代出现的支持NGO发展的国际规范,强调国家与NGO关系的重要性,并且鼓励NGO参与国际与国内层次的决策过程。日本政府在这样的外部压力之下,为了扮演好国际规范追随者的角色,不得不转变对NGO的政策。日本国内政治、社会状况也在这一时期发生了变化。后物质主义价值观开始在社会中流行。自民党一党专政结束、联立政权成立。还有一系列政治丑闻,以及政官商铁三角解体,发展型国家模式终结,阪神·淡路大地震、NPO法颁布等国内事件,重新塑造着日本国内市民社会与国家之间的关系。

国内政治、社会结构的变化与利益偏好的转移,对国家的对外行为产生了影响。日本在国际政治活动中,不再单纯追求经济利益。日本想要树立自身负责任的政治大国形象,不仅需要顺应国际规范的新要求,还需要改变原有的规范追随者形象,成为新国际规范的积极推动者。

于是从这一时期开始,日本发现主动接受支持NGO发展的国际规范,是与国家的外交目标相一致的。这在客观上导致了日本迅速改变政策,积极创设促进NGO发展的政治社会环境。国家政治因素的变化又进一步带来了日本NGO活动空间的扩大,最终促成了日本NGO发展高潮期的到来。第四章对日本NGO发展高潮期的分析也证实了以上观点。不同于前两个时期,日本NGO的发展状况从1980年代后期开始受到国际与国内两个层次上影响。支持NGO发展的国际规范的内化效应,导致国内市民社会与国家更积极地推动日本NGO的发展。

综上所述,本书在分析日本NGO兴起与发展时所提供的国内层次视角,可以更清晰地审视日本的国家—市民社会关系。一直以来,日本社会都将确保公共利益的责任委托给国家行政机关与政治家。社会上的一般观点认为,民间团体所追求的通常只是部分人的利益。但是从本书对日本NGO三个发展时期的分析中可以发现,日本政府从漠视市民社会的作用,到承认包括NGO在内的市民社会活动的能量,进而接受国际规范的内化,选择支持NGO的发展并将其纳入ODA政策实施框架中来,"二战"后日本的国家—市民社会关系逐渐发生了变化。民主和平论与双层博弈理论已经证明,国内政治状况对国家的对外行为能够产生影响。[①] 因此,从国家与社会关系角度来分析日本NGO兴起与发展的过程,可以更清晰地发现国际规范是如何影响日本的国内因素,从而改变国家的对外行为的。

第二节　日本NGO的发展趋势与展望

如本书第四章所述,1980年代后半期至1990年代,日本政府为了推动

---

① [美]海伦·米尔纳:《利益、制度与信息:国内政治与国际关系》,曲博译,上海人民出版社2010年版,第2页。

本国 NGO 部门的发展，陆续推出了一系列支持 NGO 发展的制度。1989年，日本外务省开始实施 NGO 事业补助金制度、农林水产省新设了 NGO 农林业协力推进事业；1991 年，日本邮政省（现在的日本邮政株式会社）开设了国际志愿者存款业务；1992 年，建设省（现在的国土交通省）开始资助国际协力事业；1993 年，环境厅（现在的环境省）设立了地球环境基金（该基金项目现在由环境再生保护机构管辖）。随着上述 NGO 补助金制度的建立，以及 1998 年 NPO 法的实施，NGO 的政治空间、经济空间同时得以扩大。日本 NGO 随之进入了发展的高潮期。

值得注意的是，1990 年代后半期，日本 ODA 项目的执行机关——国际协力事业团（现在的国际协力机构，JICA），强化了与 NGO 之间的合作关系。随后，日本外务省在 1998 年召开的"面向 21 世纪 ODA 改革恳谈会"以及 2002 年的"第二次 ODA 改革恳谈会"的报告书当中，开始强调"国民参加"和"与 NGO 的合作关系"。① 由此，日本政府把 NGO 纳入 ODA 实施框架之中。而实际上，日本 NGO 与 ODA 之间的合作形成了一种"没钱的 NGO"与"外交上没存在感的日本政府"之间的相互依赖关系。

与此同时，2003 年新改订的日本 ODA 大纲，明确将确保国家安全与繁荣列为 ODA 的主要目的。国家利益成为决定日本 ODA 项目实施的重要考量因素之一。随着日本在国际社会中"援助大国"的形象日渐确立，日本政府（尤其是外务省）认为，日本既然已经通过参与 PKO 等活动履行了"责任分担"的义务，相应地，也应该将"权力分担"（分担国际事务话语权、决定权）划归为日本的国家利益。② 而日本强调所谓的"权力分担"，其首要目标是要成为联合国安理会常任理事国。作为日本的重要国策之一，ODA 政策的变化可以直接影响日本的对外行为。因此，研究日本 NGO 的发展状况，

---

① 日本外务省：日本のODAの活躍と外務省とのパートナーシップ，外務省ホームページ http://www.mofa.go.jp/mofaj/gaiko/oda/shimin/oda_ngo/partnership/index.html，2015 年 12 月 28 日。
② 田中義浩：『朝日選書　援助という外交戦略』，朝日新聞社 1995 年版，第 137—141 頁。

以及日本政府对NGO的具体政策,不仅有助于更加深入地了解日本ODA政策,还可以更加全面地理解日本外交决策与政治意图。

从最近来看,2015年夏,围绕日本"新安保法案"问题,日本国内市民社会发起了大规模的"反安保法案"游行示威活动。许多日本民众认为,安倍内阁所推行的"新安保法案"违反了日本《宪法》第9条,有可能将日本卷入战争,危害到国民生命安全。然而,安倍内阁却将"新安保法案"美化成"为确保世界和平而进行的积极和平主义"法案。并且,无视国内民众与在野党的反对,强行批准实施了该项法案。对此,以学者之会(学者の会)和"为了自由与民主主义的学生紧急行动"组织(SEALDs)为代表的,众多日本学者与大学生共同组织起来,开展了各种反对"新安保法案"的抗议活动。[1]

尽管这些市民社会组织并没有成功阻止安倍内阁通过实施"新安保法案",但是其活动主张与行动无疑清晰地反映出了,日本普通民众坚持和平主义、反对战争的正义之声。日本外务省所进行的"关于安全保障的舆论调查"结果也显示,大多数日本民众认为维护国际社会的和平与安全,应该由NGO等民间人士主导,而不是由政府和自卫队来实施所谓的"积极的和平主义"行动。[2]

与此同时,我们也应该看到,日本政府虽然顺应国际规范,推行了一系列支持NGO发展的政策,但是在国家政治决策的过程中,并没有真正尊重NGO等来自市民社会的意见。日本政府将国际协力NGO视作合作伙伴,最重要的原因还是在于这些民间组织能够"为其所用",可以丰富日本的外交手段。而对于诸如上述反对日本国家政策的NGO,日本政府显然没有给予与国际协力NGO相同的关注。

因此,在未来相当长一段时间内,由于日本NGO自身力量有限,其整

---

[1] 朝日新聞:「学者の会」が安保法への抗議声明発表 170人が会見,朝日新聞デジタル http://www.asahi.com/articles/ASH9N6HPQH9NUTIL01F.html,2015年9月20日。
[2] 日本外務省:安全保障に関する世論調査,外務省ホームページ http://www.mofa.go.jp/mofaj/gaiko/ah_chosa/ah_chosa.html,2016年4月2日。

体发展还会受到国家政治因素的强烈影响。考虑到安倍内阁积极标榜日本国际贡献的一系列外交言论,尤其是在"新安保法案"实施以后,日本ODA未来可能进一步显现政治化、军事化的趋势。这种趋势有可能会造成日本NGO内部的分化,一部分NGO会与政府走得越来越近,逐渐转型为半官方的国家政策外围组织;另一部分NGO将会在国外面临更多的安全上的风险,在国内应对政府的忽视,并设法依靠市民社会的力量提高自身影响力。

本书最后将探讨,笔者所采用的由自上而下的国际动因所驱动的分析模式的局限性。尽管笔者认为由国际政府间组织所推动的、支持NGO发展的国际规范,自上而下地影响了国内市民社会与国家,进而导致了非西方国家NGO的兴起与发展。国内市民社会与国家关系的变化,直接影响着一国NGO的发展水平。然而,当我们研究某一国家的NGO发展状况时,还需要注意国际动因与国内政治之间的互动关系是双向的。

首先,如果国内层次上的市民社会或国家,选择不接受国际规范的内化,该国NGO是否还能发展?这是否是造成NGO发展国家间不平衡的主要原因?其次,虽然国际规范能够施加自上而下的影响力促进NGO的发展,但是国内层次因素同样可以跨越国家的界限,反过来影响新的国际规范的形成,改变现有的规范。如果国内层次行为体充当规范倡导者的角色,创设了抑制/反对NGO发展的新国际规范,NGO的发展状况又将如何?是否会因此从国际政治领域消失?

从NGO诞生以来的历史来看,早在19世纪后半期开始就已经有NGO出现。从1890年代开始,NGO的数量更是以大约每年10个的数量递增。[①] 到"二战"为止,国际社会当中并没有促进NGO发展的国际规范形成,但是NGO依然也在发展,尽管这个过程非常的缓慢。因此,除了本书

---

① John Boli and George M. Thomas (eds.), *Constructing World Culture: International Nongovernmental Organizations since 1875*, Stanford: Stanford University Press, 1999, p.22.

所提到的国际与国内两个层次上的动因之外，应该还有其他因素影响着NGO的兴起与发展。

例如，NGO本身所蕴含的内生性因素，同样塑造着NGO的发展状态。这种内生性因素既包括资金、技术、政治制度、社会活动等物质性要素，也包括思潮、意识形态等精神性要素。不论是国际层面还是国内层面，本书所使用的分析要素还仅仅停留在表面，并没有从NGO内部来考量其他一系列内生性因素。笔者对NGO兴起问题所作出的初步探索，只是从外部角度简单选取了国际、国内两个层次上三个较容易观察到的要素，建立了简单的分析模型，并没有深入NGO内部考察上述内生性因素。

在今后的研究中，笔者将会更多地关注NGO本身所蕴含的内生性要素。除此之外，上述影响NGO兴起与发展的要素的影响力并不是相同的。从本书对日本NGO发展三个时期的分析可以发现，在发展初始期与成长期，国际规范内化效应下的市民社会，是推动NGO发展的主要动力。而到了发展的高潮期，国际规范内化效应下的国家政治因素则成为刺激NGO发展的主要动力。因此，未来研究还需要考察诸多影响要素之间的差距。设想引入量化分析的研究方法，将影响不同国家NGO发展的各种要素数值化，进而进行跨国比较分析。

后　记

　　本书是在我2016年完成的博士学位论文基础上修改增补完成的，也是我出版的第一本专著。事实上，毕业后进入工作岗位以来，我的研究兴趣已经逐渐脱离NGO问题，然而，今年突如其来的新冠肺炎疫情，使得基层社区在社会公共危机管理中的重要性和必要性再度凸显，成为近期NGO问题研究者关注的重要问题。我在修改书稿的过程中，也一直在思考，在我国应该如何建立与政府良性互动的基层社区组织，从而发挥其在沟通社会大众、迅速反应和资源分配效率方面的优势，丰富公共危机管理和参与主体，日本NGO以及其他各类市民社会组织的发展经验也许会为我们提供一些启示。

　　首先感谢上海社会科学院青年学者丛书出版项目的支持，使得本书得以出版，这也是鼓励我继续从事相关领域研究的重要动力。另外，承蒙众多师友多年来的帮助，让我逐渐成为一名国际政治专业研究者。感谢我在复旦大学读博期间的导师胡令远教授，从博士论文选题到最终写作完成，均离不开他的悉心指导。感谢上海外国语大学的胡礼忠教授，对原稿提出了许多宝贵的修改建议，他既是我的博士论文答辩委员会成员专家，也是我在上海外国语大学从事博士后研究期间的合作导师。感谢复旦大学日本研究中心贺平教授，论文原稿写作过程中我曾多次向他请教，每次他都不厌其烦地给予我学术上的无私帮助与鼓励。感谢上海社会科学院出版社的熊艳编辑，本书得以出版多亏她认真负责不时提醒，不然我可能会一直拖延修改书稿的工作。最后,感谢我的家人,是他们一直支持我追逐学术梦想。

唯有今后更加努力,在学术上不断精进。

2020 年春

图书在版编目(CIP)数据

"二战"后日本非政府组织研究：国际规范影响下的国家与市民社会 / 王梦雪著 .— 上海：上海社会科学院出版社，2020

ISBN 978 - 7 - 5520 - 3175 - 1

Ⅰ. ①二… Ⅱ. ①王… Ⅲ. ①非政府组织—研究—日本—现代 Ⅳ. ①D731.364

中国版本图书馆 CIP 数据核字(2020)第 073568 号

"二战"后日本非政府组织研究：
国际规范影响下的国家与市民社会

著　　者：王梦雪
责任编辑：熊　艳
封面设计：夏艺堂艺术设计
出版发行：上海社会科学院出版社
　　　　　上海顺昌路 622 号　邮编 200025
　　　　　电话总机 021 - 63315947　销售热线 021 - 53063735
　　　　　http://www.sassp.cn　E-mail:sassp@sassp.cn
排　　版：南京展望文化发展有限公司
印　　刷：上海龙腾印务有限公司印刷
开　　本：720 毫米×1000 毫米　1/16
印　　张：16.75
插　　页：1
字　　数：210 千字
版　　次：2020 年 8 月第 1 版　2020 年 8 月第 1 次印刷

ISBN 978 - 7 - 5520 - 3175 - 1/D·581　　　　定价：88.00 元

版权所有　翻印必究